犯罪心理学

●再犯防止とリスクアセスメントの科学

森 丈弓
Mori Takemi

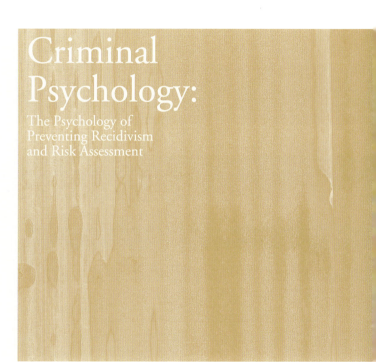

Criminal Psychology:
The Psychology of Preventing Recidivism and Risk Assessment

ナカニシヤ出版

はじめに

　もう 10 年近く前のことになるが，筆者は法務省を退職して大学で教育職に就いた。法務省では矯正局の管轄となる少年鑑別所で 9 年間，刑務所で 3 年間，鑑別技官として犯罪・非行臨床に従事した。初めて矯正施設に勤務したのは少年鑑別所であったが，業務内容は臨床心理学的アセスメントだけではなく，収容施設の管理運営に関するものまで多岐にわたっていた。これらはいずれの業務も犯罪者の改善，更生を目的として行われているものである。

　犯罪者が改善，更生したかどうか，それを判断する一番重要な基準は，犯罪者が社会に戻った後に再び犯罪に及んだかどうか，すなわち再犯である。しかしながら，我が国で再犯を予測したり，再犯率を用いて処遇効果を検証したりする試みは，その重要性については早くから少なからぬ実務家，研究者が指摘してはいたものの，今世紀に入るまで刑事政策の枠組みに取り入れられることはなかった。

　犯罪者の再犯に対する世間の興味，関心が高まるきっかけとなったのは，奈良県奈良市で平成 16 年に小学校 1 年生の女子児童が誘拐の後に殺害・遺棄された事件ではないかと思う。この事件で，加害者は性犯罪の前科を持つ人物であった。すなわち，再犯として事件が起こったのである。本事件のような再犯を防ぐために，国家として適切な手立てが講じられていたのか，講じられていたのだとしたら，どうしてこのような事件が起きたのか，そういった観点から，再犯は社会の関心を集めるようになっていったように思われる。

　実際に，この事件を契機として刑事施設では性犯罪の再犯を防止することを目的としたプログラムが本格的に導入されることになった。これがいわゆる性犯罪者処遇プログラムであり，平成 18 年 5 月から導入されている。平成 24 年 7 月 20 日には犯罪対策閣僚会議において刑務所出所者等の再犯防止に向けた総合対策「再犯防止に向けた総合対策」が決定され，策定後 10 年間の取り組みにおける数値目標として，「刑務所出所後 2 年以内に再び刑務所に入所する者等の割合を今後 10 年間で 20% 以上削減する」ことが掲げられた。国として

初めて刑務所等に再入所する者等の割合を減少させる具体的な数値目標が掲げられ，再犯が刑事政策上の重要な課題として位置づけられるようになったのである。また，少年矯正では平成 25 年度から少年鑑別所において筆者も開発にかかわった実証的な再犯研究をもとに構成された法務省式ケース・アセスメント・ツール（MJCA）の運用が始まっている。

　本書は筆者がこれまで行ってきた研究を踏まえ，昨今になって一層重要性を増している再犯研究，リスクアセスメントの理論，研究史を論じ，実際にリスクアセスメントツールを構成する手続きについて解説を行ったものである。後半部分には再犯に関する実証研究を紹介し，犯罪者処遇領域におけるプログラム評価に関する話題を取り上げた。また，再犯を分析する際の強力なツールとなる生存時間分析の基礎的な数理についても解説した。本書を通読することで理論から研究，統計分析に至るまでリスクアセスメントと再犯の研究に関する知識がひと通り得られるようになっている。エビデンスに基づいた施策の重要性が高まりつつある昨今の社会情勢において，本書が実務家及び研究者の一助になることを願っている。

　本書の出版に際しては，甲南女子学園の平成 28 年度学術研究及び教育振興奨励基金からの助成金を受けた。

目　次

はじめに　i

第1章　リスクアセスメントの現状及び理論 ――――――― 1

1.1　リスクアセスメントとは何か　2
1.1.1　リスクアセスメントの社会的意義　2
1.1.2　再犯と再犯リスク　4
　　　　再犯リスクの実例／罪種別の再犯率／再犯リスクに着目することの意義
1.1.3　再犯の定義　9
1.1.4　我が国における再犯防止処遇及び教育　11
　　　　再犯研究の難しさ／再犯に焦点を当てることの是非
　　●Topic 1　犯罪者処遇の現場と再犯　16
1.1.5　科学的な根拠に基づかない処遇の危険性　17
　　　　エビデンスのレベル

1.2　リスクアセスメントの原則　20
1.2.1　リスク要因の分類　20
　　　　静的リスク要因／動的リスク要因／犯因論的リスク要因に含まれる項目
1.2.2　リスク・ニード・反応性モデル（RNRモデル）　24
　　　　リスク原則／低リスク犯罪者への高密度処遇の悪影響／
　　　　リスク原則と我が国の非行少年処遇／ニード原則／
　　　　ニード原則と我が国の犯罪者処遇／反応性原則①：一般反応性原則／
　　　　反応性原則②：特殊反応性原則／司法判断と再犯リスク評価
　　●Topic 2　処遇の逐次投入は良策か？　40

第2章　リスクアセスメント発展の歴史 ――――――――― 41

2.1　第1世代のリスクアセスメント　42
2.1.1　リスクアセスメントの嚆矢　42
2.1.2　第1世代と我が国の動向　42

2.2　第2世代のリスクアセスメント　45
2.2.1　第1世代リスクアセスメントの問題点　45
　　　　予測的妥当性による第1世代と第2世代の比較／臨床的判断の精度が劣る理由／
　　　　予測の正確さについての留意事項
2.2.2　第2世代リスクアセスメントの発展　50

　　　　　Burgess の保護観察対象者の予後に関する研究／
　　　　　リスクアセスメントとリスクアセスメントツール／
　　　　　再犯に関する統計的情報尺度（SIR）の開発／
　　　　　犯罪者集団再犯尺度（OGRS）の開発／我が国の取り組み
　　　● Topic 3　官学連携のすゝめ　61

2.3　第 3 世代以後のリスクアセスメント　62
2.3.1　第 3 世代リスクアセスメントへの移行　62
　　　　　第 2 世代リスクアセスメントの短所／第 3 世代リスクアセスメントの特徴／
　　　　　動的リスク要因を低減させる意義
2.3.2　第 4 世代リスクアセスメント　68
2.3.3　リスクアセスメント発展のまとめ　70
　　　● Topic 4　RNR から GLM へ？　73

第 3 章　少年用サービス水準 / ケースマネジメント目録について ── 75
3.1　少年用サービス水準 / ケースマネジメント目録の構成　76
3.2　YLS/CMI のリスク得点と仮想事例に基づく臨床像　79
3.2.1　低リスクの臨床像　79
3.2.2　中リスクの臨床像　80
3.2.3　高リスクの臨床像　81
3.2.4　仮想事例とリスク群分けの解釈　81
3.3　スコアリングの基準について　82
3.3.1　非行歴領域　82
3.3.2　家庭状況・養育領域　82
3.3.3　教育・雇用領域　83
3.3.4　交友関係領域　83
3.3.5　物質乱用領域　84
3.3.6　余暇・娯楽領域　84
3.3.7　人格・行動領域　84
3.3.8　態度・志向領域　85
3.4　YLS/CMI の信頼性及び妥当性に関する海外の研究例　86
　　　● Topic 5　法務省式ケースアセスメントツール（MJCA）　88

第 4 章　我が国の非行少年を対象とした YLS / CMI を用いた再犯分析 ── 91
4.1　再犯分析の目的　91
4.1.1　全般的な目的の設定　92

4.1.2 本再犯分析の課題と仮説　92
　　　課題1（非行性の検証）／課題2（再犯とリスク段階の関係）／
　　　課題3（より正確なリスク段階の設定）／課題4（施設内処遇の効果検証）／
　　　課題5（各領域が再犯に与える影響の分析）
4.2 再犯分析の分析の方法と手続き　94
4.2.1 調査対象者　94
4.2.2 収集したデータの項目　94
　　　少年用サービス水準／ケースマネジメント目録（YLS/CMI）／再犯及び観測期間／
　　　審判決定
4.3 再犯分析と課題及び仮説検証の結果　99
4.3.1 基本統計量　99
4.3.2 再犯率　104
4.3.3 カプランマイヤー推定（Kaplan Meier Estimation）による再犯率　105
4.3.4 非行性の検証（課題1）　106
4.3.5 再犯とリスク段階の関係（課題2）　109
　　　生存関数による検証／コックス（Cox）回帰分析による検証
4.3.6 より正確なリスク段階の設定（課題3）　112
4.3.7 施設内処遇の効果検証（課題4）　115
4.3.8 各領域が再犯に与える影響の分析（課題5）　121
　　　● Topic 6　リスクアセスメントツールは必要か？　125

第5章　課題についての論考及び少年保護法制への示唆 ── 127
5.1 非行性の検証について　127
5.1.1 審判決定と再犯リスク　127
5.1.2 非行事実及び要保護性との関連　128
　　　非行事実と YLS/CMI／犯罪的危険性と YLS/CMI／矯正可能性と YLS/CMI／
　　　保護相当性と YLS/CMI
　　　● Topic 7　再犯リスクに特化した査定の持つ意義　134
5.2 再犯とリスク段階の関係について　135
5.2.1 予測的妥当性について　135
5.2.2 再犯リスクとリスク原則　136
5.3 より正確なリスク段階の設定について　137
5.3.1 抽出されたリスク段階の意義　137
5.3.2 各リスク段階の非行少年像　137
　　　最低リスク群／低リスク群／中リスク群／高リスク群
5.4 施設内処遇の効果検証について　139

5.4.1 全対象者を用いた処遇効果検証　139
5.4.2 リスク群ごとの処遇効果検証　139
5.5 各領域が再犯に与える影響の分析について　141
5.5.1 8つの領域得点が個別に再犯に与える影響　141
5.5.2 静的リスク要因が再犯に与える影響　142
5.5.3 当てはまりの良いモデルの探索　143
●Topic 8　リスクアセスメントツールにおける動的リスク要因　144

第6章 プログラム評価と効果検証 ── 147
6.1 プログラム評価　148
6.1.1 プログラム評価とは　148
6.1.2 何のために評価するのか　150
6.1.3 プログラム評価の各階層　151
　　ニーズのアセスメント／プログラムのデザインと理論のアセスメント／
　　プロセスと実施のアセスメント／アウトカム／インパクトのアセスメント／
　　費用と効率のアセスメント
6.2 再犯防止に資するプログラム評価　158
6.2.1 プログラム理論の検討　158
6.2.2 アウトカム評価の検討　159
　　処遇群と統制群（対照群）／
　　無作為化比較対照試験（Randomized Control Trial: RCT）／
　　準実験（Quasi-Experimental Designs）
6.2.3 効果検証の際に留意すべき各種のバイアス　165
　　選択バイアス（Selection）／ドロップアウト・バイアス（Attrition）／
　　成熟効果（Maturation）／歴史効果（History）／バイアスの実例
6.2.4 効果検証が含む政治的な意味　169
6.3 犯罪者処遇における効果検証の実際　171
6.3.1 薬物プログラムによる対処スキルの変化と再犯との関連　171
　　薬物プログラムの内容／薬物プログラム評価の手続きと結果／分析上の問題点
6.3.2 性犯罪者処遇プログラム受講者の再犯分析　173
　　性犯罪者処遇プログラムの内容／性犯罪者処遇プログラム評価の手続き／
　　生存関数を用いた受講群と非受講群の再犯率比較／
　　Coxの比例ハザードモデルを用いた分析
6.4 効果検証において注意すべき施策上の観点　181
6.4.1 具体的な効果検証の枠組み　181
6.4.2 効果検証の結果が示す意味　184

Appendix　生存時間分析の数理 — 187

A.1　生存関数　188
A.1.1　生存関数の定義　188
A.1.2　測度論を用いた厳密な定義　192
A.1.3　生存関数の性質　193

A.2　ハザード関数　194
A.2.1　ハザード関数の定義　194
A.2.2　条件付き確率　195
A.2.3　ハザード関数の導出　197
A.2.4　ハザード関数の意味　199

A.3　カプランマイヤー推定法　201
A.3.1　カプランマイヤー推定法とは　201
　　　　生存関数の推定／推定の持つ意味
A.3.2　カプランマイヤー推定法による生存関数の比較　205

A.4　Coxの比例ハザードモデル　206
A.4.1　比例ハザードモデル　206
A.4.2　実際の数値を用いた説明　208
A.4.3　パラメータの推定（偏尤法，部分尤度法）　210

A.5　決定木による分析　215

A.6　確率関数・確率密度関数・分布関数　217
● Topic 9　統計学に必要な数学知識　222

引用文献　225
あとがき　233
索　引　235

第 1 章
リスクアセスメントの現状及び理論

　我が国の平成 28 年の刑法犯認知件数は 99 万 6,204 件であった。近年，認知件数は減少傾向にあるものの，我々は社会の中でこの膨大な数の犯罪に対応していかなければならない。発生した犯罪への対処としては，まず捜査機関による被疑者の検挙や司法の場での犯罪事実の立証といった過程が先にあるわけだが，本書で取り上げるリスクアセスメントはその後の犯罪者の取り扱い，すなわち，犯罪に及んだ者が検挙され，犯罪行為が事実認定された後で，その犯罪者をどのように処遇したらよいかに関する枠組みを提示するものである。

　万引きをした，無免許運転をした，人を殴って怪我を負わせた，お金を脅し取った等，我々の社会では様々な犯罪が発生しているが，いざ犯人を捕まえた後で，その犯人をどのように取り扱えばよいのだろうか。この問いに答えるためには，この犯罪者は今後再び犯罪を繰り返すのだろうか（再犯リスクの査定），この犯罪者を犯罪へと方向づけた要因は何だったのだろうか（犯因論的リスク要因の査定），この犯罪者が再び犯罪に走らないようにするためにはどういった点に着目して指導をしていけばよいだろうか（処遇計画の策定），といった疑問に答えていかなければならない。

　諸外国では，リスクアセスメントツールと呼ばれるチェックリスト方式の尺度が開発され，それを用いて対象者の再犯・再非行に関連する要因や，改善更生に必要と考えられる処遇のターゲットを把握することが可能となっており，近年，我が国においてもこうした取り組みが行われ始めた（西岡, 2013）。本章では，こうした取り組みの基盤となるリスクアセスメントの理論について我が国の現状を踏まえて解説する。

　なお，本書でリスクアセスメントという言葉を用いた時は，犯罪のリスクアセスメントを意味している。世の中には，いろいろなリスクがあり，リスクアセスメントという用語も，企業の倒産から各種災害時のリスク，医療における

リスクなどの文脈で広く使われているが，本書におけるリスクアセスメントは犯罪に関するものであることを留意願いたい。

1.1 リスクアセスメントとは何か

1.1.1 リスクアセスメントの社会的意義

　リスクアセスメントとは，犯罪の性質や個別の状況，犯罪者の態度，信念を評価し，それによって犯罪者が将来的に法律に沿った生活ができるよう援助するのに必要な介入のタイプを明確にすることである（Youth Justice Board, 2006）。リスクアセスメントは，犯罪者の再犯可能性の査定に加えて，どのように処遇，教育を行ったらその犯罪者を更生させることができるかその方針を策定することも含んでおり，刑事司法施設の主たる活動となる犯罪者の処遇選択と社会的安全を確保しながら犯罪者の釈放を決定する上で重要な役割を演じる（Bonta, Harman, Hann, & Cormier, 1996）。

　ここで，リスクアセスメントは単に再犯のリスクを査定するだけでなく，介入プランの策定までを含めたものであることに注意したい。リスクアセスメントという言葉だけを聞くと，犯罪者の再犯可能性をアセスメントすることのみがリスクアセスメントのように思われるかもしれないが，そうではない。実際に犯罪者に対する教育・処遇を実施する部分はリスクアセスメントではなく，トリートメントに属する部分となるが，どのような方法で犯罪者の更生を図っていくか，その計画を立案することまでがリスクアセスメントになる。

　さて，そうした介入プラン策定のためには，単に再犯の可能性を調べるだけではなく，どういった要因が犯罪者を犯罪へと方向づけているのかを調べることが必要となる。また，一度，介入プランを立案したら，それでリスクアセスメントは終了ということではなく，処遇・教育を実施している間に犯罪者自身や犯罪者を取り巻く生活環境，家庭環境，社会的資源に変化が起こればそれに即して再度リスクアセスメントを行い，介入プランを改善し，軌道修正を行っていく必要がある。こうした考え方は，犯罪者処遇に特化した考えというわけではなく，臨床心理学の分野において一般的な考え方である。例えば，心理相談の場ではカウンセラーはクライエントに対してアセスメントを実施し，その

見立てに基づいてカウンセリングの方針を決める。カウンセリングの進行と並行してアセスメントを適宜実施し，介入方針もその結果に応じて変更されていくだろう。

　さて，リスクアセスメントは，犯罪にかかわる実務を担当する者がそれと自覚するしないにかかわらず，犯罪を取り扱う国家機関である司法機関や矯正施設が行う活動の広範な領域で行われている。いずれの機関や施設においても，目の前に一人の犯罪者がいたとして，どのようにその犯罪者を取り扱うことが適切であるかを考えなければならないし，その犯罪者の処遇について何らかの判断を下す必要がある。裁判官は裁判で有罪判決を下す時には犯罪者に対して社会に戻す措置である執行猶予に付すか，施設内処遇である懲役刑を科すかの判断を行っている。保護観察官は保護観察処分決定を受けた犯罪者に対して社会内でどのような処遇，教育が必要であるかを策定して保護観察を行っていく。刑務所には分類部門，教育部門といった部門が設置され，入所受刑者に対して

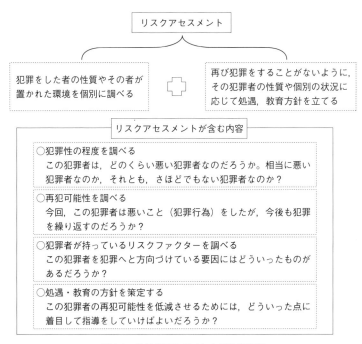

図 1-1　リスクアセスメントが含む内容

どのような矯正教育を行うべきかを判断している。我が国の少年保護法制においては，少年鑑別所において行われる鑑別や家庭裁判所調査官が行っている社会調査がリスクアセスメントに相当している。我が国でリスクアセスメントという言葉が犯罪者を対象とした分野でしばしば耳にするようになったのは，21世紀に入ってからのことであるが，それ以前にも当然のこととしてリスクアセスメントは実施されてきたのである。

1.1.2 再犯と再犯リスク

リスクアセスメントを構築する際には再犯という現象を直接のターゲットとする。つまり，犯罪に及んだものが，再び犯罪に及ぶことをいかにして防ぐかということが第一の焦点となる。そのために，犯罪者の再犯に関するデータを集め，研究の対象とする。再犯研究には，犯罪に陥った者に再び同じ過ちを繰り返させないためという動機があり，刑事政策上の観点からいかなる制度，処分，処遇が犯罪の防止や犯罪者の更生に効率的であるかを実証し，さらには犯罪者への理解を深め，犯罪原因の究明を行うという目的がある（坪内, 1987）。

リスクアセスメントを行うに当たって，再犯リスクの査定は重要な役割を担っている。再犯リスクとはある犯罪をした犯罪者が再び犯罪に及ぶ可能性であり，確率を用いて表すことができる。窃盗を行った犯罪者がいたとして，この犯罪者が一定期間内に再び何らかの犯罪に及ぶ確率が 0.7 だとすれば，この確率 0.7 が再犯リスクを示す数値となる。言い換えれば，再犯率は 70％ということになる。これはある人が疾病に罹患して治療を受けた後に，疾病が再発するかどうかを示す再発リスクと同じである。疾病の場合には，1 年以内の再発率が 20％，2 年以内の再発率が 30％ などと査定されるが，再犯リスクも考え方は同じである。再犯防止処遇とは再犯リスクを減らすために何らかの働きかけを行うことである。ある犯罪者の再犯リスクが 60％ であった時，矯正教育や矯正処遇を実施することでこれを 40％ まで低減させることができたとすれば，再犯防止の働きかけが一定の効果を持ったということになる。リスクアセスメントは犯罪者に対する処遇選択を再犯リスクの評価に重点を置いて行うアプローチということができる。

再犯リスクの実例

ここで再犯リスクの実例として受刑者の再犯率を例にとって，再犯リスクを算出する過程を見ていこう．なお，ここでは再犯は有罪判決を受けて再度刑務所に入所することを指していることに留意されたい．表 1-1 は，我が国の刑務所から釈放された受刑者が刑務所に再度入所してくる人数と，その割合を示したものである．総数の行を見ると，平成 17 年に刑務所から釈放されたものが 30,025 人おり，その内 1,736 人が平成 17 年の内に刑務所に再入していることがわかる．したがって，再犯者の割合は，

$$1736 \div 30025 \times 100 = 5.8\%$$

となる．確率で表せば，0.058 となる．

表 1-1 の総数の行を見ていくと，刑務所に再度入所してきた者の割合，すなわち，再犯率は平成 18 年には 21.7%，平成 19 年には 31.9%，平成 20 年には 38.0% と年を追うごとに増えていく．ここで再犯率ではなく，刑務所を出所したが再度入所してきていない者の割合を考える．再犯をせずに生き残っている者の割合であり，これは生存率（Survival Rate）あるいは累積生存率（Cumulative Survival Rate）と呼ばれる．これを各年ごとに計算していくと

平成 18 年は 100% − 21.7% = 88.3%
平成 19 年は 100% − 31.9% = 68.1%
平成 20 年は 100% − 38.0% = 62.0%
平成 21 年は 100% − 41.7% = 58.3%

表 1-1　刑務所釈放者の再入者数と再入率（平成 26 年版犯罪白書から一部改変して引用）

前刑出所事由	平成17年出所者数	再入年別累積再入者数				
		17 年	18 年	19 年	20 年	21 年
総数	30,025	1,736 (5.8%)	6,519 (21.7%)	9,590 (31.9%)	11,395 (38.0%)	12,522 (41.7%)
満期釈放	13,605	1,383 (10.2%)	4,434 (32.6%)	5,976 (43.9%)	6,823 (50.2%)	7,343 (54.0%)
仮釈放	16,420	353 (2.1%)	2,085 (12.7%)	3,614 (22.0%)	4,572 (27.8%)	5,179 (31.5%)

といったように，再受刑をせずに生き残っている刑務所出所者の割合は時間の経過とともに順次減っていく。この傾向は，満期釈放者でも仮釈放者でも同様である。図1-2は横軸（X軸）に時間を，縦軸（Y軸）に生存率を示したグラフである。グラフは右肩下がりの形状をしており，時間の経過とともに，再受刑をしないものの割合が低下していることがわかる。このグラフは，時間を決めると，その時点の生存率が求まるという関数になっており，生存関数（Survival Function）と呼ばれる。生存関数を見ると，時間の経過にしたがって生存率が下がっていく様子を直感的に把握することができる（生存関数の数理的な説明についてはAppendix A.1を参照願いたい）。

　図1-2を見るとすぐに気が付くことであるが，仮釈放者と満期釈放者とでは，満期釈放者の生存関数を表すグラフがY軸で見て下方に位置していることがわかる。満期釈放者の生存関数は仮釈放者の生存関数と比べて，時間の経過に伴って早く下降していく。すなわち，満期釈放者は仮釈放者と比べて早く生存率が低下しており，再受刑してくる者の割合が早期に多くなるということである。満期釈放者の方が仮釈放者よりも短い期間で再度刑務所に入所してくることについては，実際に現場で勤務に当たられている成人矯正の実務家には感覚的に理解しやすいのではないだろうか。行刑成績が良好で，規律違反も少なく，改悛の情が認められる仮釈放者は，満期釈放者と比較して再受刑をしにくいことが容易に予想できる。

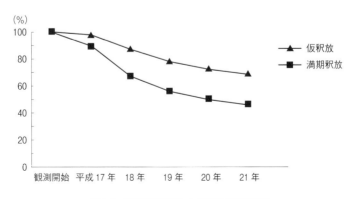

図1-2　刑務所を出所した受刑者の生存関数

ところで，再犯率は満期釈放者では刑務所を出所した後，5年以内に54%と半数以上の者が再び刑務所で受刑することになっている。一般市民の感覚からすると，この数値を高いと感じる方々も多いのではないだろうか。しかしながら，刑務所に収容される受刑者は犯罪リスクが極めて高い者であり，こうした結果は刑務所での勤務を経験した筆者から見ればそれほど驚くべきことではない。もともと，比較的軽微な事案を単一で起こした程度では，刑務所には収容されない。我が国の刑事司法制度には，微罪処分，起訴猶予，執行猶予など，犯罪者が刑務所へ収容されることを回避する制度があり，刑務所には余程のことをしないと収容されないようになっている。例えば，覚せい剤を一度自己使用して警察に検挙されても，多くの場合は刑務所に収容されることはなく，2回目の検挙で初めて実刑判決が下され，刑務所に収容されるといった運用が通常なされている。したがって，刑務所に入ってくる犯罪者は，犯罪を繰り返していたり，事案が悪質であったり，暴力団など反社会的な集団に所属していたりといった犯罪に及ぶリスクの高い者が多くなる。犯罪者の中でさらに犯罪に及ぶリスクの高い者を，いわば選りすぐって刑務所に収容しているわけであるから，再犯率が高くなるのもある程度は当然ということになる。もちろん，刑務所では，再犯を防止するための取り組みとして矯正教育が行われ，認知行動療法を基盤とした性犯罪再犯防止指導が推進されるなど（山本，2012），各種の再犯防止プログラムが実施されている。しかしながら，そうした働きかけをもってしてもなお約半数程度が再犯に及ぶという実態の要因としては，こうした受刑者がもともと有している再犯リスクが高いことが考えられる。

罪種別の再犯率

再犯リスクの実例として，刑務所を釈放された受刑者の罪種ごとの再犯率を見ておこう（表1-2）。ここでの再犯は，再び犯罪に及んで刑務所に再度入所してきた者の人員とその割合である。再犯率は，再受刑率と言い換えた方がよいかもしれない。ここでは満期釈放者と仮釈放者の人員を合計して掲載してある（詳細は平成27年版犯罪白書に資料が掲載されているので，そちらを参照願いたい）。表1-2を見ると窃盗と覚せい剤取締法違反の再犯率は高く，半数近くの者が再び犯罪に及んでいることがわかる。それに比べて，殺人をした受刑者の再犯率は低い。また，殺人は凶悪な事案であるが，再び犯罪に及ぶかどうか

表 1-2　刑務所を出所した受刑者の再犯率

罪種	平成 22 年に刑務所を出所した人員	平成 26 年までに再び刑務所に入所した人員（再犯の罪種は同じとは限らない）	再犯率
殺人	507	44	8.7%
強盗	1,192	250	21.0%
傷害・暴行	1,728	655	37.9%
窃盗	9,855	4,542	46.1%
詐欺	2,452	802	32.7%
強姦・強制わいせつ	825	197	23.9%
放火	265	41	15.5%
覚せい剤取締法違反	6,334	3,088	48.8%

という観点から見ると，再犯率は他と比較して高くないことがわかる。強姦・強制わいせつといった性犯罪は，窃盗や覚せい剤事犯と比べると再犯率は低く，強盗とだいたい同じ水準にあることが見て取れる。

　なお，この表を見る時に留意しなければならない点として，犯罪はしているけれども警察に逮捕されていない，といったいわゆる暗数の問題がある。人が犯罪に及んだという現象が完全に統計数値に反映されることは決してないので，この表にあるものが全ての実態であるという考え方をしてはいけない。また，この表の再犯率は，あくまで再度，刑務所に受刑したという事象を対象にしているので，事案が軽微である等の理由で刑務所を出所して再度，犯罪に及んでも刑務所にまでは入ってこない者は除外されていることも留意しておきたい。そして，ここに挙げた罪種のカテゴリーは，あくまで刑法に記載のある分類であり，同じカテゴリーに属していても事案の態様は様々であることにも留意する必要がある。例えば，強姦・強制わいせつの再犯率は 23.9％と示されているが，そこに含まれる個々の事案の態様は様々である。例えば，電車での痴漢行為も強制わいせつに含まれているが，一般的には痴漢の犯罪者の再犯率は高い傾向にあるので，痴漢行為の再犯率として，23.9％という再犯率を当てはめて考えることは適当ではない。この表で示した数値は，一つの計算結果であり，それ自体，参考になる情報を含んでいることは間違いないものの，この表から我が国の犯罪者の再犯率について詳細なことがわかるという程でもないのであ

る。この表が算出された手続きは，我が国の刑事司法制度の在り方と不可分であるし，犯罪事象を分析する際に留意すべき点が多々あることを念頭において，この表を眺めることが必要になる。

再犯リスクに着目することの意義

犯罪者の再犯リスクを評価することは，以下に示すような意義を有する。まず，再犯を防止するために行われる教育は，再犯リスクに影響を与える要因に焦点を当てて行う必要がある。Andrews & Bonta（2010）がニード原則（The Need Principle）と呼んでいる考え方である。これに従えば，教育が行われる内容と領域はそれが再犯リスクと関連があるかどうか，その程度を評価しないと決められないこととなる。

また，再犯防止に当たっては，再犯リスクが高い犯罪者には重点的で密度の高い処遇を行う一方，再犯リスクが低い犯罪者については密度の低い処遇を施行するべきであるという考え方があり，これはリスク原則（The Risk Principle）と呼ばれる。低リスク者に高密度の処遇を行ったり，高リスク者に低密度の処遇を行うと，処遇効果が失われたり，場合によっては逆効果になる（再犯リスクを増やしてしまう）という知見があることから（Andrews & Bonta, 2010），再犯リスクの評価には可能な限り正確さが求められる。その際，伝統的な非構造的臨床判断や一般的な心理検査による予後評定は，再犯リスク評価を保険統計学的に評価することに比べて予測力が劣るという証拠があり，そのため，客観的評価ツールの利用が推奨されてきた（寺村, 2007）。

1.1.3 再犯の定義

効果検証を行う場合に，標準的には再犯率の低減をもって効果があったとみなすが，そうした場合に再犯が一体何を示しているのか，その定義を明確に定めておくことが必要となる。再犯は研究によって必ずしも同じ定義ではない。何をもって再犯とするのかは研究者によって様々である。

もちろん，実際の調査においては，ある研究のターゲットとなる一群の対象者が犯罪行為を行ったか否かを知りたい時に，個々人を24時間監視してチェックをする，ということは当然不可能である。そのため，調査では対象者に対して警察，裁判所，検察，矯正等の公的機関が有する記録から対象者の犯罪行

動を追跡することになる。例を挙げると，刑務所に収容されている性犯罪者に対する矯正処遇の効果を検証した分析が法務省のホームページから入手できるが[1]，その分析における再犯は以下のように定義されている。

> 再犯：刑事施設からの性犯罪出所者を矯正局で取りまとめて毎月刑事局に通知し，再犯事件につき検察庁において事件処理が行われた場合に（交通事件を除く），矯正局にその情報が伝えられる仕組みとなっている。よって，今回，「再犯」とは，検察庁において事件処理される事象のことを指す。

ここでは対象者が真実に法に触れる行動を犯したか否かという点を厳密に知ることはできないので，公的機関によるデータを使用することになっているわけであるが，その場合にはそのデータが当該公的機関の有する性質に強く影響されていることを考慮に入れる必要がある。再犯といっても，警察への逮捕，裁判で有罪判決，刑務所への再入，自己報告による再犯など様々な態様があるので，どれを測定するかを決めなければならないが，その際にはそれぞれの再犯がどのような状況によって位置づけられているか，どういった性質があるかを知悉しておく必要が生じる。例として，非行少年が警察に逮捕されたことをもって再犯とする場合と，少年鑑別所へ入所したことをもって再犯とする場合について，そこにどういった違いがあるかを考えてみよう。この場合に注意しなければならないのは，犯罪に及んで警察に逮捕されたからといって，そうした非行少年全員が少年鑑別所に入所してくるわけではないということである。非行少年が少年鑑別所に入所するためには，当該事件に及んだ非行少年に対して家庭裁判所が，少年鑑別所に入所させるという判断をして，観護措置と呼ばれる決定をするというプロセスが必要となる。事案が軽微である，あるいは，これまでの非行歴がさほどでもない等の情報が家庭裁判所の判断に影響を与えて，警察に逮捕された非行少年が少年鑑別所に収容されないことは，よくあることである（実際に警察に逮捕された非行少年の中では，少年鑑別所に送

---

1) 法務省　刑事施設における性犯罪者処遇プログラム受講者の再犯等に関する分析（http://www.moj.go.jp/content/000105286.pdf）

致されない者の方が多数である）。警察に逮捕されたことを再犯として定義した研究では，少年鑑別所に入所したことを再犯として定義した研究よりも，より軽微な再犯を対象とする研究になるわけである。

　なお，研究結果の解釈に当たっては，データから導き出される結果の一般化には慎重な態度で臨まねばならないが，かといって限定的な結論のみに終始するわけにもいかないので，結果をある程度まで一般化して解釈することになる。警察での逮捕を再犯と定義しても，少年鑑別所への入所を再犯と定義しても，どちらの研究も再犯という事象についての学問的な知見の獲得を追求していることにはなる。ただし，そうした研究結果を一般化して解釈する際にはそれらのデータが得られた状況，背景を把握し，データの背後にはどういったメカニズムが存在しているのかに十分な注意を払う必要があるということである。

1.1.4　我が国における再犯防止処遇及び教育

　犯罪者の改善・更生を目的として矯正教育や処遇を行うに当たって重要なことは，将来の犯罪に再び及ぶ可能性を低下させる要因を明らかにし，その要因に働きかけることで犯罪者が再び犯罪に及ばないようにすることである。これは，一見すると当たり前の考えであるように思われるかもしれないが，犯罪者処遇の現場でこれを実行しようとすることは極めて困難であり，我が国では21世紀になって，ようやく取り組みがはじめられるようになったという事情がある。刑務所や少年院に収容された受刑者や非行少年には，更生のために処遇・教育プログラムを実施するが，そうしたプログラムを実施した結果，プログラムを受けた者の再犯を防ぐことができたか否か，という検証はそれまでほとんどされてこなかった。このように書くと，なぜそうした観点からの検証がされてこなかったのか，現代の考え方からは不思議な印象を受けるが，我が国では21世紀になるまで，刑務所や少年院での処遇・教育が再犯を防ぐことができたかどうかを検証する，という視点はそれほど一般的なものではなく，検証をしないことの方がむしろ普通の感覚であり，実務家はそうしたことの必要性をあまり感じていなかったように思われる。このあたりの事情は，数十年の歴史をかけて再犯を防ぐためのエビデンスを構築してきた欧米と大きく異なる。なぜそのように異なっているのかを考えると，もともと我が国では施策，政策の分

野で科学的な証拠に基づいて物事を決めるという土壌が乏しかったのではないかと全般的には推測できるが，以下では我が国の犯罪者処遇においてエビデンスの生成，活用が遅れた事情についてもう少し詳しく考えることにしたい。

再犯研究の難しさ

再犯を外的基準とした実証研究全般が困難である第一の理由は，実証的な根拠に基づいた再犯リスクの評価や処遇プログラムの開発を行うことに多大な労力がかかることである。将来の犯罪を防ぐことに関連する要因を見極めるには，本当にその要因が将来の犯罪に結びついているかどうかを，実証的に確認しなければならない。こうした確認には，前向き調査（prospective survey），追跡調査（follow-up survey），縦断的調査（longitudinal survey）と呼ばれる調査方法が用いられるが，これらの手法では，家庭環境が再犯に与える影響を調べるとして，犯罪者が社会に戻って10年以内に再犯するかどうか確認しようとすれば実際に10年という歳月がかかってしまう。複数の再犯に影響を与えることが予想される要因が実際に将来の犯罪行動に影響を与えるか否かを確認しようとすると10年，20年といったスパンでの追跡が必要となる（図1-3）。別の方法としては，書類等から生育環境の状態など過去の記録を調べ，その後の再犯の記録を調べるという方法もある。遡及的研究（retrospective study）と呼ばれる方法であり，この方法を使用した場合には実時間で対象者を追跡する必要がないため，研究に必要な時間は大きく節約できる。しかし，遡及的な調査では書類等の事前の記録に予め要因の有無を判断できるような内容が記載されていることが必要となる。事前の書類等に記録されていない要因については

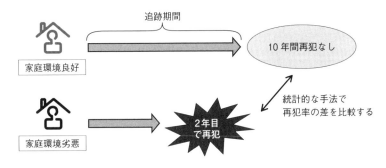

図1-3　再犯研究の概念図

調べることができず，研究の自由度は大きく制限される．ある犯罪者について，一定の基準を設けて再犯に影響を与える要因を有していたかどうかを判定しようと思っても，そうした判定をするのに十分な資料があるとも限らないし，信頼に値する記録が存在してないことも十分に考えられる．対象となる犯罪者が刑務所や少年院，少年鑑別所等の施設に収容されていた等の場合には，過去の書類から調べることもある程度は可能になると思われるが，過去の書類に記載されていないことは研究できない．

また，特定の要因を持つ者が偏ったりしないようにある程度の大きさのサンプルサイズを持っていることが必要である．現場の実務で使用に耐えうるような信頼性と妥当性の確認された本格的なリスクアセスメントツールを構築しようとすれば，少なくとも1,000件以上のデータがあった方が望ましいだろう．近年，法務省矯正局が開発した法務省式ケース・アセスメント・ツール（MJCA）と呼ばれる非行少年向けのツールでは5,000件の少年鑑別所入所少年のデータが作成のために用いられた．こうしたことは国家のプロジェクトとして行われたから可能であったわけで，実際に一個人の研究者がデータを集めるとなれば，これだけのデータを収集することは困難である．筆者の経験では300名程度のデータがあればある程度安定して統計分析を行うことが可能であるし，各種の仮説を検証することもできるが，サンプルサイズが100名を下回るようになると，多変量解析などの手法を用いることが困難となる．一方で，個人の研究者が犯罪者処遇の現場で100名を超えるデータを集めて分析するということは，なかなか困難であろう．

犯罪者に対してどういった処遇を行えば再犯を防止できるかという課題についても性質は同じである．ある処遇の有効性を確認するには，理想的には対象となる犯罪者をランダムに処遇群，非処遇群に振り分け，予後を追跡して再犯率を比べるという実験的な手続きが必要となるので，時間も労力も必要になる．なお，これは無作為化比較対照試験（Randomized Control Trial: RCT）と呼ばれる手続きであり，実証的な根拠に基づく，いわゆるエビデンスに基づく（evidence based）処遇プログラムの開発方法であるが，こうした取り組みは我が国ではほとんど行われていない．カナダやアメリカ合衆国など，この分野の先進国では50年以上前から大学などの研究機関と連携してその作業を開始し，

成果が蓄積されてきた経緯がある。一方，我が国では，これまで政府が外部の研究者と共同して再犯について研究するということがほとんど行われてこなかったこともあって，そうした知見の蓄積は欧米と比べて非常に乏しいものとなっている。個人の研究者が行うには研究データの収集や分析に時間と労力がかかりすぎ，また，データそのものに部外からアクセスすることも困難であるため取り組みにくく，かといって，政府機関も手を付けないといった状況が我が国では長く続いてきたわけである。

再犯に焦点を当てることの是非

　第二に，我が国の事情として，犯罪者に対して行われるいわゆる矯正教育は全人格的教育である（副島, 1997），という考え方が存在していたことが，再犯に焦点を当てたアプローチを生みにくい風土を実務家に形成していたことが挙げられよう。犯罪者を教育するに当たっては，犯罪に走らないようにすること，すなわち，犯罪性の除去をするだけでは不十分であり，情操面の豊かさや道徳的な物事の捉え方を養い，教養や知識をつけさせることで内面の充実を図る必要があり，それらを含めて人格的な成長を促すことが犯罪者の矯正教育であるといった考え方があった。もちろん，このような考え方は教育としては正しいのであるが，再犯防止という点に的を絞って教育を行うという発想が，我が国の犯罪者教育において近年に至るまであまり重要視されなかった要因の一つになっていた可能性がある。

　欧米においては，再犯者を減少させることは重要な政策課題として長らく認識されており，再犯防止の効果を上げるために，実証研究に基づいた治療教育的な介入の推進が求められてきていた（MacKenzie, 2000）。一方，我が国では今世紀に入るまでは，たとえ再犯をしたからといって犯罪者教育が失敗したわけではない，といった意見が聞かれることも少なくなかったように思われる。

　少年法では第一条に「この法律は，少年の健全な育成を期し，非行のある少年に対して性格の矯正及び環境の調整に関する保護処分を行うとともに，少年の刑事事件について特別の措置を講ずることを目的とする。」と掲げられている。この健全育成は再犯防止と等価と言えるか否かと問われれば，おそらく異なると考えられる。再犯が防止できても，健全育成が達成されない場合はあるであろう。犯罪はしなくても，働かず，学校にも行かず，無為徒食の生活を行

っている場合などがこれに当たる。それでは，再犯をしたら健全育成は達成できなかったと言ってよいか。少なくとも再犯が殺人，強盗，強姦などの重大犯罪の場合には，再犯をしたことをもって明らかに健全育成が達成されなかったと言えよう。逆に再犯があっても，健全育成が達成できる場合があるかを考えてみると，立ち直りの過程で軽微な万引きや自転車窃盗に及んだ等の場合には，こうした再犯に及んだからといって，健全育成は達成できなかった，処遇は失敗に終わったとまでは言えない，という意見もあり得るかもしれない。ただし，相対的に事案が軽微であるといっても，例えば，自転車を盗まれた被害者にとっては，再犯防止ができない処遇は無意味であろう。店舗等での金銭的に被害の軽微な万引きといっても，被害を受けた店舗の経営者からすれば看過できるものではない。こうして考えると，健全育成における最低限の線引として再犯をしないことを条件に掲げるのは妥当ではないか。再犯をしたら健全育成は達成されなかったと言ってよいのではないだろうか。

　さて，再犯を指標にして犯罪者教育の成功，失敗を論じるとしても，実際には再犯をしているが警察には捕まっていないといった暗数の問題がある。また，自己申告をした再犯，警察への逮捕，有罪判決，矯正施設への再入所等，再犯として用いる指標が複数あり，どれをもって再犯と定義するのかという問題もある。しかしそれらを考慮しても，心理臨床や教育の分野において対象を評価する諸基準とは異なって，再犯は珍しく明確で客観的な基準であると言える。もともと教育とは単一の結果をもってして成功，失敗を判別する性質のものではない。例えば，教育の結果として成績が上昇する，偏差値の高い大学に合格する，有名企業に入社する，高い年収を得るといったものを基準にすることも考えられるが，教育の効果をそのような物差しで測ることには異論も少なくないのではないか。一方，犯罪者の再犯率を低下させたことをもって，犯罪者教育の効果があったとすることは，先にも述べたように異論は少ないと思われる。

Topic 1　犯罪者処遇の現場と再犯

　矯正施設で勤務をしていた時のことを思い出してみると，被収容者が社会に戻った後に再犯をしたかどうかについて，再犯の研究に着手する以前は，筆者自身も実はそれほど注意を向けていなかったように思う。現在は再犯に対する注目も高まってきてはいると思うが，それでも施設勤務をしていると再犯への関心が希薄になりやすいように思われる。もちろん，矯正施設の職員は皆が犯罪者の更生のために働いている。自分自身が処遇の現場で面倒を見た犯罪者が社会に出て立ち直ることができるのか，それが大きな関心事であることには疑いがない。しかしながら，一旦，自分の勤務している施設から犯罪者が退所してしまうと，その後，彼らがどのように社会の中で暮らしているかを知ることはほとんどない。顔を合わせることはもちろんないし，手紙を書いてくる元収容者も数としては極めて少ない。そもそも，退所した犯罪者と法令の定める業務以外で接触してはならない。

　また，収容施設の業務は多忙を極める。施設職員は施設に関する仕事は何でもやる。被収容者の食事を作り，配食し，皿を洗い，洗濯，掃除をし，裁判ともなれば被収容者に手錠をかけて裁判所に護送に出向く。面接を行い，心理検査を取り，所見を書く。被収容者同士の喧嘩もあるし，職員の目を盗んでは悪さをする被収容者もいる。施設の規律を維持し，運営していくことは並大抵の苦労ではない。そんな中で，被収容者が施設を退所することになれば，その収容者については「とりあえず終わった」と考えるものである。特に取り扱いの難しい「厄介な」被収容者が退所することにもなれば，「やっと居なくなった」と思うのが正直な感想ではないだろうか。施設を出た後に元収容者が何をしているのかは知る由もない。忙しい勤務の間にふと「そういえば，この前，施設を出ていったあいつ，今頃何をしているのだろう」などと考えることはあっても，重要なのはそんなことよりも，目先の収容者への処遇である。今現在，施設に収容されている犯罪者のことで頭は一杯になる。

　再び退所したかつての被収容者とかかわりが出てくるのは，再犯をして再び施設に戻ってくる時である（「先生すいません，戻ってきてしまいました」などと言われたりする）。施設の仕事で最も重要なのは，被収容者の施設からの逃走，施設内での自殺，暴行を防いで規律と秩序を維持することであるから，再犯に対する興味はどうしても後回しになる。目の前の対象者が自分の目の届く範囲におり，自分が直接かかわる対象である間は，もちろん，積極的にかかわり，熱心に再犯防止について働きかけをするのであるが，再犯は，そうではなくなって，その対象者が自身の目の前からいなくなった後に生じ

> てくる。したがって，現場の職員がその後の再犯について注目する度合いが薄れていくのは不思議なことではないとも思われる。普通の学校教師は，生徒が在学中は，直接的に，日常的にかかわって教育や指導を行うが，卒業してしまった後には当然そういったこともなくなる。卒業した生徒のことを，時折思い出したり，誰かから話に聞いたり，久しぶりに何かの機会で会ったりすることはあるだろうが，当面払われるべき注意の多くの部分は現在，在学して自分が指導している生徒のことになっていくであろう。それと同じではないかと思われる。

1.1.5　科学的な根拠に基づかない処遇の危険性

　犯罪者処遇・教育においてそれが実際に再犯を減らしているかどうかを検証するという実証的な手続きは手間のかかることではあるが，これを省くことには大きな危険が伴う。1970年代にアメリカ合衆国のニュージャージー州の刑務所で，服役している受刑者たちが犯罪少年に対して，刑務所での生活等についてプレゼンテーションを行うといった処遇プログラムが実施された。これはスケアード・ストレート（scared straight）と呼ばれる再犯防止教育であり，刑務所での生活を受刑者が直接犯罪少年に対して生々しく伝えることによって少年たちに恐怖を与え，それによって彼らの犯罪が防止されると考えられたのである。ところが，1980年代に入って，このプログラムの有効性についての実証研究が行われるようになると，効果がない，あるいは，プログラムを受けた方が再犯しやすいといった結果が報告されるようになった（Lipsey, 2009）。これは実証を経ず，机上の理論だけで，再犯防止に効果があるだろうと予想して処遇，教育を行っていくことが危険であることを示す一例である。

　本当にその処遇が犯罪を防止する効果があるかどうかを知るには，処遇を受けた犯罪者と統制群となる処遇を受けなかった犯罪者を追跡し，再犯の有無を調べ，両群の再犯率を比較するという実証研究を行っていくしかない。さらには，たった一つの実証研究によって，ある処遇が犯罪を防止するという結果が得られたとしても，それで十分であるということではなく，同様の作業，手続きを繰り返し，複数得られた研究の結果をメタアナリシスによって統合して検証していく必要がある。処遇方法や対象者のバリエーションも含め，広範囲に

研究を積み重ね，試行錯誤を繰り返しながら犯罪を防止する教育システムを構築していかねばならない。実証的なリスクアセスメントを構築していく作業が困難であるのはこうした理由による。

エビデンスのレベル

さて，ここまで科学的な根拠をもとにした犯罪者処遇・教育を行うことの重要性について述べてきたが，ある言説を科学的な根拠（エビデンス）と言ってよいかどうかについては判定基準が存在する。詳しくは浜井（2013）を参考にしていただきたいが，以下に簡単にその内容を説明する。端的には，エビデンスには「もっとも当てにならないもの（レベル6）」から，「かなり当てになるもの（レベル1）」まで，エビデンスのレベルがあるとされる。

レベル6　単なる専門家の意見

有名な学者や知識人と呼ばれる人が犯罪について，これまでの自身の経験などを踏まえて意見，見解を述べる。これが最も当てにならない。犯罪や非行に関することでテレビ等のマスコミで専門家と呼ばれる人たちが意見を述べているのを見聞きすることは少なくないだろう。もちろん，そうした専門家が過去のしっかりした実証研究を踏まえて知見を説明しているのであれば問題はないが，そうではなくて個人的な意見や考え方，主張を述べているだけの場合には，エビデンスとして当てにしてはいけない。

レベル5　記述研究（事例研究）

何か重大な事件が起こった時に，その犯人の生い立ちを入手可能な資料や関係者からの証言をもとにして個別に追うことで，その犯罪がどうして発生したのかを解明したり，どうしたらそういった犯罪が起こることを防ぐことができるかといったことに答えを出したりしようとする試みを指す。これもエビデンスとしては当てにならない。こうした取り組みは新聞やテレビなどで少なからず行われているのではないだろうか。もちろん，そうした個別の情報を知りたい，事件について考えたいという思いを人々は持っているであろうから，そうしたニーズに応えるという点では問題ないのである。ただし，それをもとにして何か効果的な犯罪対策が生まれることはない。

レベル4　分析疫学的研究（コホート研究等）

幼少期に虐待を受けたことが将来の犯罪，非行に結びつくかどうかを調べた

いとする。そのために，幼少期のある時点で虐待を受けたか否かを調査し，虐待を受けたグループと，虐待を受けなかったグループに分ける。その際に，それ以外で犯罪行動に関連があることが想定される要因（交絡要因と呼ばれる）については，虐待あり群と虐待なし群で等質になるよう注意して群分けをする必要がある。その各グループの構成員を個別に長期間にわたって追跡調査し，一定の時期までに犯罪，非行に及んだか否かを記録する。そして，2つの群で犯罪，非行に及んだ割合について統計的に意味ある差が見られるかどうかを検証する。これは，先のレベル6，レベル5によって得られる言説とは違って，ある程度当てにしてよい。タバコの害を検証するといったように実際に実験することができない場合にはこの手法で行う。ただ，実際にこうした研究を実施しようとした場合，一定のサンプルサイズを確保し，ある程度の期間，追跡を行わなければならないので，時間も費用も相当にかかることになる。逆に言うと，それくらいのことをしなければ，当てになるエビデンスを手にすることができないのである。

レベル3　非無作為化比較対照試験

対象者を実験群と統制群にランダムに振り分けられない場合に，統制群のかわりに実験群と条件が等質である対照群を作って比較を行う。例えば，性犯罪者に対してある処遇・教育を実施した際に，それが再犯率を引き下げる効果を持つか否か検証することを考えたとしよう。この時，その性犯罪者処遇・教育を受けた，受けない，以外は対象者の条件がほぼ等質になるように群分けを行い，処遇あり群と処遇なし群を統計的に比較するのである。このやり方は当てになるエビデンスを提供する。もちろん，実際にこうした検証を実施しようとした際には時間や費用がかかることは，レベル4の場合と同様である。本書の6.3.2で紹介する我が国の性犯罪者に対する矯正処遇の効果を検証した際の分析がこれに当たる。

レベル2　1つ以上の無作為化比較対照試験 (Randomized Control Trial: RCT)

レベル3との違いは，実験群と統制群への対象者の配置をランダムに振り分けているところである。両群の再犯率の差を統計的に比較するやり方は同じである。単一の調査研究のやり方としては，既知の交絡要因の影響のみならず，未知の交絡要因もコントロール（影響を無効化）できることから最も推奨され

る手法である（Weisburd, 2010）。頭文字を取って RCT と呼ばれる。RCT によって得られた知見はかなり当てになる。しかしながら，実際に犯罪に関連した研究ではなかなか実施されていない。詳しくは本書の6.2.2 を参照されたい。

レベル1　系統的レビュー

これまでに発表されたレベル2からレベル4の研究結果をメタアナリシスの手法を用いて分析し，知見を得るものである。メタアナリシスは，複数の研究論文に記載されている統計数値を統合して効果を検出する手法である。単にたくさんの論文を集め，それを見て人が主観的に結論を出すわけではなく，確立された統計手法を用いて結果を得るのである。本章で紹介している Lipsey (2009) の処遇効果に関するメタアナリシス（p.34）がこれに当たる。これによって得られた知見は最も当てになる。

レベル4よりも上位の研究を1つ実施するだけでも大変な労力がかかるが，それらを統合してメタアナリシスを実施するとなると，それまでの研究の積み重ねには相当な時間や費用がかかることになる。もちろん，そうした積み重ねは一朝一夕にはできないし，ただ一人の個人の手に負えるものではない。欧米では犯罪分野においてメタアナリシスが盛んに行われるようになっているが，これはそれまでの相当の期間にわたる研究の積み重ねがあってこそである。我が国では，再犯や処遇効果を検証した論文そのものが大変僅かしかなく，メタアナリシスを実行しようにも元となる検証論文が見つからないといった状況である。

1.2　リスクアセスメントの原則

1.2.1　リスク要因の分類

リスクアセスメントでは，再犯リスクを高める要因のことを犯因論的リスク要因（criminogenic risk factor）と呼ぶ。この犯因論的リスク要因は，省略されてリスク要因と呼ばれたり，リスクファクターと呼ばれたりすることがある。ここでいう「犯因論的」とは犯罪が引き起こされる原因になるという意味である。犯因論的リスク要因は，犯罪者処遇において改善の目標にならない静的リスク要因（static risk factor）と目標になる動的リスク要因（dynamic risk factor）の2種類に分類される。

静的リスク要因

静的リスク要因は，再犯リスクを高める犯因論的リスク要因の中でも，後から変化させることが不可能な要因のことである。過去の犯罪歴，性別，初発犯罪年齢等の要因がこれに当たる。静的リスク要因は，処遇，教育によって変化させたり，改善させたりする余地はないが，将来の再犯との関連性が強く，再犯予測において予測力の高い変数となる。刑務所に入所した犯罪者の再犯研究を行うと，これまでに何回刑務所に入ったかを表す刑務所入所度数という変数が強固な再犯への影響力を示し，往々にして処遇や教育の効果を消してしまうような分析結果が得られる。このように取り消すことができない要因が，強い再犯予測力を持つことは，それだけ犯罪者の再犯防止教育が困難なことを示していると言える。

動的リスク要因

動的リスク要因は，再犯リスクを高める犯因論的リスク要因の中で，後から変化させることが可能な要因のことを指す。家庭環境の問題や自己統制力の低さ，過去半年間の薬物使用，不就労等の要因が動的リスク要因に当たる。動的リスク要因は，処遇によって変化させることが可能であるため，犯罪者に対する処遇・教育においてはこれを低下させることが介入の目標となる。例えば，劣悪な家庭環境が再犯リスクを高める要因になるのであれば，処遇は対象者の家庭環境を改善することを目標にすればよいわけである。

処遇や教育による改善が犯罪者にとって必要な部分であることから，動的リスク要因はニーズとも呼ばれる。動的リスク要因をニーズと呼ぶ場合には，静的リスク要因は単にリスクと呼ばれる。リスク・ニーズ・アセスメントという用語があるが，これは動的リスク要因と静的リスク要因の両方について査定することを特に強調して述べている用語である。既述のようにリスク要因といえば，再犯リスクを高める要因全てを指すことが多いが，リスクという言葉が単体で用いられる時には，リスクはニーズと対比して静的なものに限定した意味となる場合がある。

また，動的リスク要因は，時間的安定性の面から動的・安定的リスク要因（dynamic stable risk factor）と動的・急性的リスク要因（dynamic acute risk factor) に細分されることがある（寺村, 2007）。動的・安定的リスク要因は，動的リスク要因の内でも数か月から数年程度にわたって持続する比較的安定したリスク要因とされ，自己統制力の乏しさ，性的暴力への肯定的態度，認知の歪みといったものがそれに該当する。一方，動的・急性的リスク要因は，先の動的・安定的リスク要因と対比して非安定的な動的リスク要因を意味する。これは，状況に応じて数秒から数週間程度で変化する時間的安定性が低い動的リスク要因であり，否定的な気分や怒り，飲酒による酩酊といったものが該当する。

なお，犯因論的リスク要因が動的リスク要因であるか静的リスク要因であるかの区別は明瞭な場合も多いが，定義の仕方によって変化する場合もある。家族との関係が悪いという項目は，現在の家族と対象者との関係が悪いことであると定義した場合には，将来家族との関係が改善する可能性があるので動的リスク要因となる。しかし，以前に家族との関係が悪かった，と定義した場合には，今後の改善とは無関係なので静的リスク要因となる。

犯因論的リスク要因に含まれる項目

何が犯罪のリスクファクターになるのかを調べるための調査研究には多大な労力と時間がかかり，さらに，そうした研究結果を積み重ねたものをメタアナリシスにかけて，ようやく犯罪のリスクファクターが確定してくることになる。欧米では半世紀近くにわたって取り組みが行われ，西暦 2000 年を迎えるころに，何が犯罪のリスクファクターなのかという知見がおおむね確定されるようになった。特定された犯因論的リスク要因は以下の 8 つである（図 1-4）。

1. 犯罪経歴（History of Antisocial Behaviour）
2. 反社会的人格パターン（Antisocial Personality Pattern）
3. 反社会的認知（Antisocial Cognition）
4. 不良交友（Antisocial Associates）
5. 家庭環境・婚姻状況（Family/Marital Circumstances）
6. 学校・職場（School/Work）
7. 余暇・娯楽（Leisure/Recreation）
8. 物質乱用（Substance Abuse）

1. 犯罪経歴とは過去の犯罪歴，初発逮捕年齢，家庭裁判所係属回数といった

もので，静的リスク要因の典型であり将来の再犯との結びつきは強い。

2. 反社会的人格パターンとは，衝動性，リスクシーキング，対人トラブルの反復，攻撃的言動等，犯罪に結びつく人格傾向のことである。これらは処遇や介入の目標となる。

3. 反社会的認知は，犯罪に親和的で肯定的な態度，価値観，信念，それに合理化の程度及び自己を犯罪者とみなす自己認知などである。具体的には，法律，警察，司法制度への否定的な感情，犯罪は割にあうといった考え方などがこれに当たる。

4. 不良交友は，不良仲間，不良者とのつき合いに関するものであり，動的リスク要因として介入の目標となる。少年院における矯正教育では不良交友の絶縁という教育目標がしばしば在院生に対して設定されているが，この目標設定は再犯防止に効果があることになる。

5. 家庭環境・婚姻状況は，家庭と婚姻に関連する犯因論的リスク要因である。少年の場合には家庭環境に，成人の場合には婚姻状況に犯罪行動を促進する影響を与える要素が含まれている。少年と成人の違いが生じるのは，青年期にな

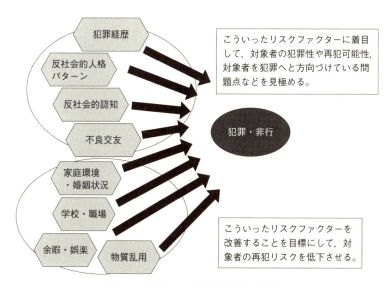

図1-4　主要な8つの犯因論的リスク要因

ると親からの直接的な影響は，仲間集団からの影響力にとって代わられ，家族に関連したリスク要因は影響力を失っているからである（Office of Surgeon General, 2001）。青年期をどこで区切るのかという問題や個別の家庭事情を考慮する必要はあるが，少年の方がもともとの家庭環境から親の規範やしつけを通して受ける影響が大きく，一方，成人では原家族からの影響は小さくなる。

 6. 学校・職場では，そこでの対人関係や適応状況が犯因論的リスク要因となる。学校や職場が満足できない状態であったり，成績や業績を上げることができなかったり，学校や職場を休んでばかりいたりといった内容がこれに当たる。これらの内容はHirschi（1969）の統制理論（control theory）におけるインボルブメントやコミットメントに関連している領域と言える。

 7. 余暇・娯楽は仕事や職場以外の時間に，反社会的ではない趣味や娯楽を持って生活しているかどうかに関する項目である。具体的には，学校や地域でスポーツやクラブ等のメンバーになっているか否か，余暇時間に何か活動をしているか否かを鑑別する。Hirshi（1969）の統制理論ではインボルブメントに関連していると言える。我が国では少年院における教育指針として「余暇の善用」という文言を用いており，矯正教育では古くから重視されてきた項目でもある。向社会的な方向で社会とかかわる機会を提供することで行動改善が期待できるので，介入目標として設定しやすい。

 8. 物質乱用は，アルコールや薬物使用の問題に関する要因である。過去の薬物乱用よりも，現在の薬物乱用が動的リスク要因として重要になる。

1.2.2 リスク・ニード・反応性モデル（RNRモデル）

 Andrews & Bonta（2010）は，RNRモデル（The Risk-Need-Responsivity (RNR) Model）というリスクアセスメントの理論と手法を提唱している。RNRモデルは，リスクアセスメントに関する包括的な理論で，今日，犯罪者更生の取り組みとして支配的な地位を占め，大きな影響力を持っており（Ward & Maruna, 2007），矯正施設の運営，処遇に多大な影響を及ぼしている。RNRモデルは，全体にかかわる12の原則（人間と規範的文脈への尊敬，心理学的理論，犯罪防止処遇の全般的強化，ヒューマンサービス，リスク，ニード，一般反応性，特殊反応性，範囲，長所，構造化されたアセスメント，専門家裁量）

と組織にかかわる3つの原則（地域に基づくこと，中心となるスタッフの実践，管理）を併せた15の原則からなる包括的な理論となっている。以下ではその内の主要原則であるリスク原則（The Risk Principle），ニード原則（The Need Principle），反応性原則（The Responsivity Principle）について説明する。RNRとはこの頭文字を取ったものである。

リスク原則

　リスク原則は，犯罪者の処遇，教育において，再犯リスクの高い犯罪者には高密度の処遇を，再犯リスクの低い犯罪者には低密度の処遇を行うことが必要であるというものである。これは犯罪者の再犯リスクのレベルと処遇及び教育のレベルを一致させなければならないということを意味しており，この原則を守らないで犯罪者に対する処遇や教育を行うと，その効果が無効になったり，さらには逆効果となったりすることがある（Andrews & Bonta, 2010）。

　処遇の密度とは，その実施頻度，処遇を受ける期間の長さ，提供される内容に関連する（Prendergust, Pearson, Podus, Hamilton, & Greenwell, 2013）。寺村（2007）は，再犯リスクと処遇レベルの一致についての具体的な説明として，低リスク者には不介入，社会内資源を活用した軽度の介入，あるいは通所による心理教育的な再発防止措置等を行う一方で，高リスク者には施設内の集中治療プログラムを施行し，その後も監督指導を継続的に実施するなど手厚い対処を行うことが要請されるとしている。ここで注意したいのは，施設収容を伴う処遇が高密度，伴わない処遇が低密度などと一意的に決まっているわけではないということである。処遇密度は，あくまで相対的なものであるし，単純に二分されるものではなく，連続的に変化をするものである。最も低密度の処遇は，何ら介入を行わないものだが，これに対し，社会内資源を活用した短期間で軽度の介入，心理教育的な再発防止の措置等はやや密度の高い処遇である。社会内処遇においてカウンセリングや認知行動療法等を組み合わせ，週に複数回のセッションを行い，一定以上の期間にわたり綿密な監督・指導のもとで集中的な教育を繰り返すとさらに密度が高い処遇となる。少年院などの施設収容を伴う処遇は，対象者と教官の接触・指導頻度や，提供される指導の幅の広さから，上記の社会内処遇よりも一般に密度は高いものとなる。先にも述べたように処遇の密度は実施される場によって一義的に決まるのではなく，例えば，我が国

の刑事施設における性犯罪再犯防止指導で行われているように，施設内処遇でもプログラムの1回当たりの時間，頻度，期間，指導内容によって低密度，中密度，高密度といった区別をすることが可能である。

表1-3は犯罪者の再犯リスクの高低と，実施された処遇や教育の密度の高低によって，再犯率がどのように変わるかに関する4つの研究結果を記載したものである。いずれの研究も再犯リスクの低い犯罪者に対しては，低密度の処遇や教育を行った場合に比べて高密度の処遇や教育を行った方が，再犯率が高くなっていることがわかる。高密度の処遇は，不介入もしくは，低密度処遇に比べて費用も労力もかかるが，低リスク犯罪者に対しては，そうした手間をかけて綿密に教育を行った方がかえって再犯を促進してしまう。逆に，再犯リスクの高い犯罪者には，低密度の処遇や教育を行うよりも，高密度の処遇や教育を行わないと再犯を抑えることができない。

表1-3に示した研究のうち，Bonta, Wallace-Capretta, & Rooney（2000）のものを少し詳しく見てみよう。この研究では調査対象者はカナダの刑務所を仮釈放された者たちで，このうち高密度処遇群は高密度回復処遇（Intensive Rehabilitation Supervision: IRS）と呼ばれる教育プログラムを通所で受けた者71名で，この中には，電子監視を受けた者（54名）と保護観察を受けた者（17名）が含まれている。IRSの受講条件は非暴力犯罪，6か月未満の刑期，中程度の再犯リスクを持つことが条件となっており，また，電子監視の適用は非暴

表1-3　対象者の再犯リスクのレベルと実施した処遇の密度による再犯率の違い

（Andrews & Bonta, 2010 から一部を修正して引用）

行われた研究	再犯リスクの高低	処遇，教育の密度	
		低密度処遇	高密度処遇
O'Donnell, Lydgate, & Fo（1971）	低リスク	16%	22%
	高リスク	78%	56%
Baird, Heinz, & Bemus（1979）	低リスク	3%	10%
	高リスク	37%	18%
Andrews & Kiessling（1980）	低リスク	12%	17%
	高リスク	58%	31%
Bonta, Wallace-Capretta, & Rooney（2000）	低リスク	15%	32%
	高リスク	51%	32%

（%は再犯率を示している）

力，非性犯罪，6か月未満の刑期，中程度の再犯リスクを持つことが条件となっている。一方，低密度処遇群は，IRSの受講条件には合致するがそれを受けなかった者たち100名で，さらに電子監視条件をも満たす者たちである。このように群分けすることで低密度処遇群と高密度処遇群の等質化が図られている。等質化がうまく機能したかどうかも確認されており，有職率，公的扶助歴（経済指標），アルコール・薬物濫用，年齢，教育年数，既婚歴などに関して両群に有意な違いは見られなかった（表1-4）。ただし，高密度群に暴力犯罪歴を持つ者の割合が高かった。

これに加えて，全員に自己報告式のサービス水準目録改訂版（Level of Service Inventory Revised: LSI-R）を施行して再犯リスクの測定を行ったところ，群間に有意差は見られなかった。それゆえ，これらの群は犯罪内容や再犯リスクに関してはほぼ等質と考えることができる。

LSI-R得点の中央値である23によって対象者を高リスク群と低リスク群に分け，それぞれ高密度処遇を受けた場合と低密度処遇を受けた場合の再犯率を調べたものが，表1-3の最下段に示されている結果である（なお，高密度処遇

表1-4　各群の犯罪者の特性（Bonta, Wallace-Capretta, & Rooney, 2000から一部を修正して引用）

変数	高密度処遇群		低密度処遇群	F値又はχ^2値
	IRSを受けた電子監視群	IRSを受けた保護観察群	IRSを受けなかった群	
無職者	72.2%	62.5%	71.0%	0.58
公的扶助使用歴	84.6%	81.3%	81.4%	0.25
アルコール濫用	50.9%	56.3%	42.0%	1.84
薬物濫用	37.7%	43.8%	37.0%	0.27
感情の問題	22.6%	50.0%	24.5%	5.16
年齢	28.6	28.3	28.0	0.08
教育年数	9.3	10.3	9.9	2.71
独身者	53.7%	58.8%	48.0%	0.93
暴力犯罪歴	17.0%	56.3%	29.3%	9.61**
有罪判決歴	98.1%	75.0%	90.0%	8.50**
LSI-R得点（再犯リスク得点）	25.1	25.4	22.6	2.27

**$p<.01$

群ではIRS終了後1年以内の，低密度群に関しては出所後1年以内の有罪判決を再犯としている）。これを見ると高リスクの犯罪者には高密度処遇を行った方が，低密度処遇を行ったよりも再犯率は低くなっている。一方，低リスクの犯罪者には低密度処遇を行った方が高密度処遇を行ったよりも再犯率は低くなっており，リスク・レベルに合わせた処遇を行うことが重要であることが確認できる。

　さて，リスク原則については，現在に至るまで，さらに多くの知見が積み重ねられてきており，この原則が依然として強い関心を呼んでいることがわかる。Makarios, Sperber, & Latessa（2014）は，米国の男性犯罪者903名にLSI-Rを実施し再犯リスクを測定した上で，処遇密度をプログラム受講時間によって7段階に分類して各密度における再犯率を比較した。その結果，再犯リスク得点の高い犯罪者ほど，低密度処遇に比べて高密度処遇を受講する方が再犯率を低下させていることが示された。Lovins, Lowenkamp, Latessa, & Smith（2007）は，米国の女性犯罪者1,340名にHoffman（1994）が作成した顕在リスクスコア（Salient Factor Score: SFS）を用いて再犯リスクを測定し，半開放的な施設であるハーフウェイ・ハウスに収容されて処遇を受けた高密度処遇群と，社会内で処遇を受けた低密度処遇群との再犯率を比較したところ，再犯リスクの高い者には高密度処遇を実施した方が再犯率を低下させることが示された。また，再犯リスクの低い者に高密度処遇を実施すると再犯率が上昇したことも示された。非行少年を対象とした研究としてはVitopoulos, Peterson-Badali, & Skilling（2012）がある。彼女らは，カナダの非行少年76名を対象に，RNR原則の適用が再犯率低減に寄与しているか否かを調べている。具体的には，臨床家により改善が必要と指摘された処遇ニーズと実際に提供された処遇プログラム等のサーヴィス水準の一致度と，その後の再犯率との関連を検討した結果，男子では一致度が高いほど，再犯率が有意に低下することが示されたが，女子では有意な再犯防止効果が示されなかった。

　リスク原則は，様々な対象者やセッティングにおける適用可能性について検討がなされており，多くの研究で，リスク原則に則った処遇の実施が再犯率を低減させるとの知見が積み重ねられてきている。我が国における研究では，少年鑑別所に入所した非行少年についてリスク原則の検証が行われており，そ

の結果，リスク原則に沿った処遇が再犯率を低下させることが実証されている（森・高橋・大渕, 2016）。

低リスク犯罪者への高密度処遇の悪影響

ところで，なぜ低リスクの犯罪者に高密度処遇を行うと，処遇効果が無効になったり，あるいは，むしろ再犯率を高めることになったりといった逆の効果が現れてしまうのだろうか。Lowenkamp & Latessa（2004）はその理由について，次に示す3つの可能性に言及している。

1. 悪風感染：低リスクの犯罪者に高密度処遇を行うと，しばしば，低リスクの犯罪者を高リスクの犯罪者に接触させることが起こる。反社会的仲間が犯因論的リスク要因であることは明らかであり，矯正現場の実務家であれば，高リスクの犯罪者と低リスクの犯罪者を接触させることが良いやり方ではないということを知っているであろう。

2. 社会資源の喪失：低リスクの犯罪者は，遵法的態度を持っていることが多い。そうした人々を高度に構造化された，制限の厳しい状況に配置することは，低リスクの犯罪者を低リスクたらしめているこうした要因を破壊してしまう恐れがある。例えば，勤務先を持つ人を6か月間の治療プログラムに参加させるなら，その人は職を失ってしまったり，場合によっては，家庭も崩壊してしまったりする可能性がある。彼の遵法的態度や遵法的交友関係は弱まり，それらは反社会的な態度や反社会的な交友関係に置き換えられてしまうであろう。高密度処遇の後に彼が自分の生活環境に戻ってきた時，近所の人たちが「矯正プログラムからのご帰還ごくろうさまでした」と言ってパーティを開いてくれるとはとても思えない。言い換えるなら，この人の場合，再犯リスクが増えはしても減ることはないと言わざるを得ない。

3. 編成の偏り：効果的な治療グループを編成する場合には，知能指数，社会的スキル，成熟といった要因を考慮する必要があるが，それらはしばしばなおざりにされる。その結果，処遇の場で，心理的諸機能は低いがリスクも低い犯罪者が，抜け目のない高リスクの捕食的な犯罪者に牛耳られ，本来の治療効果を上げることができないといったことも起こり得る。

ここで，社会内処遇を綿密に行うことを具体的な場面で考えてみよう。処遇担当者が熱心に社会内で立ち直りを図っている犯罪者を頻繁に事務所や施設に

呼び出し，働きかけを行うようになれば，その都度，犯罪者は仕事を休んでそこへ出向くことになる。仕事が滞るかもしれないし，そもそも同僚には何と言って仕事を中断して出てくるのだろう。自分は犯罪者であり，公的機関から現在も指導を受けている身であることを，職場で関係のある人に告げて理解を求めることになるのだろうか。そんなことをしたら，無用のレッテルを貼られて職場で疎外されることにはならないだろうか。また，処遇担当者はその地域では多くの犯罪者を担当に持っていて，事務所や施設は待合室で処遇担当者からの教育的措置を待つ犯罪者たちで混み合っているかもしれない。そうなると地区に居住する他の犯罪者と接触して，知り合いを作る絶好の機会になっているかもしれない。

リスク原則と我が国の非行少年処遇

　我が国の少年鑑別所では，入所少年に対して鑑別と呼ばれる手続きを実施している。鑑別では少年の身柄を収容して当該少年の知能や性格，精神障害の有無，非行を犯すに至った問題点とその分析，社会的予後についての見通し，更生のためにはどのような教育，処遇方法が有効であるか，それらを踏まえてどのような処分（保護観察，少年院送致など）を行うことが妥当であるかなどを調べ，鑑別結果通知書と呼ばれる所見を作成して家庭裁判所に報告する。鑑別では，殺人等のように事案が重大な犯罪者でなければ，さしたる犯罪歴もなく，積極的に社会に背を向けたり，反社会的な規範や行動様式に強く馴染んだりしていない犯罪少年に対して，少年院に収容して矯正教育を行うという意見が述べられることはまずない。このような実務家の対応は，リスク原則という実証的な知見に支えられた原則によって妥当であることが担保されていることになる。犯罪者に対しては，とにかく集中的に，徹底的に再犯防止教育を行えばよいというものではない。教育の効果を挙げるためには，再犯リスクの高低によって処遇や教育の密度を変える必要があり，それゆえ犯罪者の再犯リスクの査定が非常に重要となるのである。この点でリスク原則は，再犯リスクの査定と再犯防止教育の間の橋渡しをしていると言える。効果的な処遇や教育を行うには，正確な再犯リスクの査定が必須となることの理由をこの原則は示している。

　リスク原則は，一見すると当たり前のことを言っているだけのように思われるかもしれないが，犯罪・非行臨床の現場において対象者の再犯リスクを正確

に推定することは困難であり（再犯リスクの正確な測定を求めてリスクアセスメントが発展していった経緯については本書の第2章を参照願いたい），そうした再犯リスクを的確に見極め，かつ，査定した再犯リスクを踏まえた応差的な処遇を展開することの意義を強調したものと換言できる。さらに，リスク原則は，刑事司法領域における限られた人的・物的資源の適切な分配という観点からの意義も主張されており（高橋，2011），その適用は矯正施設における実務はもちろん，広く刑事政策においても大きな意義がある。

ニード原則

ニード原則とは，犯罪者に対する処遇や教育を行う際には，将来の犯罪の発生と関連性の強い要因に焦点を当てた働きかけを優先的に行うことで再犯を防止する効果が高まるという原則である。先に述べたように，再犯に関連する要因で，処遇によって変化させることのできる要因のことを，動的リスク要因もしくはニードと呼ぶ。動的リスク要因もしくはニードは，それを変化させることによって，再犯率を低下させることができるという性質を持つ。動的リスク要因もしくはニードには，先にも述べたが向犯罪的態度，反社会的な人格，低い問題解決能力，薬物濫用の問題，高い敵意や怒り感情といったものが含まれる。これらの動的リスク要因もしくはニードは，変化させることができたとしても犯罪者の再犯リスクに直接的な影響を与えることがない非犯因論的ニードと対照をなすものとして，ニード原則では取り扱われる（Ward & Maruna, 2007）。非犯因論的ニードとは，例えば，頭痛持ちである，歯並びが悪い，猫背といったように，介入を行うことで改善の可能性があるが犯罪に及ぶリスクとは関連しない要因のことである。ニード原則は，犯因論的な要因と非犯因論的な要因を区別することに注意を払うことを要請している（Andrews & Bonta, 2010）。犯罪者に対する処遇や教育は，第一に再犯を防止することに焦点を当てるべきであり，そのためには動的リスク要因，すなわちニードに焦点を当てて処遇や教育を実施するべきであるという考え方がニード原則の示すところである。

ニード原則と我が国の犯罪者処遇

ニード原則も一見すると自明に思える考え方であるが，先にも述べたように動的リスク要因もしくはニードを実証的な根拠を持って特定し，その上で処遇

や教育によって改善できたかどうかを測定し，それが再犯率の低下に結びついたか否かを実証的に検証するといった作業には多大な時間，費用，労力が必要となる。

　また，我が国の犯罪者処遇においては再犯を防止することを強調するような思想に対して，犯罪者処遇の第一線で稼働する実務家に若干の抵抗感があったことも否めない。我が国における犯罪者への矯正教育は全人格的教育であるとされてきたこともあって（副島,1997），犯罪者に対して矯正教育を行った結果，再犯をしたのであればその教育は失敗であり，再犯をしなければ教育は成功したといった捉え方は，浸透しにくい面があったものと思われる。一般の学校教育における成功とは何かという問いに対して，単に進学や就職などの成果だけを基準にして議論するとすれば，それには否定的な意見が少なくないことが予想される。ある学生が自分の第一志望の大学に合格しなかった場合，その教育は失敗であったと結論づけることはできないだろう。教育とは単に個人の社会的達成のみを目指すものではなく，人間性の涵養，文化と教養を身につけることなどが目標に含まれなければならないであろう。しかしながら，犯罪者処遇の目標は，再犯リスクの低下を優先させることが重要であり，この点で通常の学校教育とは異なる。処遇の成果は抽象的な何かではなく，まず最初に再犯の有無という単一の指標をもとに評価されるべきである（森,2010）。

　従前から我が国では，警察，学校，児童福祉などの実務家が科学的知見を参照することはあまりなかったという指摘がある（津富,2008）。犯罪者処遇・教育において予後を調査し，再犯の有無を調べ，その結果によって教育効果を測定し，エビデンスを蓄積するといった手続きに違和感を覚える実務家もかつては（現在も？）少なくなかった。勝田・羽間（2014）は我が国の保護観察所で行われている覚せい剤事犯者処遇プログラムの効果において，覚せい剤の再使用を測定して実証的な効果を測定する研究が行われていないことを論じている。

　しかしながら，ここ20年ほどの間に，犯罪被害者の立場をもっと尊重すべきであるとの考えが社会的に強まりを見せるようになったことが，社会の再犯への注目を喚起したように思われる。犯罪により害を被った者である被害者の権利拡充が議論され，平成17年には犯罪被害者等基本法が施行されるなど（市野,2007），被害者の立場を重視するという姿勢が強まるにつれて，犯罪者を

処遇する上で再犯を防ぐことが最重要課題であるという考え方が次第に社会に広まっていった。特に，奈良県で 2004 年 11 月に発生した女児誘拐殺害事件で，逮捕された被疑者が過去に子どもに対する性犯罪により服役していたことから，犯罪者の再犯防止対策の必要性が強く主張されるようになった（平山, 2007）。

　このような社会的な動きが，犯罪者に対する教育効果を再犯という指標で測ろうとする考え方を受け入れやすくしてきたことは指摘してよいだろう。矯正教育によって犯罪者が社会で生きていくために必要な資格を取得したり，反省を深めたり，豊かな感性や情操が養われたとしても，そのことが再犯防止に結びつかなければ，再犯によって害を受ける被害者にとって本質的には無意味である。それは，犯罪者の更生を担う機関にとっては重要な使命である再犯防止という役割を果たせなかったということになる。犯罪被害者の立場を尊重する姿勢が社会に強まったことで，我が国においてもニード原則に従った処遇・教育を受け入れるような社会的条件が整ってきたとも言える。

反応性原則①：一般反応性原則

　反応性原則とは処遇を実施する際には，犯罪者の能力や学習スタイルに合ったやり方で行わなければならないという原則である。これは，一般反応性原則（General Responsivity Principle）と特殊反応性原則（Specific Responsivity Principle）に分かれる。一般反応性原則は，犯罪者は人間であり，そのため，最も強力で影響力のある処遇の方略は認知行動的なものと認知的，社会学習的なものであるとする原則である。問題となっていることが反社会的行動であれ，抑うつであれ，喫煙であれ，過食であれ，学習能力の乏しさであれ，それらの違いは特別な相違ではなく，認知行動的な処遇がその他のやり方よりもしばしばより効果的である。それゆえ犯罪行動についても社会学習的及び認知行動的なやり方が変化をもたらすのである（Andrews & Bonta, 2010）。もう少しわかりやすく言えば，一般反応性原則は，犯罪であれ，喫煙であれ，過食であれ，個人の問題行動を変化させるには，その認知と動機づけのパターンを変化させるように働き掛けることが効果的であるという考え方である。

　反社会的行動の変容には，ロールプレイ，スキルの習得，歪んだ認知の修正等の技法を用いる認知行動的アプローチが有効とされる。このことを実証的に検証したのが Lipsey（2009）のメタアナリシスである。Lipsey（2009）は 1958

年から 2002 年までに行われた 12 歳から 21 歳までの犯罪少年を対象とした英語圏での介入研究の中から実験群と統制群を設けた 548 研究を抽出し，どのタイプの介入が再犯をより効果的に防止できるかを明らかにするためにメタアナリシスを行った。この研究では，実験デザインとして性別や人種など対象少年がもともと抱えている再犯リスクのような少年側の要因と保護観察や施設収容のような公的措置の要因などを統制した上で，検討対象となる介入が拠って立つ理論的ベースとして以下の 7 種類の処遇を取り上げ，いずれの処遇が再犯防止に効果的であるかを検討した。なお，それぞれの処遇の種類に書かれた研究の数は，メタアナリシスに用いられた研究論文の数を示している。

1. 監視（surveillance）

犯罪者を緊密に監視することが再犯を防止するという考え方に基づく処遇である（17 研究）。主には接触や指導を増やす方向で強化した保護観察や仮釈放がこれに当たる。

2. 威嚇抑止（deterrence）

犯罪行動によって生じる否定的な結果を劇的に表現することによって，犯罪者を再犯から防止しようとする処遇である（15 研究）。この種類の処遇の典型的な例は，犯罪少年に刑務所を訪問させ，受刑者に刑務所のありのままの不快な状況を説明させるというスケアード・ストレート（scared straight）という処遇である。

3. 訓練（discipline）

犯罪者が再犯を回避し，人生において成功をおさめるためには規律を学ばなければならず，そのためには規律を植え付けるような構造化された厳しい訓練を経験させる必要があるという考え方に基づく処遇である（22 研究）。この種類の処遇の主なものとして，ブートキャンプにおける軍隊的な訓練が挙げられる。

4. 修復的処遇（restorative programs）

犯罪行動によって引き起こされた侵害を修復するために，被害者や地域社会に対して償いをさせることを目標とする処遇である（41 研究）。犯罪者と犯罪被害者との直接的な和解を促すプログラムもこの種類の処遇に含まれる。この種類の処遇は大別して，補償（restitution）と調整（mediation）と呼ばれる 2

種類の処遇に分けられる。補償は，犯罪者に被害弁済をさせたり，社会奉仕活動を行わせたりするものである。調整は監督のもとで加害者と被害者を対面させて言葉で謝罪させたり，書面で謝罪を行わせたりする処遇である。

5. カウンセリング及びその応用的技法（counseling and its variants）

　この種の多様で一般的な処遇は，犯罪者の感情や認知，行動に影響を及ぼそうと試みるもので，責任ある成人との間の個人的な関係構築を特徴とする。家族や仲間にその役割が割り当てられる（185研究）。これに含まれる処遇のうちで十分なサンプルサイズを用いて検討されたものは，個別カウンセリング，ボランティアや準専門家によるメンタリング，家族カウンセリング，短期家族危機介入カウンセリング（short term family crisis counseling），心理療法家によるグループカウンセリング，仲間集団が心理療法的役割を演ずるピア・プログラム，混合カウンセリング（個人，集団，家族に対して上記のいずれかの処遇を組み合わせて用いられたもの），社会内処遇に取り入れた混合カウンセリングであった。

6. スキル形成処遇（skill building programs）

　この処遇は，犯罪者が自分の行動を統制し，規範的で向社会的な機能に従事する能力の強化に結びつくスキル発達を目的として，指示，練習，動機づけ，誘因などを提供するものである（169研究）。この種の主な処遇は，行動プログラム，認知行動療法，ソーシャル・スキル・トレーニング，挑戦的プログラム，修学指導，職業指導である。行動プログラムとは，行動マネジメント，随伴的トークン・エコノミーなど行動に対して報酬を提示する処遇のことである。挑戦的プログラムは困難もしくは高ストレス作業を克服するような経験を学習させる機会を与えるような介入を行うことである。職業訓練には職業カウンセリングや職業斡旋が含まれる。

7. 複合処遇（multiple coordinated services）

　これは，複数の処遇の組み合わせ，即ちパッケージを提供するよう設計された処遇のことを指す（138研究）。全参加者に同一のパッケージを提供する場合もあれば，犯罪者によって異なる個別的パッケージが使われる場合もある。主なものは，ケース・マネジメント，サービス斡旋（service broker），マルチモーダル管理（multimodal regimen）が挙げられる。ケース・マネジメントはケ

表1-5 介入が拠って立つ理論的ベースと再犯防止の効果（Lipsey, 2009の結果をもとに構成した）

介入の理論的ベース	処遇による再犯率の変化
1. 監視（surveillance）	-6%
2. 威嚇抑止（deterrence）	+2%
3. 訓練（discipline）	+8%
4. 修復的処遇（restorative programs）	-10%
5. カウンセリング及びその応用的技法（counseling and its variants）	-13%
6. スキル形成処遇（skill building programs）	-12%
7. 複合処遇（multiple coordinated services）	-12%

注：処遇による再犯率の変化の％は比較のために標準化された数値である。実際に減少した再犯率とは異なる。

ース監督者やケースを担当するチームを構成して，個々の犯罪者に対して処遇計画を立案し，その進捗状況を管理するというもの，サービス斡旋は個々の犯罪者に適していると考えられる処遇を探して，紹介するというもの，マルチモーダル管理は，複数の種類の処遇を準備して，参加する犯罪者全てに提供するというもので，この形態の処遇はしばしば施設に居住して行われる。

メタアナリシスの結果は表1-5のようになった。カウンセリング，スキル形成処遇，複合処遇が他と比較して再犯率をより多く減らしていることがわかる。一方で，スケアードストレートなどの威嚇抑止や，軍隊的訓練などの訓練は処遇によって再犯率を増やしてしまっていることがわかる。Lipsy（2009）は続く分析で，「6. スキル形成処遇」の中で認知行動的な理論ベースに基づく処遇が最も再犯率の低下に寄与していることを明らかにしており（-26%），こうした知見が一般反応性原則の根拠となっている。

反応性原則②：特殊反応性原則

特殊反応性原則は，犯罪者にはそれぞれ異なる人格傾向や動機づけ，長所や能力等を有しており，処遇に対する反応は個々人によって異なるので，その違いを考慮しながら介入の方法を適宜調整していくことで，処遇効果の上昇が見込まれるとする考え方である。例えば，知能の低さという問題を抱えている対象者に対して，そうした問題を考慮せず通常の対象者と同様の教育プログラムを実施しようとすれば，期待するような効果は挙げられないことが予想される。

また，精神疾患に罹患している対象者に通常の薬物教育を行うことや，希死念慮の強い対象者に一般的な職業補導を行うことは困難であることが明らかだろう。対象者の特性を査定し，個別に処遇計画を立てることは特殊反応性原則という言葉を持ち出すまでもなく，犯罪・非行臨床に携わる専門家がこれまで行ってきたことである。

　ところで，個別事情を考慮して処遇を策定すると，処遇がニード原則に必ずしも沿わない場合も出てくることになる。ある女性の犯罪者に対して再犯防止処遇を行う際，本来のニーズとなるものをターゲットにするとすれば，就労生活において安定を図るといった目標が考えられる。しかしながら，この女性が抱える特異的な問題として，男性パートナーに対して経済的に依存する姿勢が強いことで自立した就労生活を達成できず，そのことが更生を阻んでいることが明らかに認められる場合には，一般的には犯因論的リスク要因ではない男性パートナーへの経済的な依存を処遇のターゲットにすることが必要となるであろう。

司法判断と再犯リスク評価

　少年事件における司法手続では，家庭及び保護者との関係，境遇，経歴，教育の程度及びその状況，不良化の経過，性格・行動傾向，事件の動機と経緯及び役割，心身の状況などが調査の対象となる（森本，2007）。少年の身柄を施設に収容する処分としては少年院送致決定があり，おおむね4か月程度の収容期間である特修短期処遇，おおむね半年間の一般短期処遇，1年程度の長期処遇の3つに大別される。殺人や強盗といった重大事件については比較的長い収容期間を設定し，それよりは軽微な犯罪の場合には収容期間を短く設定するというやり方がとられることが一般的である。我が国の少年保護法制においては，少年院送致は刑罰ではなく教育的措置とされるが，一方では収容という身柄拘束を伴う処分でもあるため，実際の家庭裁判所での少年審判には量刑的な考え方が反映されることがしばしばある。

　処分を決定する際の基礎資料となる，非行少年の資質面や環境面，非行事実といった背景要因に関する調査・鑑別の手法については，手続き上の明確な規定がないまま，司法関係者の幅広い裁量権により非行少年が置かれている状況が推定されることが多い状態にある（菅野，2012）。どの程度の事件でどの程度

の資質面の問題性があれば，どの程度の収容期間が適当なのかといった問いに対して明確に回答を与えることができるルールはなく，家庭裁判所において個別の担当者が（主には裁判官と家庭裁判所調査官），事件の個別の状況に鑑み，その時々の社会情勢を考慮しながら妥当な判断を行うことに努めることになる。筆者の印象ではこの判断にはかなり担当者によるばらつきが多かったように思われる。例えば，犯罪発生の数や悪質さでは都市部の方が勝っていることと関係していると思われるが，都市部では審判決定で社会内の処分を受けるようなケースがあったとして，同じようなケースが地方の家庭裁判所では少年院送致の決定を受けるといったことが起こっていたように思う。少年の非行性，悪質さといったものに客観的な基準が特にないことがこうした現象を招く一因となっていると考えられる。また，近年は厳罰化に傾く世論の影響を受け，平成13年には少年法が改正されて故意の生命犯が原則検察官送致となるなど少年事件に対して従来よりも重い処分が下されるようになったが，そうした措置が本当に再犯を防ぐことになるのか，理論的，実証的な根拠は乏しい。

　リスクアセスメントを実証的な根拠に基づいて実施できる手法を確立することによって，再犯可能性をより正確に査定することができるようになり，審判決定においては在宅にするか少年院送致の決定にするか処遇選択の判断を行う際の資料として利用することができるようになる。例えば，高リスクの少年ほど重点的な処遇・教育を行う必要があるというリスク原則の観点から科学的根拠に基づく再犯防止に必要な処分がどのようなものであるかについての情報が得られる。こうしたことはリスクアセスメントが司法判断に貢献できる点と言える。

　現実的には家庭裁判所の少年審判においてリスクアセスメントの観点のみから処分を決めることは不可能であろう。例えば，自宅に火をつけて全焼させ家族を死に至らしめた犯罪少年がいたとして，リスクアセスメントで彼にさしたる犯罪歴もなく，資質面に著しい犯罪的な性向が見られず，再犯可能性が低いと評価されたとしても，だからといって，その少年を社会内に戻して処遇・教育を行うという司法判断がとられることはないであろう。起こした結果が極めて重大であれば，昨今の社会情勢ではまず施設収容の処分を受けることは免れない。リスクアセスメントは再犯可能性を示して司法判断に情報を提供するこ

とができ，それによって適切な処遇・教育プログラムの選択を助けて再犯防止に貢献するが，その観点からのみ犯罪少年の処遇を決めることはできないであろう。一方で，事件の重大性，悪質さのみに重点を置いて量刑的な発想で犯罪少年の処遇を決めることも，実証的な再犯可能性のアセスメントが欠けることになり，効率よく再犯を減らすことには結びつかないだろう。この2つの折り合いをつけることは難しいが，そもそも実証的，理論的な根拠を持ったリスクアセスメントを発展させないことには，こうした議論を厳密な検証に基づいて行うことすらできない。我が国では実証的なリスクアセスメントの研究が欧米に比べて立ち遅れている現状があるので（生島, 2011），今後はリスクアセスメントに関する研究活動を活発化させ，これを，犯罪者を取り扱う司法，行政システムの中に取り入れていくことが急務と考えられる。

Topic 2　処遇の逐次投入は良策か？

　我が国の少年司法において，少年が犯罪を起こし，家庭裁判所の観護措置決定で少年鑑別所に収容された段階で，少年に対する次の処分を決める際に，これまで一度も保護観察や試験観察のような社会内処遇，少年院や児童自立支援施設のような施設収容処分を少年が受けたことがなかった場合には，まず一旦は社会内処遇を実施し，それでも再犯を防げなかった場合には，次の段階で施設収容処分を実施する，という考え方がある。

　こうしたやり方は，筆者が勤務していた 20 世紀末に少年鑑別所の現場で実際に見聞きした取り扱いである。当時は，「段階的な処遇」「段階処遇[2)]」などといった言葉で説明されていたと記憶している。こういったやり方が行われる背景には様々な理由があるものと思われるが，このような処遇の運用はリスク原則からは逸脱したものであることをここでは確認しておきたい。再犯リスクを査定した結果，当該少年の再犯リスクが高いことが判明した場合には，たとえその少年が以前に社会内処遇（我が国には高密度の社会内処遇に相当する措置がほぼないので，必然的に低密度処遇となる）を経験していなかったとしても，高密度処遇である少年院送致の処分を行うことが，少年の再犯可能性を低減させるという点で効果的である。この場合まずは社会内処遇，それで再犯が防げなければ次に少年院送致，といった判断を行うと，最初の社会内処遇の段階で少年の再犯可能性を低減させる効果は，最初から少年院送致にした場合に比べて劣ることになろう。

　もちろん，家庭裁判所の審判決定が少年の再犯リスクのみをもとに判断されるわけにはいかない事情があることは先に述べたとおりであるが，リスク原則に背馳した運用を行うことは，再犯リスクの低減を妨げる可能性があることに留意しておく必要がある。

---

　2) この「段階処遇」という用語は，処遇現場で運用されている段階別処遇とは異なるものであることに留意したい。例えば，保護観察における段階別処遇とは，保護観察対象者を改善更生の進度や再犯の可能性の程度及び補導援護の必要性等に応じて 4 区分された段階に編入し，各段階に応じて，保護観察官の関与の程度や接触頻度等を異にする処遇を実施する制度を指す。

第 2 章
リスクアセスメント発展の歴史

　前章で説明したように，リスクアセスメントは，犯罪者を犯罪へと方向づけていた要因を調べ，再犯に及ぶ可能性を測定し，再犯防止のための方策を定めるものである。こうした手続きは，犯罪者を取り扱う場合に必ず考えなければならないことである。

　社会の中で犯罪者を取り扱う役割を担うのは主に警察，検察庁，裁判所，少年鑑別所，少年院，刑務所，保護観察所，児童相談所等の公的機関である。リスクアセスメントという用語が我が国で広まってきたのは最近であるが，こうした用語を用いるかどうかにかかわらず，犯罪を取り扱う公的機関に所属する実務家は，長年にわたってリスクアセスメントを行ってきた（森，2010）。

　リスクアセスメントは，それをどのようなやり方で実施するかが重要な問題となる。本章ではリスクアセスメントの手法がどのように進歩し発展してきたのか，その歴史を 4 つの段階に分けて解説する。このような歴史を知ることには相応の意味があると筆者は考えている。今日，展開されている処遇理論やリスクアセスメントの基本原理は，ある日突然，現在のような形で世に出てきたわけではない。もちろん，効率だけを重視すれば，現在の最新のものを，「これですよ」という形で学べばよいことになる。このように，既に現在の目からみて完成された理論や方法があるのであれば，そうした結果が得られた試行錯誤の過程をあえて学ばない傾向が強いかもしれない。しかし，今ある理論は，いろんなやり方を試行錯誤しながら徐々に発展してきたのである。現在のような形になるからには，そうなるだけの理由があり過程がある。何故に現在このようなやり方になっているのか，その過程も理屈も知らないまま，「とにかくこれが正しい」と天下り式に学ぶよりは，その経緯や意味づけを知っておいた方が理解は容易になると思われる。よって，この章ではおよそ 100 年に及ぶ先人たちがリスクアセスメントを発展させていった跡をたどってみることとしよう。

こうした歴史を学ぶことはまた楽しいことでもある。

2.1 第1世代のリスクアセスメント

2.1.1 リスクアセスメントの嚆矢

　Andrews, Bonta, & Wormith（2006）は，リスクアセスメントは第1世代と呼ばれるものから第4世代と呼ばれるものまで4つの段階を経て発展してきたとしている。第1世代（first generation: 1G）は臨床的アプローチとも呼ばれ，主に専門家による非構造的な判断をもとにリスクアセスメントを行うものである。Andrews & Bonta（2006）は典型的な第1世代のリスクアセスメントとして次のような例を示している。

　「ある社会科学の領域で訓練された専門家（臨床家）が，犯罪者にあまり構造化されていないやり方で面接を行う。その専門家（臨床家）は，いくらかは全ての犯罪者に対して共通する基本的な質問を用いるかもしれないが，ほとんどの部分で，犯罪者によって異なる質問を行うような柔軟性を持って面接を行う。時として，心理テストが行われる。心理テストは，対象者によって実施される種類を変えながら行われる。報告書は専門家（臨床家）の自由な裁量によってまとめられる。情報収集が終わった後に，スタッフのメンバーで，その犯罪者の社会への危険性や処遇の必要性に関して判定を行う（p.286）。」

　1Gには専門家の実務経験を背景にした裁量が重要視され，非構造的で自由度が高いという特徴がある。いわゆる臨床的，専門的，主観的，直観的な判断である（Gottfredson & Moriarty, 2006）。今日ではリスクアセスメントは構造化された専門家的判断（Structured Professional Judgment: SPJ）を犯罪者を取り扱う組織の中に体制として組み込んでいくことが必要とされるが，1Gは長らく我が国の家庭裁判所，少年鑑別所，児童相談所で主として行われてきたやり方でもある。

2.1.2 第1世代と我が国の動向

　少年鑑別所において実施されている鑑別の手続きを見てみることとしよう。なお，少年鑑別所においては，実施するリスクアセスメントの方法に近年，大

きな展開があったのだが，ここでは一旦，旧来の手続きを述べ，後に近年の変更について説明する。旧来の手続きといっても，以下に述べる内容は破棄されてしまったわけではなく，現在も引き続き行われている。

　鑑別は，少年保護事件手続きの中で行われている。未成年者が一定以上の悪質性，重大性を持った犯罪行為に及んだ時には，警察職員等の捜査機関が事件について取調べを行った後で，事件は家庭裁判所に送致され，少年審判が行われる。少年審判は成人においては裁判に相当する手続きである。少年鑑別所における鑑別は，一般的には警察による取調べ終了後から少年審判が行われるまでの間に，少年の身柄を収容して当該少年の知能や性格，精神障害の有無，非行を犯すに至った問題点とその分析，社会的予後についての見通し，更生のためにはどのような処遇が有効であるかなどを検討し，それらを踏まえてどのような処分（保護観察や少年院送致など）を行うことが妥当であるかをアセスメントするものである。アセスメントの結果は鑑別結果通知書と呼ばれる書面で家庭裁判所に報告される。このアセスメントの文章作成を担当するのが法務省内で心理学の専門職である法務技官[1]の仕事である。

　心理学的アセスメントに用いられる情報収集の方法としては，一般的に面接法，検査法，観察法の3つが挙げられる（下山，2000）。鑑別もこの3つの手法を組み合わせて行われる。鑑別は，法務省内で心理有資格者として認定されている法務技官が中心となって行うが，査定のための臨床面接及び心理検査の実施は法務技官が行い，少年鑑別所内での行動観察は主に法務教官が行い，医学的な診察，診断については医師が行うという役割分担があり，お互いに情報を共有し，連携し合いながら精度の高い鑑別を目指す。

　法務技官による鑑別面接においては，今回の非行の概要，過去の非行歴，生育歴，家庭環境等について聴取を行う。加えて，本件非行に至った少年の思考様式，行動傾向，そうした性向が形成されてきた要因，どの程度少年の非行が深化してきているか，どういった処分が適切かつ少年の更生に有効であるか等を明らかにしていく。同時に，新田中B式知能検査，法務省式人格目録（MJPI），法務省式態度検査（MJAT），法務省式文章完成法検査（MJSCT）

---

[1] 法務省では矯正心理専門職，法務省Ⅰ種職という区分で採用がある（http://www.moj.go.jp/kyousei1/kyousei_kyouse15.html 及び http://www.moj.go.jp/jinji/shomu/jinji02_00028.html を参照）。

といった集団式心理検査，WAIS，WISC，ロールシャッハテスト，TAT，PFスタディ等の個別式心理検査が用いられ，これらは少年の資質面の解明に資する情報として検討される。最終的には，少年鑑別所長を含めて当該少年の鑑別に携わった職員で構成される判定会議と呼ばれる検討会において，少年の資質，環境，主眼となる問題点，及び非行傾向に照らした保護の必要性について，複数の視点から検討を加え，少年鑑別所長が少年に対する処遇意見を決定する（生島・森，2009）。

　長らく，我が国の少年鑑別所において行われている鑑別は，Andrews et al.（2006）が述べるところの第 1 世代のリスクアセスメントとおおむね同一の内容であったと言える。ここで説明した鑑別は先に見た 1G の内容と大変よく似ていることに気づかれると思う。筆者は初めて Andrews et al.（2006）に書かれた 1G の説明を読んだ時に，それが遠い海の向こうで書かれた文献であるにもかかわらず，実際に勤務している少年鑑別所の実務内容とほぼ変わらないことに驚いた覚えがある。このように 1G であった我が国の鑑別は，2013 年 4 月から筆者も開発に携わった法務省式ケースアセスメントツール（Ministry of Justice Case Assesment tool: MJCA）と呼ばれるリスクアセスメントツールの運用が開始されることで大きく変わった（森・東山・西田，2014）。MJCA の導入によって，鑑別は第 1 世代のリスクアセスメントから次世代型のアセスメントへとアップデートされることとなった。Andrews et al.（2006）の分類に従えば，第 2 世代を通り越して第 3 世代へと発展したことになる[2]。

　ところで，第 1 世代という呼び方をすると，あたかも時代遅れのやり方という印象を受けるかもしれないが，決してそういうわけではない。第 1 世代の内容として指摘されたような，対象者のアセスメントを行う際に，担当者が個別に面接を行ってきめ細かな配慮，対応をしていくといった手続きはアセスメン

　2）少年矯正では MJCA が第 3 世代リスク・ニーズ・アセスメントツールとして開発されたわけだが，静的リスクのみによって構成されるような非行少年向け第 2 世代のリスクアセスメントツールは現在まで我が国では開発されていない。これは結局，世代を 1 つ飛ばしたことになる。このことは単純に進歩を喜んでよいわけでもないだろう。一方，成人矯正では受刑者向けに G ツールと呼ばれるリスクアセスメントツールが作成されており，これは第 2 世代である。今後，G ツールは第 3 世代のものも開発が予定されている。なお，我が国で司法領域で非行少年のリスクアセスメントを担当する家庭裁判所の調査官が行う社会調査は現状では第 1 世代に留まっている。

トに必須のものである．リスクアセスメントのやり方が各種の実証研究の成果を受けて進歩したといっても，面接をおろそかにしたり，対象者に対する個別的な配慮を欠いたり，チェックリストやシステムを機会的に運用したりすることは，当然，許されるものではない．これは覚えておかなければならない重要な事項である．

　1G から段階を踏んで現代まで発展してきた最新のリスクアセスメント理論であっても，その理論に沿えばどのように犯罪者を処遇すればよいかを自動的，機械的に決めてくれるわけではない．リスクアセスメントの理論は，判断を行うための情報を提供し，犯罪者処遇の指針を立てることを支援してくれるが，実際に処遇プランを立て，処遇を実施するのは人が主体的に行うものである．比喩的な例を挙げれば，自動車のカーナビは目的地に至るまでの道筋について情報を教えてくれるが，実際に運転を行うのは人であるのと同じである．また，後述するように，将来の再犯を予測する，ということについて第 2 世代以後の手法は第 1 世代と比べて正確ではあるが，その予測精度には限界があり，一定以上にはならないということが明らかにされている．こういった限界を踏まえながらリスクアセスメントの運用を行っていく必要がある．さらには，リスクアセスメントについて，現在も研究が進められ，新しい知見が見出されてきている．リスクアセスメントに関する 1 つのシステムを作ったからといって，同じものを永続的に使い続けるわけにはいかない．実務での試行錯誤や実証研究での評価を繰り返し，エビデンスを積み重ねていく姿勢がないと，時代遅れのやり方を続けていくことにもなりかねない．

2.2　第 2 世代のリスクアセスメント

2.2.1　第 1 世代リスクアセスメントの問題点

　犯罪者を取り扱う機関において，特に我が国においては実務家は長年にわたって第 1 世代と呼ばれる経験的で，非構造的と言える方法によってリスクアセスメントを行ってきた．しかしながら，この第 1 世代の手法については，その結果が担当者の主観に大きく左右され，客観性や実証的な根拠に乏しいのではないかといった批判も古くからなされてきた．

こうした批判を受けて実証的な根拠をもとにリスクアセスメントを実施していこうとするものが第2世代（second generation: 2G）である。以下では，犯因論的リスク要因と再犯の関連を統計的に分析することによって第2世代のリスクアセスメントがどのように発展してきたかについて説明する。

予測的妥当性による第1世代と第2世代の比較

リスクアセスメントにおける予測的妥当性（predictive validity）とは，再犯リスク，すなわち犯罪者が将来再び犯罪行動に及ぶ可能性について，正確な評価が行われているかどうか，その程度を示すものである。対象となる犯罪者の社会に対する危険性を評価するものであるから，この妥当性の検証は社会的にも重要な意味を持つ。

予測的妥当性は厳密には追跡調査によって検証される（McGuire, 2004）。具体的には，対象となる犯罪者の再犯リスクを評価し，再犯をするかしないか予測を立てた後，その犯罪者を追跡して調査し，予後に再犯したかしないかを確認して，事前の予測がどの程度当たっていたかを調べるという方法で検証する。予測と予後が一致すればするほど予測的妥当性は高いということになる。

予測的妥当性については，第1世代，すなわち，臨床的な手法による予測と，後述する第2世代以後のリスクアセスメントで用いられる保険統計学的（actuarial）手法[3]を用いた予測のどちらがより妥当性を有するかについて，議論が行われてきた。保険統計学的手法とは，将来の再犯と関連することが統計学的に確認されている要因を用いて予測を行う手法である。再犯と関連することが統計的に確認された要因，つまり犯因論的リスク要因を複数個用いて評定，得点化し，その得点の高低によって再犯リスクを査定するのである。

Grove, Zald, Lebow, Snitz, & Nelson（2000）は，司法精神医学領域（犯罪領域）に属する10件の研究を用いてメタアナリシスを行っており，この領域において再犯，保護観察の成功といった予後予測の査定において，第1世代，すなわち臨床的アプローチよりも第2世代以後で用いられる保険統計学的な手法に

 3）いわゆる生命保険商品を作る際には，人の生死を時間の経過とともに分析することが必要になるため，この分野を取り扱うために適した統計的手法の開発が行われてきた。これらの手法は生命保険数理とも呼ばれるが，再犯の分析においても，死亡＝再犯，生存＝再犯なし，と置き換えることで，そのままこうした統計的手法を用いた分析が可能になる。再犯研究においては，生存時間分析のような保険統計学的手法が積極的に分析に使用されてきた経緯がある。

基づく査定の方が正確であるという結果が示された。

このメタアナリシスで検討された研究のうち Holland, Holt, Levi, & Beckett (1983) のものを少し詳しく見てみることにする。この研究の対象者は 343 名（平均年齢 =27.99, SD=9.36）の男性受刑者であり，彼らはカリフォルニア矯正局の重大犯罪判決前評価診断を受けた。対象者の人種は白人が 182 名，メキシコ系アメリカ人が 58 名，アフリカ系アメリカ人が 96 名，その他が 7 名，罪種は非暴力犯罪が 175 名（窃盗，違法薬物所持，違法薬物売買等），暴力犯罪が 168 名（強盗，加重暴行，強姦，殺人等）であった。個々の受刑者は，診断施設に約 2 か月留まり，その間，精神科医もしくは博士号を持つ心理学者と矯正ケースワーカーによって評価され，社会内処遇である保護観察か施設拘禁かを判定される。これらの評価は，面接所見や収容者ファイル（保護観察官による判決前調査，集団心理検査の結果，収容中の違反行為等の情報が含まれている）を用いて行われた。

343 名の対象者についての臨床的な判断と裁判所の判断の内訳を表 2-1 に示した。社会内に釈放されたのは，裁判所によって保護観察の決定を受けた 201 名であったが，その内，3 名は死亡したため，198 名が分析対象とされた。このうち 175 名は臨床家によって保護観察相当と判定され，23 名は刑務所収容相当と判定された。再犯の有無について 32 か月間追跡が行われた。分析では，臨床家の判断については保護観察を 0，刑務所を 1 とコード化し保険統計学的予測として顕在要因尺度（Salient Factor Scale: SFS）の合計得点を用いて再犯予測を行った。SFS は再犯可能性を測る尺度で，犯罪経歴と社会的な安定性を測定する 9 項目によって構成されており，合計得点は 0 から 11 の範囲を取る。一方，再犯については再犯有りを 1，再犯無しを 0 とコード化した。再犯変数

表 2-1　臨床家の判断と裁判所の判断についてのクロス集計表
(Holland, Holt, Levi, & Beckett, 1983 から引用)

臨床家の判断	裁判所の判断		合計
	保護観察	刑務所	
刑務所	24	126	150
保護観察	177	16	193
合計	201	142	343

表 2-2　再犯の有無を予測させた重回帰分析の結果
(Holland, Holt, Levi, & Beckett, 1983 から引用)

	回帰係数
臨床家の判断	0.092
SFS 得点	0.398 **

** $p<.01$

　を従属変数に，臨床家判断と SFS を独立変数とした重回帰分析を行った結果を表 2-2 に示した。結果からは臨床家の判断が再犯に有意な影響を与えていない一方で，SFS 得点は再犯と有意な正の効果があることがわかる。

　Grove et al.（2000）の研究では，司法精神領域以外に教育，経済，医療，臨床心理分野等から予測に関する 136 件の研究を集めた分析をしているが，いずれの分野においても，保険統計学的手法を用いた方が臨床的手法よりもより正確であったことに加えて，効果量を見ると，各分野の中でも司法精神領域と医療領域において，保険統計学的手法に基づく査定が他の分野よりもより大きな成功を収めていることが示された。

　今日的には，予測や診断の分野で経験的な判断のみに頼るよりも，こうしたチェックリスト方式のアセスメントを用いた方が精度が高いということは，結論が出ていると言ってよい。我が国ではこのような検証はほとんど行われていないが，Mori, Takahashi, & Kroner（2016）は我が国の少年鑑別所に収容された非行少年のデータを用いて，リスク・ニーズ・アセスメントツールの再犯予測に，臨床家の専門的判断を加えることで，その予測力を向上させることが可能かどうかを検証している。その結果，臨床家の専門的判断は再犯予測力を向上できないことが確認されており，従前の欧米での結果に我が国の検証も従う結果となっている。

臨床的判断の精度が劣る理由

　専門家の臨床的判断の精度がそれほどよくない理由については，臨床家の内面にある外部からは観察不能で，検証もできない基準によって意思決定が行われていることが考えられる。また，臨床家は，実際に将来の再犯に結びつく実証的な根拠のある要因のみに基づいて判断しているとは限らないということも考えられる。例えば，自尊感情や不安といったものは犯罪行動との関連が低い

が（Andrews & Bonta, 2010）．ここで，臨床家が過去に，自尊感情が乏しく不安が強い犯罪者が再犯に及んだ事例に接していた場合，そうした特徴を持つ犯罪者は再犯の可能性が高いという判断をしやすくなるだろう。臨床家の判断は自身の過去の経験や知識に基づくため，過去の印象的な事例にひきずられ，必ずしも将来の再犯に結びつかない要因を過大に評価する可能性があると考えられる。これらが臨床的手法が統計学的手法に比べて予測的妥当性が低いという結果を生じさせる理由になっていると考えられる。

予測の正確さについての留意事項

ここまでいわゆる保険統計学的手法を用いた実証研究に基づいて作成されたチェックリストによって，より正確に再犯リスクを測定できることを述べた。ただし，それがどの程度まで正確なものであるか，という問題については慎重に取り扱う必要がある。Singh, Grann, & Fazel（2011）は，著名なリスクアセスメントツールの正確さを AUC と呼ばれる値で比較している。以下，ツールの詳細については説明を省くが，PCL-R は .66，LSI-R は .67，STATIC-99 は .70，HCR-20 は .71，SAVRY は .71，VRAG は .75，SORAG は .75（これらはいずれもリスクアセスメントツールである）という結果となった。この AUC という値は，1 に近づくほど正確に再犯を予測できるという指標であり，これらを見るとおおむね .6 の後半から .7 の前半くらいまでの値となっている。これが犯罪分野で予後を予測しようとした時の予測力の正確さの相場である。一方，医学の領域で何らかの医学的検査を実施する場合には，AUC が .7 程度の検査は，通常，正確さとしては低いとみなされるものである。

人の生死に即座に直結するような判断を必要とする医学分野ではより高い精度の検査が必要とされるということもあろうが，自然科学の領域ではなく，犯罪といった社会科学領域ではおそらくはこれ以上高い精度で予測を行うことが不可能な面があると思われる。犯罪者が再犯をするか否か，といった予測は相当に多くの不確定な要因を含んでいることが推察され，そう簡単に高い確率でもって再犯するか否かを予測することはできない。よって，リスクアセスメントツールを用いて，犯罪者の再犯可能性を査定する際には，その限界について十分に理解し，謙抑的な姿勢を持つことが必要になる。もちろん，臨床家が非構造的な判断で再犯リスクを査定するよりは，実証的な裏付けのあるリスクア

セスメントツールを使用した方が，予測は正確であることを認識した上での話である。主観的，非構造的に判断するよりは，実証研究を基盤としたチェックリスト方式で予測をした方が正確である。しかし，いくら正確であるといっても，再犯を予測することはもともと困難な課題であるので，ピタリと当てるような予測は期待し得ない。そのことを理解しながらリスクアセスメントツールを使って査定を行う，そういった姿勢が実務家には必要とされる。

2.2.2 第2世代リスクアセスメントの発展

犯罪者処遇の現場では，第1世代と呼ばれる専門家による臨床的な方法によってリスクアセスメントが行われてきた。特に我が国では現在もこのやり方が主流である。その一方で，欧米では保険統計学的（actuarial）手法を用いてリスクアセスメントを実施していこうとする試みが古くから行われてきた。以下では，犯因論的リスク要因と再犯との関連を統計的に分析することが，リスクアセスメントを発展させてきた経緯について説明する。

Burgessの保護観察対象者の予後に関する研究

保険統計学的な手法を用いて，犯罪者の予後を予測しようとする研究で最も古いと思われる研究はBurgess（1928）による研究である。この研究ではアメリカ合衆国のイリノイ州にあるポンティアック刑務所とメナード刑務所とジョリエット刑務所を釈放された3,000名の受刑者が調査対象者とされ，釈放後に保護観察が成功するか，失敗するかについての予後予測をどのように行ったらよいのか，その方法が検討された。

分析ではまず経験的に保護観察の成功，失敗に関連すると予想される要因を取り上げ，その要因に該当する対象者の何割が保護観察を失敗するかが調査された。例えば，犯罪のタイプとして，初犯，機会犯，常習犯，プロ的の4つの群が設けられ，それぞれについて，表2-3に示すように保護観察失敗率が算出された。なお，ここで言うプロ的とは，生活に必要とされるものをほとんど犯罪行為によって得ている者を指す[4]。表2-3の一番上の段に示されている値は全体の保護観察失敗率である。この表からは，ポンティアック刑務所において全体の保護観察失敗率が22.1%であるところ，初犯の失敗率は15.8%となっており，この数値は全体の失敗率を下回っている。その一方で，機会犯は24.2%，常習

表 2-3 犯罪のタイプと保護観察失敗率（Burgess, 1928 から引用）

犯罪のタイプ	保護観察失敗率		
	ポンティアック刑務所	メナード刑務所	ジョリエット刑務所
全体	22.1	26.5	28.4
初犯	15.8	21.4	17.0
機会犯	24.2	32.5	36.0
常習犯	39.1	51.4	48.9
プロ的	52.4	—	41.7

表 2-4 保護観察リスク得点と保護観察失敗率（Burgess, 1928 から一部改変して引用）

保護観察リスク得点	保護観察失敗率
16 点から 21 点まで	1.5
14 点から 15 点まで	2.2
13 点	8.8
12 点	15.1
11 点	22.7
10 点	34.1
7 点から 9 点まで	43.9
5 点から 6 点まで	67.1
2 点から 4 点まで	76.0

注）原典の表は，成功率が示されている。

犯は 39.1％，プロ的は 52.4％と全体の失敗率を上回っている。他の 2 つの刑務所においても数値自体は異なるが，このような傾向は同じである。次に，ある犯罪者が全体の保護観察失敗率よりも高い失敗率を有する区分にいる場合には 0 点，全体の保護観察失敗率よりも低い失敗率を有する区分にいる場合には 1 点を加算するという方法で得点化が行われた。保護観察の失敗に関連すると思われる 21 項目（施設での違反歴，婚姻状況等）で対象者にこうした得点化を適用することにより，対象者には 0 点から 21 点までの保護観察リスク得点が与

4）余談になるが，このプロ的犯罪者の定義が，安倍（1978）が構築した犯罪理論である安倍理論におけるプロと同じ定義になっているのは興味深い。

えられた。こうして算出されたリスク得点は，得点の低い犯罪者ほど保護観察が失敗する割合が高くなり，得点の高い犯罪者ほど保護観察が失敗する割合が低くなることが予想される。結果は表2-4に示したように，保護観察リスク得点が高い対象者ほど保護観察が成功しており，予想通りの結果が得られていることがわかる。最も高いリスク段階（2-4点）では76.0％の対象者が保護観察を失敗したのに対して，最も低いリスク段階（16-21点）では1.5％の対象者が保護観察を失敗したに過ぎなかった。これによって保護観察が失敗するかどうかというリスクを数値で評価できることが示されたわけである。

　それにしても，今から100年近くも前，時代的には第2次世界大戦が始まる以前の時期に，こうした数量的な再犯リスクの測定法を開発していたというのは驚きである。この試みは以後のリスクアセスメント発展の歴史に大きな影響を与えていったようである。Hakeem（1948）は，1930年代に行われた保護観察対象者向けのリスクアセスメントツールを作成した研究について多くの研究がBurgess（1928）の手法に準拠していることを指摘しており，当時からこのような数量的に再犯リスクを測定する試みが活発に行われていたことがうかがわれる。ところで，Burgess（1928）の研究は，保護観察の失敗，再犯等の結果が対象者の全体に占める割合を基準にして，ある要因（項目）で対象者を区分けした時にその基準を上回るか下回るか，その逸脱の程度に応じて，0, 1, 2のような整数得点を割り振り，合計得点を算出するという点が特徴的である。このような方式でリスクアセスメントツール（risk assesment tool）を構成するやり方は，現在ではバージェス（Burgess）型と呼ばれている（Gottfredson & Snyder, 2005）。

リスクアセスメントとリスクアセスメントツール

　リスクアセスメントツールという用語について混同を避けるため，リスクアセスメントとリスクアセスメンツールがどのような位置づけにあるかをここで解説しておく。リスクアセスメントとは，第1章で述べたように，犯罪の性質や個別の状況，態度，信念を評価し，それによって犯罪者が将来的に法律に沿った生活ができるよう援助するのに必要な介入のタイプを明確にすることであった（Youth Justice Board, 2006）。すなわち，犯罪者の諸属性を調べ，再犯を防ぐためにはどのような処遇を行うかを決めるのがリスクアセスメントであ

る。一方，リスクアセスメントツールはリスクアセスメントを行う際の道具である。その目的に沿えるようリスクアセスメントツールは，対象となる犯罪者がどのような犯因論的リスク要因を有しているか及びどの程度の再犯リスクがあるのかを評価できるように構成される。今日的にはリスクアセスメントは後述する第3世代のリスクアセスメントツールを使用して構造化された専門家的判断（Structured Professional Judgment: SPJ）と呼ばれる方法で行うことが必須となっている。第3世代のリスクアセスメントツールは，動的リスク要因，いわゆるニーズを項目に取り入れており，特にリスク・ニーズ・アセスメントツールと呼ばれるが，この段階に来るとリスクアセスメントとリスクアセスメントツールは不可分なものになってくる。

なお，犯因論的リスク要因ではない項目や再犯リスクの査定に寄与しないと考えられる項目であっても，リスクアセスメントを行う上で必要となることであれば，リスクアセスメントツールに含めることがある。例えば，ある女性の犯罪者に対して再犯防止処遇を行う際，育児，過去の被害体験，男性パートナーへの経済的な依存といった条件を査定・処遇に取り込んでいくことが必要になる場合があることから，こうした情報を記載する欄をリスクアセスメントツールに設けることがある。現在知られている犯因論的リスク要因以外の項目をリスクアセスメントツールに組み込むことは，RNR原則の枠組みでは特殊反応性原則に該当する取り組みであるが，現状でこうした手法がもたらす効果に関する実証研究は少ない。犯因論的リスク要因ではないアセスメントの領域としては，反応性，長所，保護的因子等が挙げられるが，それに関する検討は今後，発展する余地がある分野であり，リスクアセスメントツールのあり方に影響を与えていくと考えられる。Topic 4 がこれに関連する議論であるので，併せて参照願いたい。少し話が横道に逸れてしまった感があるので，以下では再び話を戻して2Gツールのその後の発展の経過を見ていくとしよう。

再犯に関する統計的情報尺度（SIR）の開発

1960年代から1970年代にかけてカナダ更生保護委員会（Canada National Parole Board）は再犯予測のためのツールに関心を持つようになり，犯罪者を刑務所から釈放するかどうかの意思決定を行う際に，再犯リスクを把握する目的でリスクアセスメントツールを作成する研究を実施した（Corectional

Service Canada, 1989)。この研究の成果物が，Nuffield（1982）によって作成された再犯に関する統計的情報尺度（SIR: Statistical Information on Recidivism scale）と呼ばれるリスクアセスメントツールである。SIRは統計的な検証を経て作成されており，カナダの矯正施設から釈放される受刑者の再犯リスクを調べるために用いられている。以下にこの尺度がどのように作成されたかを解説する。

　調査対象者は，1970年から1972年の間にカナダの刑務所を釈放された男性受刑者2,475名であった。対象となった受刑者は無作為に抽出されており，この期間に釈放された男性受刑者のおおむね4分の1に該当していた。釈放後3年間追跡を行い，その間に再逮捕された受刑者が再犯ありとされた。犯因論的リスク要因は，犯罪のタイプ，刑の長さ，収容された刑務所の種類，施設逃走歴，成人になって以後で最初に有罪判決を受けた年齢，過去の施設拘禁歴，保護観察の違反歴，暴力事犯での有罪歴，暴力的性犯罪歴，不法侵入歴，再犯期間，年齢，婚姻状況，子どもの数，再犯時点での雇用状況の15項目である。

　SIRの構成はBurgess型で行われている。例えば，施設拘禁歴では，3回から4回の施設拘禁歴に該当する対象者は，その群の再犯率が全体の再犯率を5％上回ることから1点を加算し，他方，一度も施設拘禁歴のない対象者は，その群の再犯率が全体の再犯率を20％下回るため4点を減算するといったように，全体の再犯率と当該群の差について5％を1点として換算してリスク得点が計算された（Nuffield, 1989）。このような得点化がなされた後，対象者はその合計得点によって最低リスク群から最高リスク群まで5つのリスク段階に分類された。表2-5は，これら5段階の各段階に属する対象者が再犯をしなかった割合をそれぞれ示したものである。これによれば，対象者のリスク得点が高い段階になるほど高い再犯率になることが示されており，SIRが再犯について予測的妥当性を有していることがわかる。このリスクアセスメントツールは，その約10年後，1983年から1984年に刑務所を釈放された男性受刑者534名を調査対象者として再度予測的妥当性の確認が行われており，その時点でも予測的妥当性を有していることが確認された。カナダではSIRに加えて，犯罪歴記録，犯罪悪質性記録，性犯罪歴チェックリストに記載された情報を系統的に検討してリスクアセスメントを行っていることを角田（2007）が報告している。

表 2-5　SIR による再犯リスクの分類と再犯率（Corectional Service Canada, 1989 から引用）

リスク群	得点	1970-1972 に釈放された男性受刑者2475 名の非再犯率	1983-1984 に釈放された男性受刑者534 名の非再犯率
最低リスク	-6 〜 -27	84%	87%
低リスク	-1 〜 -5	67%	74%
中リスク	0 〜 +4	59%	62%
高リスク	+5 〜 +8	39%	47%
最高リスク	+9 〜 +30	33%	37%

犯罪者集団再犯尺度（OGRS）の開発

　犯罪者集団再犯尺度（OGRS: the Offender Group Reconviction Scale）はイングランド及びウェールズの保護観察所において作成されたリスクアセスメントツールである（Copas & Marshall, 1997）。イングランド及びウェールズでは犯罪者が警察に逮捕され，刑事訴追を受け，裁判が行われる際に，裁判所は保護観察所から判決前報告（Pre-Sentence Report: PSR）を入手することになっている。判決前報告書は犯罪者をどのように処遇するのが最も適切であるかを決めるに当たって，裁判所の決定を補助する役割を持つ報告書である。OGRSは，保護観察官がこの判決前報告を作成する際に必要となる情報を提供することを目的としている。

　OGRS は有罪判決を受けてから 2 年間に再有罪判決を受けたかどうかを調査し，これを再犯の指標として用いている。OGRS の作成に当たっては，有罪判決を受けた犯罪者で，各 3,000-4,000 名からなる 4 つのサンプルが使用された。それぞれは保護観察処分を受けた者，社会奉仕命令を受けた者，保護観察の処分を受けて特別の活動を命ぜられた者，刑務所釈放者である。それらを合わせた全サンプルを 2 つに分割し，半分のデータからロジスティック回帰分析によってリスク要因を抽出して予測式を作成し，残り半分のサンプルを使って予測的妥当性を検証した。これは交叉妥当化（cross validation）と呼ばれる手続きである。つまり，初めから全サンプルを使って予測式を作ると，このサンプルに対する予測力は良好であっても，新たな未知である別のサンプルに対して予測力があるかどうかは保証がない。そこでサンプルサイズを十分に大きくと

表 2-6　OGRS-Scale で用いられたリスク要因（Copas & Marshall, 1997 から引用）

標記	共変量
x_1	年齢
x_2	性別（1 女性：0 男性）
x_3	21 歳以下までに行われた拘留判決の数
x_4	裁判所に係属した全ての回数
x_5	現在の有罪判決を受けた年齢から最初に有罪判決を受けた年齢を引いたもの。初犯の場合は 0 となる。
x_6	犯罪の種類 性犯罪 -12，薬物 -6，暴力犯罪（強盗と放火を含む）-5，詐欺または偽造 -2，器物損壊 3，窃盗または贓品取り扱い 6，自動車・バイク窃盗 6，住居侵入罪（窃盗・傷害・強姦などを目的とする）7，その他の全ての犯罪については 3 とする。

$$\text{probability} = \frac{1}{1+\exp(3.115-0.0598Y)}$$

$$Y = 31 - x_1 - 3x_2 - x_3 + 75\sqrt{\frac{x_4}{x_5+5}} + x_6$$

っておき，モデル作成の際に除外しておくサンプルを確保し，その除外サンプルを用いて予測力の検証に使用するのである。OGRS で採用された犯因論的リスク要因は表 2-6 に示した 6 項目である。OGRS は現場での使い勝手を考慮して比較的少数の変数で再犯率を予測するように作られている。この 6 変数を表 2-6 の数式に代入すると対象者の再犯確率が算出される。各変数の得点に対して重み付けが施されることから（独立変数に非線形の項が含まれているが，この部分をどのように構成したのかは不明である），このツールは Burgess 型ではないと言える。

　さて，この尺度は当初，マスメディアによって相当に非難を受けたそうである。すなわち，マスメディアは OGRS を「数式による司法の管理」と受け止め，このツールは犯罪行動の奇矯な説明であり，犯罪原因として知られている全ての要因が欠落していると批判した。こうした批判について Copas & Marshall（1997）は，統計学の使用に当たっては，社会に対して十分な説明をし，一般市

民の理解を得る必要があることの例になったと解説している。彼らの作成したOGRS は，サンプルサイズを十分に確保し，再犯の有無を調査し，統計学的な手法を適切に用いて再犯を予測するという，実証的な手続きを踏んでおり，作成方法や得られた予測式は妥当なものと考えられる。しかしながら，こうした科学的根拠に基づいてリスクアセスメントを行っていこうとする方向性が，当初，大きな社会的批判にさらされたことは，実証的なリスクアセスメントを導入する際には，作成手続きや得られた結果が適正であったかどうかという点にのみ注意を払うだけでなく，社会に対して十分な説明を行っていくことが必要であることを示している。英国は，エビデンスに基づいた施策を展開することに対して好意的な国家のようにも思われるのだが，それでいてこうした批判が起こったことは他山の石とすべきエピソードに思われる。我が国では，最近になって実証的な根拠に基づいてリスクアセスメントを行う施策が始められつつあるが，一般社会の人々及び現場で処遇に当たる職員に対して，リスクアセスメントが発展してきた経緯を説明し，実証的な研究とはどういったものかを理解してもらい，リスクアセスメントツールの有用性及び限界を説明していく必要があることを，この英国の例は示唆している。

ところで，Copas & Marshall（1997）は，この尺度について再犯を予測するものであって再犯を説明するものではないということを強調している。この尺度は，幾つかの変数の候補から数学的に再犯を予測する変数を選び出して構成したわけであり，そこには回帰式を用いて予測の正確さを追求するという観点はあっても，なぜ人が再犯するのかといった理論的な視点は組み込まれてはいない。

例えば，変数 x_3 は 21 歳以下までに行われた拘留判決の数であるが，この変数の回帰係数は負の値をとっており，直観とは反する結果である。これについて，x_3 が高い犯罪者ほど再犯リスクが低いということがどのような意味を持つのか解釈をすることが困難である。まして，この回帰式を根拠にして再犯防止の働きかけとして 21 歳以下の人間に拘留判決の数を増やすよう介入を行うということはあり得ないであろう。OGRS の設計思想は再犯リスクの正確な予測にあり，とかく過去の事例や経験に過度に重きを置いてしまいがちな臨床家に対して客観的な根拠を持った数値を提示することの意味は大きいと考えられる。

しかしながら，再犯が引き起こされたことについて了解できる理由を説明したり，再犯防止に向けた具体的な処遇や介入計画の策定をしたりすることに結びつかないという点は，この尺度のみならず第2世代のリスクアセスメントが抱えている限界と言える[5]。

なお，このOGRSは，サンプルサイズの大きさや交叉妥当化の実施法などで，法務省式ケースアセスメントツール（MJCA）を作る際にその作成手法が参考にされている。

我が国の取り組み

リスクアセスメントという概念で明確に取り上げられているわけではないが，我が国においても，再犯予測に関する研究は少なからず行われていた。長岡・安形・高池・寺戸・永井・平尾（1988）は，1982年1月に刑務所から釈放された受刑者1117名を対象に再犯を予測する要因についての研究を行っている。リスクファクターの候補として，出所時年齢，教育歴，暴力組織への所属歴，刑務所での面会回数など54の要因を取り上げ，どの変数の組み合わせが再犯を正確に予測するかについて分析された。5年以内の再犯を予測する要因の組み合わせとして，再犯期間，本件主要罪種，刑務所内の規律違反の有無の3変数が最も予測力が高いことが示された。例えば，本件までの再犯期間が1年以内で，覚せい剤，規律違反あり，という属性を持つ受刑者の再犯率は83.1%であった。一方で，再犯期間が5年を超えた受刑者で凶悪犯，規律違反なしの受刑者の再犯率は15.2%であった。

非行少年を対象とした研究では，茅場・武田・横越・並木・安森・澤田・吉田（1986）及び茅場・武田・横越・並木・安森・市川・吉田（1987）が少年院出院者をサンプルとして，要因と再犯率のクロス表を作成して分析している。その結果，刑務所への入所を再犯と定義した場合に，出院時年齢が低いこと，知

---

[5] もう少し踏み込んで考えると，ここで言うリスクアセスメントの世代如何を問わず，再犯リスクを探索する研究は，ある要因が「理屈は不明だが」再犯に結びついている，といった現象面の記述に留まることになりやすい。再犯分析は，往々にして，再犯とその要因の関連を統計的に抽出して終わる，という理論なき研究に留まってしまいやすいのである。犯罪者が社会内で，何時どういった状況で，どういった要因がどのように働き，どのようなメカニズムで再犯に至るのかを統合的に説明できるような理論的な枠組みを構築していくことが本来は望まれる。もっとも，そうした考究は多大な労力を伴うであろうが。

能指数が低いこと，在院期間が長くなること，親族が面会に来ないこと，暴力組織へ加入していることがリスク要因として抽出されている。

　これらの再犯研究の取り組みは実証的な再犯予測に関する我が国の先駆的な研究であり，時代背景を考えれば先進的な取り組みであったと言える。しかも，これらの研究は法務省の法務総合研究所で行われており，ここで得られた知見等を活かして国の施策レベルでの実証的な犯罪者処遇・教育の推進に結びついていく可能性も十分にあったのではないかと思われる。しかし，実際にはこうした取り組みが欧米のように現代型のリスクアセスメントに発展していくことはなかった。我が国にRNR原則に沿ったリスクアセスメントが導入されるようになったのは，成人を対象としたものでは2006年に始まった性犯罪者処遇プログラムが初めてであり，非行少年を対象としたものでは2013年に法務省式ケースアセスメントツールの導入が行われるようになってからである。法務総合研究所で研究が行われていた当時から約30年の空白期間があることになる。そして，こうした我が国における現代的リスクアセスメントの導入は，我が国で1980年代に行われてきた実証研究を土台にしたものではなく，21世紀になってから欧米の取り組みをいわば輸入する形で行われている。過去の我が国の実証研究とは，流れは断絶していると言ってよい。何故，我が国で過去の実証研究が現代のリスクアセスメントに結びつかなかったのかは，筆者も疑問に思うところである。かつて法務省の研究官として再犯の実証研究を精力的に行った経験のある職員から聞いた話では，動的リスク要因を組み込んで再犯研究を進めようとしたところ，思ったように予測精度が向上せず，それ以上の研究が行われなくなったという経緯があったようである。また，別の関係者から聞いた話では，再犯予測の研究をした結果を用いてリスクの高い者については仮釈放の運用を抑制するといった用途での使用を念頭に置いていたこともあったようで[6]，そのため，こうした試みが公に理解を得て実現することがなかったのではないかということであった。いずれにせよ，我が国でかつて行われていた研究が発展する形で，再犯に関連することが実証された動的リスクを用い，処遇・教育方針の策定に活かし，再犯防止を図るといった方向に研究が進んで

---

6) 再犯予測の結果を根拠にして身柄拘束期間の長短を決めるといったことは，人権上大変難しい問題を含んでいる。

いかなかったのは残念に思われる。

　なお，我が国においては，再犯に関する研究が一旦途切れてしまったと先に表現した。たしかに公的機関によって研究が行われ，それが施策に結びつくといった流れは途切れたと言ってよいが，数は少ないながらも我が国で犯罪者の再犯を研究する取り組み自体は行われていたことを補足しておく。原田（1989）及び津富（1991）は，早くから生存時間解析を用いた再犯分析の有用性を論じており，筆者も再犯分析を始めた頃には随分と参考にした経緯がある。岡本（2002）は少年鑑別所入所少年について，刑務所への入所を再犯と定義してロジスティック回帰分析を用い，入所時年齢が低い，実母と同居していない，無職である，審判で収容処分を受けた，といったことがリスク要因になることを指摘している。遊間・金澤（2001）は少年鑑別所入所者について少年鑑別所への再入を再犯と定義し，Cox の比例ハザードモデルを用いて少年院処遇の効果に焦点を当てた分析を行っている。それによれば，少年鑑別所初回入所の場合には，保護観察よりも少年院処遇を行った方が再犯リスクが低くなることが見出された。また，同様の手法を用いて有機溶剤の使用で少年鑑別所に入所してきた者は少年院処遇によって再犯リスクが低下することも指摘されている（遊間, 2000）。森・濱口・黒田（2004）は，医療刑務所のデータを分析して精神障害を有する受刑者の再犯予測に関する研究を実施している。森・花田（2007）は少年鑑別所に入所した非行少年の再犯リスクに関して Split Population Model と呼ばれる分析方法を用いてリスク要因の抽出を行っている。こうした研究で得られた結果そのものは施策へと直接に反映されたわけではないが，これらの国の施策によらない再犯研究の蓄積があったことが MJCA の開発を始めとした我が国における科学的な犯罪者処遇・教育の進展を容易にしたということは言ってよいだろう。こうした国内の研究者による知見の積み重ねがあったことで，欧米の手法を単純に直輸入するわけではなく，我が国の実情を踏まえ，咀嚼した上での導入を図ることができたと言える。

Topic 3　官学連携のすゝめ

　我が国では独自に現代的なリスクアセスメントを発展させることができず，21世紀に入って，先進国である欧米から輸入する形で先進的なリスクアセスメントが始まったことは先に述べた。我が国における研究が遅れていた，と簡単に言ってしまえばそれまでであるが，そうした研究が遅れた事情には，我が国では公的機関と大学などの研究者が連携して犯罪の研究を進めていくという思想が乏しいことがその原因の一つとしてあるのではないだろうか。そもそも民間の研究者には研究の根幹となる犯罪者のデータが非常に入手しにくい。

　このように犯罪に関連したデータが外部に閉ざされている状況では，学生が大学院に進学して犯罪学の研究をして，学位を取り，研究論文を書いて大学教員を目指す，という通常のルートが使えないことになる。時々筆者は大学で学生から，「先生，私，犯罪心理学者になりたいんです。どうやったらなれますか？」といった質問を受けると，どうやってなったらよいのかよくわからないので，犯罪を取り扱う部署を持つ公務員の試験を受けてみたらなどと勧めてしまったりする。つまり，大学のような研究機関において犯罪を専門に研究する研究者が養成されないことになる。

　欧米の事情を見れば，例えばCambridge大学では，警察からの情報とリンクさせた追跡調査データが幾つもあり，研究者は研究計画，研究内容等を提出し，審査の上で研究に使用することができる（もちろん，データの管理は厳重にされており，一定の研究者としての資格要件が必要になる）。修士論文作成のために刑務所から許可を受けて，刑務所内で受刑者と面接し，研究資料を取得したりもしているが，我が国の刑務所ではそういったことはおそらく望み得ないであろう。アメリカ犯罪学会に出席すると，官学連携で施策に活かせるようなエビデンスを算出する研究（再犯分析，処遇効果検証など）が活発に行われていることがわかる。研究の質も量も我が国とは比べ物にはならない施策と密接に関わるようなテーマが犯罪研究者によって研究されている。

　司法，矯正等の現場で働く実務家は，日々の業務で忙しい。そうした中で，処遇効果を検証することを求められたり，新しい処遇プログラムを導入する業務が生じたりする。当然，昨今は職員の補充が簡単に行われることはないので，負担は増える。こうした時に大学に研究としての検証業務を委託したり，共同研究を行ったりするような体制が構築されているといないのとでは，実証的なエビデンスの蓄積の度合いが相当に異なってくるのではないだろうか。再犯率を低下させる，処遇効果を検証する，エビデンスに基づいた処遇を開

発・導入するといった業務が，今後我が国の犯罪者を取り扱う公的機関では一層増えていくことが予想される。その際，公的機関の一部門が全てを掌握し研究を進めていくことは困難になっていくと考えられ，今後は官学連携の必要性が増えていくと思われる。現状では，国が施策として犯罪者の再犯率低下を掲げても，我が国では再犯の研究がほとんど行われていないので，実証的な根拠に基づく施策を行うことは困難と言わざるをえない（本書で引用されている再犯研究のほとんどは欧米のものである）。

一方で，我が国で犯罪のデータが研究にほとんど提供されてこなかったことで，大学における犯罪研究の遂行能力や知見，ノウハウが低いものに留まっていることも否めない。欧米のように，大学の研究者が既に施策に反映できる水準の研究遂行に必要な知見やノウハウを長年にわたって形成，維持し，官の側もそうした能力を頼りにして，犯罪者対策を進めてきたという土壌があればよいわけであるが，残念ながら我が国はそうなってはいない。最低限の刑事司法の枠組みは知識としてあり，データの性質もわかるといった研究者が我が国の大学はあまり多くはないだろう。継続的にデータを共有して研究ができる，といった一定程度の保証がなければ，大学の研究者も労力を使って新規参入するにはリスクが伴う（業績を確保できなくなるので）。ただ，そうして新規参入する研究者が増えなければ，大学の犯罪研究のレベルも上がらない。しかし，現状のレベルでは大学がどこまで官にメリットを提供できるか不明確である，という堂々巡りのような隘路が存在している。今後は官学の連携が活発になり，エビデンスの蓄積が進んでいくことを望んでやまない。

2.3 第3世代以後のリスクアセスメント

2.3.1 第3世代リスクアセスメントへの移行

リスクアセスメントは究極的には対象者の再犯抑止に役立ち，適切な処遇の実施を通じて更生を支援するものでなければならない（寺村, 2007）。しかしながら，ここまでで取り上げた SIR，OGRS のようなリスクアセスメントツールを，具体的な処遇目標を定めたり，処遇計画を立てたりする目的で使用することは困難であった。

第2世代リスクアセスメントの短所

第2世代リスクアセスメントで用いられる実証的な根拠に基づいたリスクア

セスメントツールは，静的リスク要因のみで構成されており，そこには対象者を取り巻く社会的要因，対象者の認知，行動傾向等の動的リスク要因が含まれていない。例えば，SIR には施設拘禁歴の有無という静的リスク要因が含まれているが，対象者に対してその後どういった介入を行ったとしても施設拘禁歴が消えることはなく，それ自体は変化させるべき処遇の目標とはなり得ない。

　もちろん，静的リスク要因のみで構成されるリスクアセスメントツールを用いても再犯リスクを実証的な根拠をもって測定することは可能なので，再犯リスクの高い犯罪者には高密度の処遇を，再犯リスクの低い犯罪者には低密度の処遇を，という前章で述べたリスク原則を処遇において実現する際には有用であろう。しかし，犯罪者処遇を行う上では，犯罪者の再犯リスクが高いことを知るだけでは不十分であり，その再犯リスクをどのようにしたら低減できるかを知ることが必要となる（Marshall, Fernandez, Marshall, & Serran, 2006）。介入の目標となるような動的リスク要因に関する情報が含まれていない第 2 世代のリスクアセスメントツールでは，犯罪者をどう処遇していけばよいかという問いに答えることは困難であった。

第 3 世代リスクアセスメントの特徴

　第 3 世代のリスクアセスメント（third generation: 3G）は，こうした要請に対応できるよう，第 2 世代のリスクアセスメントツールに含まれる静的リスク要因に加えて，実証的に犯罪と関連があることが示された動的リスク要因を項目に組み込んだリスクアセスメントツールを用いて，犯罪者を客観的に評価し，処遇方針を定めるというアセスメントのやり方である。

　Andrews & Bonta（1995）が作成したサービス水準目録改訂版（Level of Service Inventory-Revised: LSI-R）は第 3 世代リスクアセスメントに用いられるリスクアセスメントツールである。その項目には犯罪歴のような静的リスク要因の他に，職業生活を安定して維持できているか，過去に適切な就学経験があったか，結婚生活に満足しているか，余暇を有用に活用できているか，現在，飲酒や薬物の問題を抱えていないか，犯罪的な仲間との付き合いはないか，犯罪に肯定的な態度を有していないかといったように，処遇の目標となる動的リスク要因が含まれている。

　Vose, Smith, & Cullen（2103）は，LSI-R の予測的妥当性と LSI-R 得点の変化

が再犯に与える影響を分析した。調査対象となったのはアイオワ州の 2,849 名の成人の保護観察対象者と仮釈放対象者であった。調査対象者は，5 年間の調査期間の間に 2 回，LSI-R によるアセスメントを受けた。表 2-7 は対象者の人口統計学的変数についての記述統計である。なお，このサンプルからは，1 年以内に再犯をした者のデータは除外されている。動的リスク要因を含んだ第 3 世代のリスクアセスメントツールを使用しているため，2 回目の調査による変化を調べて分析を行うことが可能となっていることに留意したい。LSI-R 得点は 0 から 54 の範囲を取り，高ければ高いほど再犯リスクが高いとされる。1 回目のアセスメントよりも 2 回目のアセスメントの方が若干得点の平均値が上昇している（26.95 から 27.63）ことが示された。再犯は，新たな犯罪行為による有罪判決の全てと定義された（0 が再犯なし，1 が再犯あり）。

再犯と 1 回目にアセスメントされた LSI-R 得点とのピアソンの相関係数は .14（95％信頼区間 .10-.17），2 回目にアセスメントされた LSI-R 得点との相関係数は .19（95％信頼区間 .16-.23）でいずれも 1％水準で有意であった。また，AUC は 1 回目のアセスメントでは .578（95％信頼区間 .556-.599），2 回目のアセスメントでは .621（95％信頼区間 .599-643）となり，LSI-R 得点が将来の再犯と関連があることが示され，予測的妥当性が検証された。なお，この結果からは，1 回目よりも 2 回目のアセスメントの方が若干ではあるが再犯を予測する能力が高くなっていることが示されている。

次に，1 回目と 2 回目の LSI-R 得点の変化，すなわち，動的リスク要因の変化がどのように再犯に影響を与えているかが分析された。表 2-8 は各セルに再犯率を示した 1 回目のリスク・カテゴリーと 2 回目のリスク・カテゴリーのクロス集計表である。全般的にリスク・カテゴリーが高い段階にある程，再犯率が高くなることに加えて，1 回目から 2 回目に向けての対象者のリスク・カテゴリーの遷移が再犯に影響を与えていることが示されている。1 回目のアセスメントで中の段階にあった者が 2 回目のアセスメントで中 / 高の段階にリスクが上がると再犯率が 34.1％であるのに対し，2 回目のアセスメントで低 / 中に段階が下がれば再犯率は 21.2％に減少する。このことから動的リスク要因が低減することが再犯率を低下させていることがわかる。

最後に，彼らは予測的妥当性の検証及び LSI-R 得点の変化が再犯に与える影

2.3 第3世代以後のリスクアセスメント

表 2-7 対象者の属性についての記述統計 (Vose, Smith, & Cullen, 2103 から引用)

変数	n	%
身分		
保護観察	1976	69.4
仮釈放	873	30.6
性別		
男性	2448	85.9
女性	401	14.1
人種		
白人	2416	84.8
黒人	433	15.2
婚姻状態		
独身	1175	41.2
離婚	802	28.2
婚姻	750	26.3
内縁	64	2.2
死別	13	0.5
年齢		
25歳以下	13	0.5
26-35歳	883	31.0
36-45歳	1435	50.4
46歳以上	516	18.1
1回目のアセスメント時の年齢の平均値	39.51	
2回目のアセスメント時の年齢の平均値	40.52	
1回目のアセスメント時のLIS-R得点の平均値	26.95	
2回目のアセスメント時のLIS-R得点の平均値	27.63	
1回目のアセスメントと2回目のアセスメントの間隔の平均値	364.8	

変数	n	%
リスクへの曝露期間の平均値（1回目のアセスメント時）	1384.56	
リスクへの曝露期間の平均値（2回目のアセスメント時）	1019.23	

表2-8 リスク・カテゴリーの遷移と再犯率 (Vose, Smith, & Cullen, 2103から引用)

1回目のリスク・カテゴリー	2回目のリスク・カテゴリー				
	低	低/中	中	中/高	高
低	6.9% (7/101)	16.7% (9/54)	50.0% (8/16)	—	—
低/中	8.5% (7/82)	17.9% (72/402)	34.3% (79/230)	39.5% (17/43)	40.0% (2/5)
中	13.3% (2/15)	21.2% (52/251)	31.3% (207/661)	34.1% (98/287)	36.8% (14/38)
中/高	—	24.0% (6/25)	26% (40/154)	34.6% (99/286)	41.7% (40/96)
高	—	—	18.3% (3/16)	47.2% (17/36)	39.2% (20/51)

表2-9 LSI-R得点によるロジスティック回帰分析 (Vose, Smith, & Cullen, 2103から引用)

	1回目のLSI-R得点	2回目のLSI-R得点
人種	0.085	0.098
年齢	-0.008	-0.009
性別	0.100	0.177
身分（保護観察か仮釈放）	0.044	0.036
リスクへの曝露期間	0.000*	0.001*
LSI-R合計得点	0.039*	0.059*
定数	-1.814	-3.411
χ^2値（自由度）	74.937 (6)	189.693 (6)
-2 log likelihood	3740.560	3190.053
Cox and Snell R^2	.026	.064
Nagelkerke R^2	.035	.093

*$p<.05$

響について，それぞれ多変量解析を用いた分析を実施している。表2-9は，ロジスティック回帰分析を用い，人口統計学的な変数を統制変数として投入した上で，1回目のLSI-R得点と2回目のLSI-R得点がそれぞれ再犯を有意に予測するかどうかを分析した結果である。1回目，2回目のLSI-R得点はともに再犯に有意な影響を与えており，LSI-Rの予測的妥当性が検証された。また，表2-10は，ロジスティック回帰分析を用いてLSI-R得点の変化を独立変数に投

表2-10 LSI-R得点の変化に関するロジスティック回帰分析（Vose, Smith, & Cullen, 2103から引用）

	パーセントの変化	素点の変化
人種	0.074	0.074
年齢	-0.008	-0.009
性別	0.162	0.163
身分（保護観察か仮釈放）	0.032	0.031
リスクへの曝露期間（2回目のアセスメント時）	0.001*	0.001*
1回目のアセスメント時のリスク・カテゴリー	0.476*	0.479*
LSI-R得点の変化	-0.009*	-0.101*
1回目のアセスメント時のリスク・カテゴリー×LSI-R得点の変化	-0.004*	0.020*
定数	-2.695*	-2.703*
χ^2値（自由度）	182.127 (8)	187.493 (8)
-2 log likelihood	3197.619	3192.253
Cox and Snell R^2	.062	.064
Nagelkerke R^2	.089	.092

*$p<.05$

入して，その再犯への影響を分析したものである。LSI-R得点の変化についてはパーセンテージで示した変化率と素得点を用いた分析の2つが検討されたが，いずれの場合でも得点の減少方向への変化が再犯率を低減させていることがわかる。また，1回目のアセスメント時のLSI-R得点によるリスク・カテゴリーとLSI-R得点の変化の交互作用項が有意となっており，このことは2回目のアセスメントでLSI-R得点が変化した場合に，1回目のLSI-R得点によるリスクカテゴリーでどの段階に対象者が位置していたかによって，再犯率の変化が異なってくることを示している。

動的リスク要因を低減させる意義

犯因論的リスク要因を変化させ，低減させることができれば，否定的な結果である再犯が起こる確率を低減させることができる（Hoge, 2001）。実証的な根拠に基づいて作られたリスクアセスメントツールを用い，犯罪者が抱えている犯罪に結びつく動的リスク要因を個別に調べることで，再犯防止のためには何を改善の目標として働きかければよいか，具体的な計画を立てることが可能

となる。そして，目標として設定した動的リスク要因を低減させれば再犯を防止できることが実証的な知見によって保証されているのである。

2.3.2 第4世代リスクアセスメント

第4世代リスクアセスメント（fourth generation: 4G）は，3G で採用された静的リスク要因と動的リスク要因の査定に加えて，処遇プランの策定，処遇目標の達成度の評価，動的リスク要因の改善度の評価といったフォローアップまでを実証的な根拠に基づいて統合的に管理するシステムが構築されたものを指す。第4世代のリスクアセスメントは，実証研究と処遇実務が連動しているだけでなく，関係機関が同じアセスメントの枠組みを用いて対象者の情報を共有化し，プログラムに継続性をもたせ，データベースや情報ネットワーク等の IT 技術を利用し，処遇後の成り行き調査や処遇効果検証まで一貫して行う体制であるとされる（寺村, 2007）。

第4世代リスクアセスメントの例としては，Andrews, Bonta, & Wormith (2004) によるサービス水準 / ケースマネジメント目録（Level of Service / Case Management Inventory: LS/CMI）が挙げられる[7]。LS/CMI は先に述べた第3世代のリスクアセスメントツールである LSI-R を第4世代のリスクアセスメントツールへと発展させたものである。LS/CMI には LSI-R に含まれている犯因論的リスク要因のアセスメントに加えて，問題解決能力の乏しさや自己管理能力の欠如といった問題，視覚や聴覚などの身体的な障害に関する情報，対人場面で不安を感じやすいといった本人の性格，知能の水準などについて記録し，把握できるような項目が設けられている。また，本人のどのような問題点に焦点を当てるかを列挙し，到達目標を設定し，どのような処遇を行うかを記載する欄が設けられている。英国では少年司法委員会（Youth Jucetice Board）が開発したアセット（Asett）があり，近年，Asett puls[8]としてバージョンアップされたが，こちらも実際の非行少年処遇と密接なかかわりを持つ

---

7) 現在はバージョンアップされ，LS/CMI 2.0 として Muliti Health Systems (MHS) 社から販売されている。http://www.mhs.com/product.aspx?gr=saf&id=overview&prod=yls-cmi2

8) 詳細は，英国 Youth Justice Board のホームページを参照願いたい。なお，ネット上で Asset plus の細部まで公開されているわけではない。https://www.gov.uk/government/publications/assetplus-assessment-and-planning-in-the-youth-justice-system

ツールとなっている。第4世代のリスクアセスメントツールは，アセスメントとケースマネジメントのつながりを強調しており，犯罪者に向社会的な志向を養わせる際に有用な個人の長所，処遇の効果を高めるような個人の反応性を明確に示し，加えて，処遇の始まりから終了までを構造的に監視できるよう作られている（Andrews & Bonta, 2010）。我が国の MJCA が第4世代にバージョンアップされるかどうか現段階では不明であるが，欧米ではこのように次世代への移行が進んできている。

　第4世代リスクアセスメントの妥当性を検討した研究として，Brennan, Dieterich, & Ehret（2009）のコンパス・リスク・ニーズ・アセスメント（COMPAS risk and needs assessment）を取り上げて説明する。COMPAS は，コンピュータ・ソフトウェアとして提供されるアセスメント・システムであり，静的リスク要因，動的リスク要因，長所，レジリエンスを幅広く査定し，矯正施設の情報管理システムと一体化させて犯罪者の管理を行うものとなっている[9]。COMPAS の妥当性の検証は 2,328 名の保護観察対象者について行われた。調査はアメリカ合衆国の東部地区の 18 の保護観察所によって実施され，実施期間は 2001 年 1 月から 2004 年 12 月であった。対象者の年齢は 18.0 歳から 69.7 歳まで，平均年齢は 31.9 歳であった。対象者の内，19％は女性であり，人種構成は 76％が白人，15％がアフリカ系アメリカ人，7％がラテン系アメリカ人，2％がその他の人種であった。再犯の定義を殺人，強盗，放火などの重罪（felony）の再犯として従属変数に，COMPAS 基本尺度により査定したリスク要因を独立変数に投入した Cox の比例ハザードモデルによる分析結果を示したものが表 2-11 である。現在の暴力行為と経済的な困窮と住居の不安定性は再犯に有意な影響を与えていないが，それ以外の尺度は再犯に有意に影響を与えていることが示された。なお，薬物乱用の係数が負の値を取っており，薬物乱用歴があると再犯をする可能性が低減するといった解釈になるが，これは薬物乱用歴がある者は，重罪で再犯をする前に薬物事犯で逮捕されてしまい，かえって重罪の再犯をする可能性が低いことから，このような結果になったものと考察されている。

　9）詳細は http://www.northpointeinc.com/risk-needs-assessment を参照願いたい。

表 2-11 COMPAS 基本尺度が再犯に与える影響（Brennan, Dieterich, & Ehret, 2009 から引用）

	係数（β）	exp（β）	p 値
過去の犯罪行動	0.033	1.03	.008**
遵守違反歴	0.148	1.16	.000**
暴力犯罪歴	0.108	1.11	.000**
現在の暴力行為	0.101	1.11	.052
犯罪者との関係	0.148	1.16	.000**
薬物濫用	-0.091	0.91	.000**
経済的な困窮	0.009	1.01	.691
職業及び教育	0.118	1.13	.000**
犯罪的な態度	0.057	1.06	.000**
家族の犯罪性	0.100	1.11	.006**
社会的環境	0.257	1.08	.000**
余暇	0.073	1.08	.000**
住居の不安定性	0.016	1.02	.277
犯罪的な人格	0.048	1.05	.000**
社会的孤立	0.029	1.03	.003**

** $p<.01$

2.3.3 リスクアセスメント発展のまとめ

　リスクアセスメント発展の経緯をまとめると以下のようになる。まず，1Gから2Gへの移行については，それまで専門家や臨床家の個人的な知識や経験に多くを依存していたリスクアセスメントを，実証的な根拠に基づいて行うという目標のもとで行われた。具体的には保険統計学的に犯罪と関連があることが実証された項目をリスクアセスメントで用いることで，エビデンスに基づく再犯リスクの査定を実施できることが保証される。しかし，2Gの段階では再犯リスクについては実証的な根拠をもとに査定を行うことができるようになったが，それをもとに具体的な処遇計画を立てることは困難であった。それが3Gに移行すると，対象者の再犯リスクを査定するだけでなく，実証的な根拠に基づいて処遇計画の策定に必要な犯罪者のニーズを識別できるようになった（Clements, 1996）。そして，4Gではこれまでに得られた犯罪者の改善に関する実証的な知見に基づいて，犯罪者の処遇を組織的に実施する体制が構築される

ようになった。

　リスクアセスメントについて実証的な根拠が得られるようになったとしても，それが直ちに現実世界の犯罪者処遇に反映されるわけではない。得られた知見を犯罪者処遇現場での実践に翻訳していくことが大きな課題となる（Andrews & Bonta, 2010）。我が国でも，犯罪者処遇に関する実証的な知見を現場に取り入れる試みが始まりつつあるが，現状では依然として臨床経験による直観に頼ることも少なくなく，統計学的な手法を用いたリスクアセスメントツールの開発は遅れている（生島, 2011）。

　Copas & Marshall（1997）が OGRS を作成して導入した際には，世論から大きな反発があったことは先に述べたとおりであるが，臨床的な直観や経験をもとにした第 1 世代（1G）の段階から，構造化された専門家的判断（Structured Professional Judgment: SPJ）への移行には，単純に技術的な問題ではない困難があるように思われる。特にこれまで第 1 世代（1G）のやり方で現場で長らく犯罪者処遇にかかわってきた実務家には，第 2 世代以後の手法を取り入れていくことへの理解が得られにくいかもしれない。筆者もしばしば耳にしたのであるが，現場の臨床家，実務家が SPJ を受容しがたいという時に聞かれるのが，①エビデンスに基づいた情報，例えばリスクアセスメントツールなどを用いなくても，これまでの臨床経験や実務経験で十分に対応できるから必要ない，②リスクアセスメントツールなどのような道具に頼ることで，実務に対して取り組む姿勢が安易なものになってしまい，実務家の能力が低下し，処遇や調査の質が落ちる，といった意見である。しかし，①については，臨床家，実務家の経験のみによって再犯リスクを査定するよりも，実証的な根拠のあるリスクアセスメントツールを使用した方がその査定が正確になることは先にも述べたように確立した知見となっている（Grove, Zald, Lebow, Snitz, & Nelson, 2000）。また，②については，従前とかわらない実務家，臨床家としての真摯な姿勢を持って，リスクアセスメントツールを効果的に使用すれば，第 1 世代に比べて SPJ の方が再犯リスクの正確な査定，再犯防止に資する効果的な処遇プランの策定といった点でより高い到達点に達することができよう。安易な姿勢で取り組めば，リスクアセスメントツールを使おうが使うまいが，実務の質が落ちるのはあたりまえのことであり，それはエビデンスを活用するか否かとは本来無

関係である。

　我が国では，非行少年を対象とした施策としては法務省式ケースアセスメントツール（MJCA）が少年鑑別所に導入されたことをもって，3G の時代に移行したと考えられる（2013 年 4 月から）。また，成人矯正においては，性犯罪者処遇プログラムの実施において，リスクアセスメントツールを用いた性犯罪受刑者の分類，リスクに応じて行う教育の処遇密度を変える，といった運用が行われている。これは性犯罪者に限った話であり，刑の確定後に行われている措置ではあるが，少年矯正に大きく先んじて 2006 年に導入されたこの措置は，この部分の運用のみを考えれば 3G もしくは，4G の体制と言ってもよい。また，現在，G ツールと呼ばれる成人犯罪者向けのリスクアセスメントツールが開発され，今後は刑務所を中心として使用されていくことが決まっており（2017 年現在），我が国においても，SPJ への移行という方向性は今後一層加速していくと思われる。一方，こうした中にあって，我が国では再犯の実証研究がほとんど行われていない現状がある。データを外部の研究者が利用することが困難であることがその大きな理由であるが，こうした我が国の事情は，エビデンスの蓄積を阻害している。

Topic 4　RNR から GLM へ？

　リスク・ニード・反応性モデル（RNR）モデルは，欧米（そして我が国においても）における犯罪司法機関によって認められ，犯罪者処遇においては標準的な立場として受け入れられている。そして，RNR モデルは，基本的には犯罪者について，将来の犯罪に結びつくリスク要因を特定し，それを処遇のターゲットとして再犯リスクを減らすという発想であった。これは，リスク管理モデルとも呼ばれている。

　これに対して近年，長所基盤モデルと呼ばれるモデルが注目されるようにもなってきた。良き人生モデル（Good Lives Model: GLM）がこれに当たる。GLM は犯罪者に内的な資源と外的な資源を備えさせることで，さらなる犯罪から無事離脱させることを目的とする，長所志向の改善更生理論であり枠組みである（Laws & Ward, 2011）。RNR はリスクの管理に重点を置いているが，GLM では，このアプローチでは処遇へのより建設的でポジティブな接近を採用できないとし，人間の財（human goods）を重視するために矯正処遇を拡げることの必要性を主張する（Ward & Maruna, 2007）。犯罪者の更生に当たっては，リスクを回避すべきという目標とともに，達成すべき目標が必要であり，それは経験，活動，私事の状態といった，幸福でより高いレベルでの個々人の満足，そして社会的に機能することに強く関連して働きかけを行うべきであるというわけである。GLM については，我が国では Laws & Ward（2011）が邦訳されているので，興味のある方は参照願いたい。

　GLM に対して，RNR モデルの側からは，GLM を新たに導入することが再犯防止につながるという実証的根拠が果たしてあるのかといった批判的な意見が出されている（Andrews, Bonta, & Wormith, 2011）[10]。しかし，こうした対立とも取れるような経緯があるものの，少なくとも RNR と GLM は全く相互背反的なもの，どちらかを採用すれば，どちらかが排除されるといった性質のものではない。Ward & Maruna（2007）では，GLM を用いる場合でも RNR を用いた犯罪者処遇の必要性は十分に認識していることがわかるし，一方，Andrews & Bonta（2010）による The Psychology of Criminal Conduct の第 5 版では，RNR 原則の一つとして長所に着目して処遇を行うことといった項目が盛り込まれている。この動きは，あたかも両者がお互いのモデルに手を伸ばして融合してきているようにも見える。

10）なお，Andrews はこの論文で GLM へに対する懐疑的な意見を表明した後，亡くなっている。

RNRモデルが確立した再犯防止処遇のモデルは膨大な実証的根拠に支えられており，今後このモデルが排除される形で犯罪者処遇が進展していくことはまずないであろう。一方で，長所や保護因子にも着目する等してより包括的な再犯防止のための体制を作っていく動きは進んでいくと思われる。注意すべき点は，実証研究に基づき再犯防止効果があるのかどうかといった視点を確保しながら考えていくことが重要ということである。

　保護的因子を測定するものとして，Borum, Bartel, & Forth（2006）によって開発された非行少年を対象としたリスクアセスメントツールであるセイブリー（Structured Assessment of Violence Risk in Youth: SAVRY）には，向社会的な関係の有無，強いソーシャルサポートの有無，強い愛着と絆の有無，処遇や権威に対する肯定的な態度の有無，学校との強い結びつき，人格におけるレジリエンス傾向の有無といった6項目の犯罪行動を防止する要因となる保護的因子（protective factor）[11]をリスク要因に加えて査定する項目が含まれている。これまでは再犯リスク要因に研究の資源が大きく割かれ，知見が蓄積されてきた一方で，最近では更生した者がどのような特徴を有しているかに焦点を当てるというデジスタンス（犯罪行動の終息）の研究が，次第に活発化してきている。我が国でも法務総合研究所でデジスタンス研究が始められている。

　11）保護的因子の査定については，保護的因子のアセスメントに特化したツールとして成人向けのSAPROF（Structured Assessment of PROtective Factors for violence risk）（Vogel, Ruiter, Bouman, & Robbé, 2014）や，その少年版であるSAPROF-YVといったツールが開発されている。これらは，リスクアセスメントツールと併用して用いられるものである。日本語版も作成されている（http://www.saprof.com/_files/SAPROF%20Japans.pdf）。

第3章
少年用サービス水準／ケースマネジメント目録について

　欧米では，リスクアセスメントの発展に伴い，リスクアセスメントツールは単に対象者の再犯リスクを査定するだけでなく，犯罪者の動的リスク要因を識別し，処遇計画の策定を行う目的で使用できるようになった。

　一方，我が国では，犯罪者処遇に関する実証的な知見を現場に取り入れる試みが始まりつつあるが，統計学的な手法を用いたリスクアセスメントツールの開発は遅れている（生島, 2011）。こうした背景を踏まえて，本書ではこの第3章と，続く第4章で Hoge & Andrews（2002）が開発した少年用サービス水準／ケースマネジメント目録（Youth Level of Service / Case Management Inventory: YLS/CMI）を我が国の実情に合うように改訂して再犯研究に使用する試みを行う。本章では，このリスクアセスメントツールの構成を説明し，我が国の実情に合わせた翻訳を行い，加えて，先行研究について紹介する。

　なお，邦訳を行うリスクアセスメントツールである YLS/CMI はカナダの Multi Health System（MHS）社が版権を有しており，その項目の詳細全てを本書で公開することはできない。今回，MHS 社から翻訳内容の一部を本書で取り上げてよいという許可を得ているので，許可された部分について記載する。それ以外の部分について興味がある場合には MHS 社に連絡を取れば英語版を購入することができる。また，邦訳の詳細について興味がある方は筆者に直接連絡をいただきたい。欧米の研究論文では，YLS/CMI は数多く使用されているが，項目の詳細が論文に記載されないという点で，事情は本書と同様である。そして，ほとんどの研究では，後で説明する領域得点，合計得点の値によって分析を進めているので，その領域が意味する内容を理解すれば，他の文献や後述する本書の研究を読み進める上で支障はないので安心して読み進められたい。

3.1 少年用サービス水準 / ケースマネジメント目録の構成

　少年用サービス水準 / ケースマネジメント目録（Youth Level of Service / Case Management Inventory: YLS/CMI）は Hoge & Andrews（2002）が開発したリスクアセスメントツールである。このツールは第 4 世代と呼ばれる種類に属している。YLS/CMI は，第 2 章で紹介した LS/CMI の少年版である。YLS/CMI のもとになったリスクアセスメントツールは，成人版のリスクアセスメントツールである LSI-R であり，それを少年向けに改訂して YLS が作成された。改定されている点は，成人向けの LSI-R では職場及び婚姻状況といった要因が査定されるが，少年版の YLS ではこの部分が学校生活での適応状況及び家庭環境を査定するよう変更されている。再犯予測においては成人では職場・婚姻が重要な要因となるが，少年では学校・家庭が重要な要因になることは第 1 章で説明したとおりである。さて，LSI-R 及び YLS は第 3 世代のリスクアセスメントツールであるが，処遇プランを記載したり，対象となる犯罪者の個別の情報などを記入したり，処遇目標の達成度合い等を記録する部分を設けるなどしてケースの総合的な管理を行えるようさらに発展させたものが，第 4 世代である LS/CMI 及び YLS/CMI という位置づけになる。

　LS/CMI 及び YLS/CMI においてリスクアセスメントツールの中核をなしているのは，動的リスク要因及び静的リスク要因を査定し，犯罪者の再犯リスクを査定する部分である。これらはそれぞれ LSI-R と YLS から引き継がれてきた部分であり，実証的な根拠を持って再犯と結びつくことが示された要因を集めて作られている。

　YLS/CMI は表 3-1 に示したように複数の様式から構成されている。再犯リスクを査定するのは Part I のリスクとニーズのアセスメント（assessment of risks and needs）の部分であり，行動と関連がある 8 領域 42 項目から構成されている。

　8 領域の内容は，
　1. 非行歴
　　過去の犯罪経歴や保護観察の遵守事項違反等の有無など，過去の非行歴に関する項目から構成されている。

表3-1 少年用サービス水準／ケースマネジメント目録の構成

Part Ⅰ：	リスクとニーズのアセスメント（Assessment of Risks and Needs）
Part Ⅱ：	リスクとニーズの要約（Summary of Risks and Needs）
Part Ⅲ：	その他のニーズのアセスメント（Assessment of other Needs）
Part Ⅳ：	担当少年の一般的なリスク・ニーズ水準のアセスメント（Your Assessment of the Juvenile's General Risk/Need Level）
Part Ⅴ：	接触水準（Contact Level）
Part Ⅵ：	担当者による少年の一般的なリスク・ニーズ水準評定（Your Assessment of the Juvenile's General Risk/Need level）
Part Ⅶ：	ケース管理概観（Case Management Review）

2. 家庭状況・養育

両親が適切に躾をしているか，両親との間に良好な関係が形成されているかなど，家庭環境，家族との関係に関する項目から構成されている。

3. 教育・雇用

学校や職場での適応状態に関する項目から構成されている。

4. 仲間関係

不良仲間との接触がどの程度あるか，健全な友達がどの程度いるか等，仲間関係に関する項目から構成されている。

5. 物質乱用

覚せい剤，有機溶剤，アルコールといった薬物への依存の程度を確認する項目から構成されている。

6. 余暇・娯楽

学校や職場以外でどの程度健全な活動に従事しているかに関する項目から構成されている。

7. 人格・行動

衝動性，身体的及び言語的攻撃性，注意力の乏しさ等の行動傾向に関する項目から構成されている。

8. 態度・志向

反社会的人格パターンと呼ばれる，犯罪に親和的，肯定的な態度や価値観，信念，合理化の程度，自身を犯罪者であるとする構え等に関する項目から構成されている。

である。これら8つの領域は第1章で説明した犯罪行動と関連のある8つの再犯リスク要因に対応している。

42項目の中で，本書でMHS社から本書への引用が許可されたものは項目2e, 3a, 4a, 5b, 7b, 8aであり，表3-2には許可を得たこの項目について記載してある。

さて，YLS/CMIを用いてある対象者の再犯リスクを査定する場合には，面接に加えて，学校，保護者から得られる情報，警察や裁判所の記録等を総合した上で，評定用の基準に従って「該当あり」とすべきかどうかを評価する。数量化の方法は「該当あり」とした項目の数を全て足し合わせたものを合計得点とする。全部で42項目であるから，全てが該当ありになれば合計得点は42点，全てに該当しなければ合計得点は0点となる。合計得点が高いほど再犯リスクが高いということである。YLS/CMIでは，定められた閾値によってリスクの群分けを行えるようになっている。合計得点が0-8の範囲にあれば低リスク群，合計得点が9-22の範囲にあれば中リスク群，合計得点が23-34の範囲にあれば高リスク群として群分けされる。もちろん，この群分けはカナダで作成されたオリジナルの原版に基づいているので，この基準をそのまま我が国の非行少年に適用してよいかどうか，その妥当性を確認する必要があるが，その確認は

表3-2　リスク・ニーズアセスメントについての48項目（抜粋）

1 非行歴（5項目）	項目 a. b. c. d. e. があるが MHS 社との契約により未掲載。
2 家庭状況・養育（6項目）	項目 a. b. c. d. f. については未掲載。 項目 e. は「父子間の劣悪な関係」について査定する。
3 教育・雇用（7項目）	項目 a. は「教室での破壊的行動」について査定する。 項目 b. c. d. e. f. g. については未掲載。
4 仲間関係（4項目）	項目 a. は「非行をしている知り合いがいる」について査定する。 項目 b. c. d. については未掲載。
5 物質乱用（5項目）	項目 b. は「薬物を常習」について査定する。 項目 a. c. d. e. については未掲載。
6 余暇・娯楽（3項目）	項目 a. b. c. があるが未掲載。
7 人格行動（7項目）	項目 b. は「身体的な攻撃性」について査定する。 項目 a. c. d. e. f. については未掲載。
8 態度・志向（5項目）	項目 a. は「反社会的な態度・犯罪への志向」について査定する。 項目 b. c. d. e. については未掲載。

第 4 章で行う。

　YLS/CMI はカナダで開発されているが，多くの国において広範に用いられるとともに，実証研究も盛んになされており，妥当性及び信頼性に係る研究が積み重ねられている（Olver, Stockdale, & Wormith, 2009）。よって，我が国の非行少年についてリスクアセスメントを行う場合にこのツールを活用することも十分に有益であると考える。第 4 章では本ツールを用いて収集された我が国の少年鑑別所入所少年の合計得点をもとにした数量的な分析を展開するが，その前に次節で，YLS/CMI のリスク得点と仮想事例に基づく臨床像を検討してみよう。ここで提示される事例はあくまで仮想のものであるが，実際にはここで取りあげるような臨床像の非行少年は一般的に見られる。また，YLS/CMI の原版でも，このような仮想事例を用いた検討を行っているので，本書もそれに習うこととしたい。

3.2　YLS/CMI のリスク得点と仮想事例に基づく臨床像

　本節では我が国の実情にあわせて邦訳した YLS/CMI について，仮想事例を設定し，リスク得点との関連を検討することで，我が国の非行臨床への少年への適用可能性について探ることとする。なお，統計解析を行う数量的な分析は次の第 4 章で実施する。

　仮想事例として，YLS/CMI を実施してリスクの合計得点が原版の基準で低リスク，中リスク，高リスクに相当する 3 つを構成して検討する。それらのプロフィールから了解される非行性，反社会性の程度と，YLS/CMI の合計得点による群分けがおおむね了解できる範囲で合致するかどうかについて臨床的検討を行う。リスク区分については先に述べた YLS/CMI 原版の基準に従い，低リスク 0-8，中リスク 9-22，高リスク 23-34 としている。以下は仮想事例の概要である。

3.2.1　低リスクの臨床像

　17 歳男子，事件名は傷害，YLS/CMI の合計得点は 6 点。8 領域の各領域得点は以下のとおりである。

①非行歴：深夜徘徊での補導歴は有しているが，逮捕歴，家庭裁判所係属歴はこれまでない（得点0）。
②家庭状況・養育：小学校時代に両親が離婚し，現在は実母と祖父と生活している。著しい問題が家庭にあるわけではないが，実母は病弱であることもあって少年の行動を十分には把握できない。家庭が少年の行動を統制することは困難である（得点1）。
③教育・雇用：現在，学校で目立った不適応等は見られない（得点0）。
④仲間関係：いわゆる地元の不良仲間に知り合いがいる（得点1）。
⑤物質乱用：なし（得点0）。
⑥余暇・娯楽：学校以外で特段の健全な社会活動は行っていない（得点1）。
⑦人格・行動：事件時，他者に攻撃的な言動を行っている。自分を睨んできたので，被害者は殴られても仕方がないといった考え方をしがちである（得点3）。
⑧態度・試行：反社会的な態度はさほどない（得点0）。

3.2.2　中リスクの臨床像

17歳男子，事件名は窃盗，YLS/CMIの合計得点は14点。8領域の各領域得点は以下のとおりである。
①非行歴：本件を含めて3件（他の2つは傷害，窃盗）の家庭裁判所係属事件がある（得点1）。
②家庭状況・養育：両親から虐待を受け，幼少時から中学校卒業時まで施設生活をしていた。現在，両親は行方不明である。少年は両親に対して怒りの感情を抱いている（得点5）。
③教育・雇用：学校では無断欠席を繰り返している（得点1）。
④仲間関係：地元の暴走族と付き合っており，健全な友達がいない（得点3）。
⑤物質乱用：なし（得点0）。
⑥余暇・娯楽：健全な社会活動への参加なし（得点2）。
⑦人格・行動：過去の事件で他者への身体的攻撃があった。欲求不満耐性の乏しさが見られる（得点2）。
⑧態度・志向：顕著な反社会的態度等は認めない（得点0）。

3.2.3　高リスクの臨床像

18歳男子，事件名は強盗，YLS/CMI の合計得点は30点であった。各領域得点は以下のとおりである。

① 非行歴：暴行・監禁，強盗で家裁係属，保護観察中に再犯している。少年院送致歴がある（得点3）。
② 家庭状況・養育：実父からの暴力があり，両親の養育態度は放任である等，家庭環境は劣悪である（得点7）。
③ 教育・雇用：少年院では入院中に施設職員に対する暴力行為，施設の器物損壊など問題行動が頻回ある。また，現在不就労である（得点7）。
④ 仲間関係：不良仲間に知り合いがいる。健全な仲間はいない（得点3）。
⑤ 物質乱用：薬物の使用なし（得点0）。
⑥ 余暇・娯楽：毎日パチンコをして過ごし，社会との関わりは希薄であった（得点3）。
⑦ 人格・行動：事件時，他者への身体的，言語的攻撃性を示していた。欲求不満耐性に乏しく，癇癪を起こし，罪悪感に欠ける（得点5）。
⑧ 態度・試行：反社会的な態度，権威への反発，無視が見られた（得点2）。

3.2.4　仮想事例とリスク群分けの解釈

低リスクの臨床像については，さしたる非行歴はなく，臨床像としても，著しい資質面の偏りや積極的に社会に背を向けていく姿勢は認められない。不良文化への接触を背景にした思春期の一過性の逸脱，非行動と考えられ，低リスクとして了解可能である。

中リスクの臨床像は，不安定な家庭環境や不良仲間との結びつき等，問題は少なくない。積極的に社会に背を向けていく志向が強いとは言えないものの，予断を許さない状況である。中程度のリスクということでおおむね了解可能である。

高リスクの臨床像については，劣悪な家庭環境，早期から問題行動が開始，資質面の偏りの大きさ，罪悪感の乏しさといった反社会的な傾向が強く認められ，臨床的にも再犯の可能性が高いと考えられよう。

以上の YLS/CMI の合計得点から判定されるリスクの水準は，臨床的にも妥

当と考えられ，本ツールを用いて非行少年のリスクアセスメントを臨床現場で活用していくことは可能と考えられる。

3.3 スコアリングの基準について

　表 3-2 に示した 42 項目についてどのような基準で評定を行うか，以下に YLS/CMI のマニュアルにある評定ガイドラインから日本語版のスコアリング基準を作成したものを示す。特に，非行歴領域はカナダと我が国の少年保護法制が異なることから，本研究では我が国の少年事件の特性を考慮して評定ガイドラインの一部修正を行った。なお，全 42 項目についてスコアリング基準を作成したが，先にも述べたように著作権の関係から，本書に掲載しているものは項目 2e, 3a, 4a, 5b, 7b, 8a のみである。

3.3.1 非行歴領域

　この領域は，非行少年の非行歴に関する項目を集めたものである。過去の家庭裁判所係属歴や保護観察の遵守事項違反など静的リスク要因について査定する項目が集められている（著作権の関係上項目の詳細は未掲載）。なお，我が国では少年の事件は，家庭裁判所に全ての事件が送致されて係属するので，その係属歴を査定の対象とするよう修正を行っている。

3.3.2 家庭状況・養育領域

　項目 2e.「父子間の劣悪な関係」については，少年と実父・継父との間の関係が，敵意を持っている，疎遠である，思いやりが欠如しているなど特に劣悪である場合に「該当あり」とする。実父・継父と一緒に生活していなくても，関係が劣悪なものであれば「該当あり」とする。なお，実父と継父がいる場合には，これまでのことを考えて最も重要な関係に基づいて評価する。また，実父・継父が死亡している場合には，記憶に残っている父親像との関係が劣悪なままであれば「該当あり」とする。少年が最も頻繁に接触していた父親との関係について評価する。少年がほとんど父親に会ったことがない場合には，父親と一緒にいた時の話を聞いて，父親への感情が「嫌い」から「憎悪」までの範囲であ

るか，少年が父親の考えや感情を無視しているような状態であったり，父親に全く期待をしていなかったりする場合に「該当あり」とする。少年と父親の間に，大きな葛藤（不満や無関心）がある場合にも「該当あり」とする。

3.3.3　教育・雇用領域

項目 3a.「教室での破壊的行動」については，少年が現在，学校に通っていない場合は直近の学校生活について評価を行うこととする。教室で少年が行動化，過度の注意の要求，反抗的な態度，または，その他の破壊的な行動をしていた場合に「該当あり」とする。行動化とは，情緒的な葛藤，内的または外的なストレス因子を自分自身の内面で処理するのではなく，行動に出て対処しようとすることを指す。かんしゃくを起こして，他人を叩いたり，蹴ったり，叫んだり，自傷したりといった行動が見られる場合も「該当あり」とする。過度の注意の要求とは，大人から過度に注目や注意を引き出そうとする傾向を指す。例えば，構ってもらえるまで泣いたり，わがままを言ったりなど，大人がいくら注目しても物足りないという状態になっている場合がそれに当たる。教師が少年のことを教室での学習には困難があると考えていた場合にも「該当あり」とする。

3.3.4　交友関係領域

項目 4a.「非行をしている知り合いがいる」については，少年の知り合いや顔見知りに，犯罪者として名前が知られていたり，反社会的な態度を持つ者がいたりする場合に「該当あり」とする。薬物を使用していたり，暴走族に入っていたりする知り合いがいる等の場合に「該当あり」とする。少年が犯罪歴のある者，犯罪行動を行っている者と現在，接触を続けているか，最近まで関係を持っていた場合に「該当あり」とする。付き合っている人物が，学校の生徒，一緒に働いている人，近所の人，グループの仲間など，少年と親密な関係でなくても「該当あり」とする。少年の知り合いが，犯罪歴はあるが現在は明らかに更生した者である場合は「該当あり」とはしない。事件が薬物事犯の者は，他の薬物使用者や薬物の売人を知っていれば「該当あり」とする。ただし，この基準を適用するには，過去1年以内に少年が薬物を使用している必要がある。

なお，処方箋で手に入れた薬物の乱用は除く．

3.3.5　物質乱用領域
　項目5b.｢薬物の常習｣については，少年が違法な薬物を頻繁に使用している場合に「該当あり」とする．最近1年間，週に2回以上違法な薬物を使用し続けていた，または，以下に示すような生活の主要な領域のうちで薬物使用のために1つ以上の問題が生じている場合に「該当あり」とする．なお，この項目が「該当あり」とされた場合には5aも必ず「該当あり」とする．
・薬物で逮捕された
・職場や学校で薬物使用のため問題が生じている
・薬物使用の問題で，医療施設で治療を受けた
・禁断症状が出ている
・人格偏倚が起こっている
・家庭や社会で問題が生じた
・最近，物質乱用，物質依存と診断された

3.3.6　余暇・娯楽領域
　この領域は，学校や職場以外でどの程度健全な活動を対象者が行っているかを評価する項目が集められている（著作権の関係上，項目の詳細は未掲載である）．

3.3.7　人格・行動領域
　項目7b.｢身体的な攻撃性｣については，少年がケンカをしたり，暴力的な行動をしていたりなど，他者に対して身体的な攻撃性を向けるような行動をしている場合に「該当あり」とする．少年が身体的な攻撃性を示すことで自分自身を表現したり，他者との関係を取り扱ったりするのに適当な方法であると考えている場合には「該当あり」とする．なお，暴行・傷害事件を起こしている場合には「該当あり」とする．「怒ったりする時がありますか」「特にどんな時に怒りますか」「怒った時はいつもどんなふうになりますか」「よくケンカになりますか」等の質問で「該当あり」かどうかを判断する．

3.3.8 態度・志向領域

項目 8a.「反社会的な態度・犯罪への志向性」については，少年の態度が犯罪や常識的ではない生活様式に支持的なものとなっている場合に「該当あり」とする。少年の犯罪や被害者に対する，態度，価値観，信念，合理化の程度を見て，少年が自身に適用されている社会の規則や法律のことを考慮していないことがわかる場合に「該当あり」とする。少年が犯罪行動の有用性を強調したり，犯罪をしないよりも犯罪をしている方が心地よいと感じていたり，法を犯すことをしばしば合理化・正当化したりしている場合に「該当あり」とする。例えば，「自分の責任ではない」「誰も傷ついていない」「被害者も自業自得だ」「警察はいつも自分が何かしていないか身辺を追っているから」と述べる場合がこれに当たる。少年が自身の行為や結果に対する責任を否定し被害者も含めて他者の期待や望みや感情に共感することをしない，あるいは拒絶している場合も同様である。少年が犯罪をしている人々や彼らの価値観，行動を受け入れ，少年保護法制への敵意を表明している場合にも「該当あり」とする。被害者への罪悪感や自責の念を表明しているものの，利己的な表現も混ざっている場合には「該当あり」とする。これは例えば，「運が悪かった」「捕まらなければよかった」と述べる場合などである。また，少年の犯罪行為への態度には，規則を自分の都合の良いように曲げようとするところがある場合にも「該当あり」とする。常識的で，犯罪的でないやり方があっても，少年が全般的にそれを軽視している場合には「該当あり」とする。少年が基本的な社会的価値を支持していなかったり，敵意を抱いていたり，拒絶していたりする場合や，家，家族，学校，職場といった伝統的な環境に対する絆が弱く，犯罪的でない人々に対して否定的で敵意を持ち，拒否的である（少年は，「そういう人たちがどう考えようと気にしない」と言うかもしれない）場合に「該当あり」とする。少年が犯罪的でない活動やそこから得られる報酬に価値を認めない，あるいは拒否しており，逸脱行動全般に対して寛容である場合にも「該当あり」とする。少年が，選択的に慣習に沿った犯罪的でないやり方を軽視している場合，すなわち，一部の向社会的な活動（例えば，学校や職場など）には支持的であるが，例えば薬物使用や虐待，暴力といった犯罪的な行動にも支持的である場合には「該当あり」とする。少年が政府や企業に対して敵意を抱いている場合にも「該当あり」

とする。少年が就労していたり，学校に通ったりしていても，飲酒運転や無免許運転（免停中の運転も含む），薬物使用を繰り返している場合は「該当あり」とする。

3.4 YLS/CMIの信頼性及び妥当性に関する海外の研究例

　YLS/CMIの信頼性及び妥当性を検証した研究としてはSchmidt, Hoge, & Gomes（2005）がある。彼らの研究では，107名の少年犯罪者（平均年齢14.6, 標準偏差1.0, 年齢範囲12.0-16.8）が分析の対象者となった。調査の対象者となったのは，カナダのオンタリオ州ノース・ウェスタンの裁判所に係属した119名の少年犯罪者であったが，後述する手続きを経て107名までサンプルサイズが減少している。

　まず，119名の調査対象者は，1996年3月から2000年10月までの間に，複数の専門領域にまたがる精神保健の専門家チームによって評価を受けたが，その内の5名については，YLS/CMIについての情報が得られなかったため，分析対象から除外された。また，7名については，もともとの裁判所からの査定命令が出されてから12か月を超えた時点で調査が行われている，もしくは，もともとの裁判所からの査定命令が出された時点より12か月以前に調査が行われた時の情報しか得られなかったため除外された。これによって，分析対象数は107名となった。分析対象者は，男性67名（62.6%），女性40名（37.4%）であった。男性49名（45.8%），女性28名（26.2%）が前歴を有していた。17名（15.9%）は過去に施設収容処分をされたことがあった。人種は，ネイティブのカナダ人31名（29.0%），白人76名（71.0%）であった。再犯情報は，王立カナダ軍警察（The Royal Canadian Military Police: RCMP）の国立警察登録情報から得られた。ここでは，個々の少年の完全な犯罪記録が残されており，再犯に及んだ際にはこの警察記録に登録されている。YLS/CMIの各下位尺度得点及び合計得点の平均値及び標準偏差は表3-3に示した。

　信頼性の検証を行うため，29名のサンプルについて評価者間信頼性が算出された。その結果は，仲間関係が.61とやや低い数値となったが，その他の尺度については，態度・志向の.71から教育・雇用の.85までの範囲となった。なお，

表 3-3　YLS/CMI の各尺度得点の平均値と標準偏差 (Schmidt, Hoge, & Gomes, 2005 から引用)

	全体 (n=107)	男性 (n=67)	女性 (n=40)
非行歴	1.2 (1.5)	1.1 (1.5)	1.4 (1.4)
家庭状況・養育	2.5 (1.7)	2.3 (1.7)	2.8 (1.6)
教育・雇用	3.3 (2.0)	3.2 (2.1)	3.6 (2.0)
物質乱用	1.8 (1.3)	1.7 (1.3)	2.1 (1.4)
余暇・娯楽	1.4 (1.1)	1.3 (1.1)	1.6 (1.1)
仲間関係	1.2 (1.4)	1.1 (1.5)	1.4 (1.4)
人格行動	3.7 (2.0)	3.5 (2.1)	4.1 (1.8)
態度・志向	1.7 (1.7)	1.7 (1.6)	1.9 (1.8)
合計得点	16.9 (9.3)	15.7 (9.5)	19.1 (8.7)

　非行歴についてはそれぞれの評価者が異なった基準を用いていたことから評定者間信頼性は算出されなかった。全対象者 107 名のデータを用いて，クロンバッハの α 係数を用いた内的整合性による信頼性の検討を行った結果，物質乱用の .56 から態度・志向の .77 までの範囲となった。予測的妥当性を検証するために，再犯の有無と YLS/CMI の合計得点の相関係数が算出された。この検討では，3 名の調査対象者の犯罪記録を入手することができなかったため，104 名分が分析対象となった。

　全ての再犯と合計得点との相関係数は，男性対象者 (n=66) で .25 であり 5% 水準で有意となったが，女性対象者 (n=38) では .14，全体対象者 (n=104) では .19 となり，いずれも有意ではなかった。再犯を重大犯罪に限った場合には，男性では .31 で 1% 水準で有意となり，女性では .35 であり 5% 水準で有意，全体では .26 であり 1% 水準で有意となった。再犯を外的基準とした予測的妥当性では，女性対象者を含めた分析で一部に妥当性が検証されない場合があったが，それ以外では妥当性が検証されたことになる。

Topic 5　法務省式ケースアセスメントツール（MJCA）

　法務省式ケースアセスメントツール（Ministry of Justice Case Assesment tool: MJCA）は法務省矯正局が開発した静的・動的リスク要因によって構成された全52項目からなるリスク・ニーズ・アセスメントツールである[1]。MJCAは，対象少年の再非行の可能性及び教育上の必要性を定量的に把握するために，統計的な分析結果を検討して作成された。欧米において展開されている実証的な根拠にもとづいたリスクアセスメントを我が国で構築する目的で開発されたものであり，筆者も作成に携わった。

　MJCAは，静的領域の5領域，生育環境（S1），学校適応（S2），問題行動歴（S3），非行・保護歴（S4），本件態様（S5）（表3-4）と動的領域の4領域，保護者との関係性（D1），社会適応力（D2），自己統制力（D3），逸脱親和性（D4）（表3-5）から構成されている。項目内容は現時点で一部のみ公開されている。静的リスク要因の項目については，該当する（得点は1）・該当しない（得点は0）の2件法で，動的リスク要因の項目については項目への当てはまりの程度を4件法で評定する。評定者間での信頼性を確保するため各項目について詳細な評定基準をマニュアルとして作成している（評定基準は現時

表3-4　静的領域24項目からの抜粋（森・東山・西田，2014から転載）

(S1	生育環境)	家族に少年を虐待する者がいた。 家族に家庭内暴力をする者がいた。 本件時に家出や浮浪の状態にあった。 他2項目
(S2	学校適応)	学業不振があった。 学校内で問題行動を頻発していた。 他1項目
(S3	問題行動歴)	小学生時に喫煙又は飲酒があった。 小学生時に家出又は無断外泊があった。 他4項目
(S4	非行・保護歴)	初回の警察補導等の措置を受けた年齢が13歳以下である。 財産非行がある。 他4項目
(S5	本件態様)	本件は指導・監督を受けている期間中の再非行である。 本件は同種事案の再非行である。 他4項目

1) http://www.moj.go.jp/kyousei1/kyousei03_00018.html を参照願いたい。

点で未公開)。

　この作成に当たっては，全国の少年鑑別所に入所した少年に対して，施設に勤務する法務技官が調査に従事し，5,942名のサンプルを収集した。作成には生存時間分析による多変量解析を実施し，また，モデル作成用サンプル5,000名と交差妥当性検証用サンプル942名に分割した妥当性の検証（交差妥当性検証サンプルでのAUC=.634)，評定者間一致度による信頼性の検討を行うなど海外のリスクアセスメントツールと比べても遜色のない手続きがとられている。なお，作成手法の詳細については，森・東山・西田（2014）を参照願いたい。

　MJCAは，我が国の少年鑑別所入所者から偏りなく抽出したデータに基づき作成されたものであり，再非行の可能性等を把握できる信頼性と妥当性の高いアセスメントツールと言える。MJCAの導入により，少年鑑別所における鑑別においては，実証データに基づき，再非行防止に焦点を当てた処遇方針の策定が可能となる。また，鑑別を起点とし，再非行を防止するという観点から少年院，保護観察所における処遇等の充実や，変化の把握等にも資することが期待される。今後は，標準的なツールとして処遇効果検証，非行少年の類型化，各種理論検証などへの活用も期待され，さらに，非行臨床実務，研究への応用を充実させていくことが期待される。性非行少年向けに特化したMJCAも開発されている。

表3-5　動的領域28項目からの抜粋（森・東山・西田, 2014から転載）

（D1　保護者との関係性）	保護者は少年に対して高圧的である。 保護者に反発している。 他5項目
（D2　社会適応力）	学校又は職場内で必要とされる決まりを軽視している。 学校生活又は就労生活に対する意欲が乏しい。 他7項目
（D3　自己統制力）	欲求不満耐性が低い。 感情統制が悪い。 他3項目
（D4　逸脱親和性）	犯罪性のある者に親和的である。 反社会的な価値観や態度に親和的である。 法律を軽視している。 他4項目

第4章
我が国の非行少年を対象とした YLS/CMI を用いた再犯分析

　これまでの章では，リスクアセスメントが犯罪者の処遇・教育を考えていく上で重要であることを述べ，リスクアセスメントを実施する際の原則について説明を行い，また，リスクアセスメントがこれまでどのように発展してきたかを，主に欧米の例を中心に紹介した。次いで実証的なリスクアセスメントを行う際に必要となるリスクアセスメントツールについて，YLS/CMI を我が国で使用できるように翻訳を行った。

　リスクアセスメントを実証的に行う取り組みは，近年我が国においても行われ始めたものの（西岡, 2013），未だ十分な知見の積み重ねが不足している。我が国の非行少年をアセスメントするのに適した実証的なリスクアセスメントを構築していくためには，知見の積み重ねが重要になる。本章では，第3章で邦訳したリスクアセスメントツールを用いて，我が国の少年鑑別所に入所した実際の非行少年についてリスクアセスメントを実施し，収集したデータを分析し，妥当性を検証していく。

　本章で行った検証の過程は，リスクアセスメントツールを海外から翻訳して我が国で使用する場合や，新たに独自のリスクアセスメントツールを作成する場合に必要となるものである。読者の中で，我が国でこうした試みを新たに行いたいと考えている方がいれば，本章で行った検証の枠組みを参照していただくとよいであろう。

4.1　再犯分析の目的

　まず，最初に YLS/CMI を用いた再犯分析を実施する目的について記述しておくことにする。目的を曖昧にしたまま，とにかくデータを集めて分析するだけでは何のためにその分析が行われ，その分析が何を意味しているのかが不明

確になってしまう。よって，ここでは分析の目的を確認した後，その目的を達成するために必要となる課題及び仮説を明示する。以後の分析はここで決めた課題や仮説を明らかにするために順を追って進めていくことになる。

また，先にも述べたように，ここで掲げる仮説及び課題はリスクアセスメントツールを新たに構成したり，海外のツールを我が国に翻訳して用いたりする際の標準的な手順として活用できるので参考にしていただきたい。

4.1.1 全般的な目的の設定

ここで実施する再犯分析の全般的な目的は，我が国の非行少年を対象とする実証的な根拠に基づいたリスクアセスメントの手法をYLS/CMIを用いて構築することである。対象者の再犯リスクを正確に測定し，非行少年の再犯を防止できるような処遇・介入プランの作成に資するエビデンスに基づいたリスクアセスメントツールを作成することは，一般市民の安全を確保するという観点から社会的な要請に応えるものであり，また，再び犯罪に走る過ちを回避させるという点で非行少年にとっても有益である。この目的を達成するために，検討すべき課題及び検証すべき仮説を以下のように設定する。

4.1.2 本再犯分析の課題と仮説

再犯分析では，第3章で邦訳したHoge & Andrews (2002) が開発した少年用サービス水準／ケースマネジメント目録（YLS/CMI）を用い，少年鑑別所に入所した非行少年について再犯リスクを正確に査定し，再犯に結びつくリスク要因を特定することが可能かどうかを検証する。そのために，以下のように5つの課題を立て，2つの仮説の検証を試みる。

課題1（非行性の検証）

再犯リスクの高い者ほど家庭裁判所の審判では重い処分を受けている（仮説1）という仮説を検証する。これは，家庭裁判所の審判決定で受けた処分によって，YLS/CMIの合計得点（これ以後で単に合計得点と記載した場合には，このことを指す）が異なるかどうかを調べることで検証が可能である。この検証は家庭裁判所で行われた少年審判の結果として生じる退所事由を外的基準とした合計得点の基準関連妥当性を検討するという意義も同時に有している。

課題2（再犯とリスク段階の関係）

YLS/CMIにおいてより高いリスク群に属すると判定された非行少年ほど再犯に及ぶ確率が高い（仮説2）という仮説を検証する。YLS/CMIでは，Hoge & Andrews（2002）がリスク群の閾値を設定しており，その閾値による群分けを用いて，対象となる非行少年がより高いリスク群に分類されればされるほど再犯率が高くなるか否かを調べる。ここで行われる分析はYLS/CMIが社会内での再犯を予測できるか否かという予測的妥当性を検討することになる。

課題3（より正確なリスク段階の設定）

Hoge & Andrews（2002）がYLS/CMIの原版で設定したリスクの群分けよりも，より正確に再犯を予測できる群分けを，我が国の非行少年のデータに即して新たに構成することが可能かどうかを検討する。この課題は合計得点によって再犯率の異なるグループを弁別できるような基準を新たに構成できるかどうかを検討することで実施する。この課題は，得られたデータから幾つかのリスク水準の異なる群を抽出するという探索的な性質のものである。

課題4（施設内処遇の効果検証）

施設内処遇を行うことで非行少年の再犯率を低減させることができているか否かを検討する。この検討は，保護観察と試験観察等による社会内処遇群と，少年院または児童自立支援施設に送致された施設内処遇群の再犯率を比較することによって行われる。また，施設内処遇による再犯率引き下げの効果があるか否か，あるとすればどの程度の引き下げ効果があるのかを検討する。なお，詳しくは後述するが，施設内処遇のサンプルでは児童自立支援施設送致となった対象者が極めて少なかったため，この課題は実質的には少年院処遇の再犯防止効果を検討するものと考えて差し支えない。

課題5（各領域が再犯に与える影響の分析）

YLS/CMIの8つの各領域得点が再犯に与える影響について分析を行う。課題1から課題4までは合計得点を用いた検討であるが，この課題5では1. 非行歴，2. 家庭状況・養育，3. 教育・雇用，4. 仲間関係，5. 物質乱用，6. 余暇・娯楽，7. 人格・行動，8. 態度・志向の各領域について得点をそれぞれ合計した8つの領域得点を使用して分析を行う。

4.2　再犯分析の分析の方法と手続き

　本章で実施する再犯分析は，我が国の少年鑑別所に収容された非行少年に対して第3章で作成した日本語版のYLS/CMIを実施して再犯リスクを査定し，その非行少年に対して行われた家庭裁判所の審判決定とその後の再犯についての追跡データを収集する手続きを経て実施された。以下に分析手続きの詳細を見ていくことにする。

4.2.1　調査対象者

　平成16年から平成20年までに関東及び東北地区の少年鑑別所に観護措置で入所した男子少年389名（平均年齢16.9歳, $SD=1.5$）を調査対象とした。なお，観護措置とは少年法第17条に規定される措置であり，家庭裁判所が事件を受理した時に，当該少年に対し少年鑑別所において科学的な検査，鑑別を行った上で最終的な処分を決める必要があると判断した際に行われる。少年鑑別所は身柄拘束を行うことのできる施設であり，入所した当該少年は施錠された居室に収容され，基本的にはその施設内から出ることなく生活を行う。いわゆる全面的収容施設である。少年鑑別所に収容される期間は，通常は最長4週間であるが，一定の事件で証拠調べが必要な場合は最長8週間まで延長することができる。この期間，非行少年は少年鑑別所内で心理学の専門職員である法務技官によって臨床心理学的アセスメントを受ける。

4.2.2　収集したデータの項目

少年用サービス水準/ケースマネジメント目録（YLS/CMI）

　観護措置が決定され，対象となった非行少年が少年鑑別所に収容された時点におけるYLS/CMIの8つの領域（非行歴，家庭状況・養育，教育・雇用，仲間関係，物質乱用，余暇・娯楽，人格・行動，態度・志向）に係る42項目を，対象少年が収容された施設に勤務する法務省職員である法務技官が評定した。YLS/CMIは第3章で邦訳されたものを用いた。YLS/CMIの各項目は先にも説明したとおり，再犯との結びつきが強いとされる犯因論的リスク要因から構成されており，合計得点が高いほど再犯リスクが高いと仮定されている。この

評定値は課題1から課題5まで全ての課題で検証に用いられた。

再犯及び観測期間

課題2から課題5を検討するために追跡調査によって得られた再犯の有無についての情報を用いて分析を行った。本研究の再犯の定義は以下の通りである。

再犯：対象少年が施設を退所し、社会内に戻って生活し始めた後、少年鑑別所に再び入所してくること。

ここで上記の対象少年が退所した施設とは、少年審判の結果、社会内に少年を戻す旨の決定が下された少年の場合は少年鑑別所を指し、少年院送致または児童自立支援施設送致となった少年については少年院または児童自立支援施設を指す。また、再犯までの期間を日数で算出し、これを観測期間とした。再犯をしなかった対象少年については施設退所日から追跡調査の期間が終了するまでの日数か、もしくは追跡期間が終了する前に20歳の誕生日を迎えた場合には、施設退所日から20歳の誕生日までの日数を観測期間とした。こうした取り扱いは、非行少年が20歳に達すると、再犯に及んでも成人の刑事裁判を受けることになるため少年鑑別所に入所してくることはなく、先に定義した再犯が起こったか否かを調べることができなくなることによる[1]。なお、以下では再犯と少年鑑別所への再入、再犯率と少年鑑別所への再入率は、全く同じことを意味することを留意されたい。

審判決定

対象者が家庭裁判所の審判でどういった処分を受けたかについて調査した。この調査は、審判決定とYLS/CMIによって査定された非行少年の再犯リスクの関係を分析する課題1と課題4を検討するために実施した。調査した家庭裁判所の審判決定の種類は、保護観察、少年院送致（特修短期処遇）、少年院送致（一般短期処遇）、少年院送致（長期処遇）、試験観察、児童自立支援施設送

---

[1] 警察への逮捕、あるいは刑事裁判での起訴といったものを再犯に含めれば20歳以後の再犯も分析することができるが、実際には少年の再犯を20歳未満と20歳以後で連続的に追跡してデータを得ることは大変困難である。我が国では、警察の記録、少年鑑別所や少年院での記録、裁判所での記録、刑務所での記録、保護観察所での記録がそれぞれの職場に独立して存在していると言ってよい状態にある。ある犯罪者が何時、どういった犯罪に及んだかを、一貫して把握できるような記録の整備が我が国では大変遅れている。こうした事情は我が国の犯罪研究、再犯研究の進歩が欧米と比べて大きく遅れていることの一つの要因となっている。なお、2017年現在、少年から成人への連続したデータベースの構築が法務省内において限定的ではあるが行われるようになった。

致である。

　ここで，家庭裁判所の審判決定について，それらがどういったものかを簡単に説明しておく。図 4-1 に平成 28 年版犯罪白書から，少年事件の手続きの流

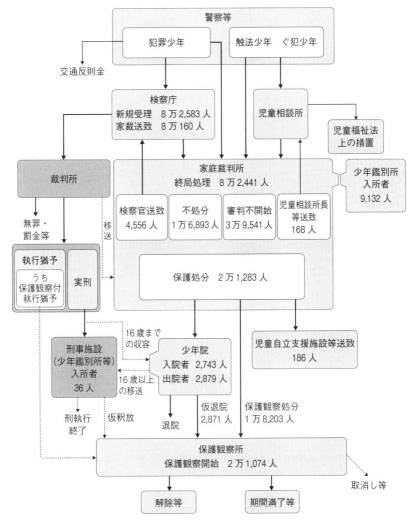

図 4-1　非行少年の事件手続きの流れ（数値は平成 27 年のもの）
（平成 28 年版犯罪白書から転載）

れの概略を引用したので，こちらを参照しながら読み進めていただきたい。

　まず，保護観察は，更生保護法第 49 条第 1 項に規定される処遇であり，少年を施設に収容することなく家庭においたまま，保護観察所の行う指導監督及び補導援護という社会内処遇によって，少年の改善更生を図ろうとするものである（裁判所職員総合研修所, 2012）。所管は法務省保護局となる。少年を対象とした場合には同法第 49 条第 2 項に規定があり，保護観察処分少年又は少年院仮退院者に対する保護観察は，保護処分の趣旨を踏まえ，その者の健全な育成を期して実施することとされている。通常，保護観察は，本人の居住地区を担当する保護観察官が面接し，その面接結果等を踏まえて保護観察の実施計画等を作成し，地区を担当する保護司に送付する。担当保護司は対象少年と適当な接触（多くの場合，月に 2 度ほどの対象者の来訪と月 1 度ほどの担当保護司の往訪）を保ち，その行状を見守り遵守事項を守るよう必要な助言指導を行う（高木, 2010）。

　次に，少年院送致であるが，少年院は法務省矯正局が所管する国の機関であり，主に家庭裁判所から少年院送致決定を受けた少年を収容し矯正教育その他の必要な処遇を行う施設である（少年院法第 3 条）。「矯正教育」は，「在院者の犯罪的傾向を矯正し，並びに在院者に対し，健全な心身を培わせ，社会生活に適応するのに必要な知識及び能力を習得させることを目的とする」（少年院法第 23 条）と定められている。本分析では，処分の重さとして少年院に収容される期間に着目した。収容期間は，本分析で調査された区分として，特修短期処遇が 4 か月以内，一般短期処遇が 6 か月以内，長期処遇が 2 年以内となっている。収容期間が長い程，処分としては重いことになる。

　少年院における矯正教育では，対象少年の有する性質及び問題性に幅広く対応するために処遇の多様化，類型化が図られており，各少年院では教育目標，教育の内容を詳しく定めている。さらに対象少年一人一人に対して計画を設定し，目標の到達度合いについて成績評価を行うなどきめ細かに個別対応を図っている。少年院送致決定は身柄拘束を伴う処分であり，施設に収容し，起床，食事，運動，就寝など日常生活の動作時限を全面的に管理する強い枠組みの中で教育を行う。前述のリスク原則では高密度処遇に該当する処遇である。少年院送致となる対象者は，それまでに相当程度に非行を繰り返していたり，起こ

した事案が重大，悪質であったり，攻撃性の強さや規範意識の乏しさが顕著であったりなど，抱える問題性が大きい少年たちであり，改善，更生のためには強制力の強い環境で系統的，集中的な処遇を行うことが必要とされる者たちである。少年院では，事件を振り返り，そこに至った自身の問題点について内省を深めさせたり，薬物や交通関係，窃盗，粗暴行為，不良交遊等について改善のための指導を行ったりなど，非行に関係する意識，態度について幅広い教育が行われている。

　児童自立支援施設は，「不良行為をなし，又はなすおそれのある児童及び家庭環境その他の環境上の理由により生活指導等を要する児童を入所させ，又は保護者の下から通わせて，個々の児童の状況に応じて必要な指導を行い，その自立を支援し，あわせて退所した者について相談その他の援助を行うことを目的とする施設」（児童福祉法第44条）と定められている。児童自立支援施設の特色は，寮舎を担当する職員と児童の密接な人間関係を中心にした家庭的な雰囲気と温かな人間関係を育てるための配慮を行っている点にある。入所児童の一般的な日課は10人前後が暮らす寮舎で朝6時半に起床し，ジョギングや体操，掃除のあと朝食をとる。朝食後は施設内の教室に移動して授業を受ける。午後はバレーボールや水泳，園芸作業などのクラブ活動をする。その後，夕食を食べ，自習や自由時間を終えて，午後9時に就寝する。職員と児童が寮舎で生活をともにして触れ合いながら家庭的な雰囲気を作り出している（小林，2010）。

　ここまでで挙げた保護観察，少年院送致，児童自立支援施設送致は，家庭裁判所において終局決定とされる処分である。なお，この3つの処分は少年法上では保護処分と呼ばれている。

　一方，試験観察は，保護処分を決定するため必要があると認める時に，決定をもって相当の期間，少年を調査官の観察に付すという措置である（少年法第25条第1項）。試験観察は，一旦，社会内に少年を戻し，家庭裁判所調査官のもとで経過を見るという中間処分であり，一定期間が経過した後に再度審判が行われ，終局決定がなされる。試験観察においては，少年を静的に観察するのではなく，少年を特定の条件のもとにおいて調査官が少年と密接な連絡を保ち，助言，補導，環境の調整などの教育的働きかけを行いながら，少年の行動を能動的に観察するものである。また，試験観察には，実質的には終局処分の留保

による心理的強制効果を利用しつつ指導監督を行い，保護，教育効果をあげるという特徴がある（裁判所職員総合研修所, 2012）。試験観察は，一般的には家庭裁判所での定期的な面接をもとにしながら，随時，家庭訪問や学校訪問を織り交ぜて行われる（蔵, 2010）。

なお，ここで説明した少年事件に関する諸制度は本分析に必要な範囲に留めてある。実際の制度はさらに多くの要素を含んでいるので，制度の詳細に興味がある読者はここで引用に使われた成書を紐解いていただければと思う。

4.3 再犯分析と課題及び仮説検証の結果

4.3.1 基本統計量

最初に非行少年に対して YLS/CMI の評定を行って得られたデータの基礎的な統計量を見ていくことにする。表 4-1 は，全対象者の YLS/CMI の項目得点（42 項目の内の 1 項目ずつの得点），領域得点（8 つの領域についてそれぞれの各領域の項目を合計した得点），合計得点（42 項目全てを合計した得点）の平均値である。なお，先にも述べたように 42 項目の中で，本書で MHS 社から項目内容で引用を許可されたものは項目 2e, 3a, 4a, 5b, 7b, 8a であるので，項目の基本統計量についてはそれらのみを載せてある。ただし，項目の得点を単独で分析に使用することは，基本統計量の算出以外にはなく，以後は領域得点，合計得点の値によって分析をすすめることになるので，項目内容の詳細がわからなくても本章の分析内容を理解する上で支障はない。個々の項目が著作権の問題で全てが公開されない場合があることは，先にも述べたが欧米の論文誌に掲載されているような研究でも事情は同じである。

さて，表 4-1 を見て指摘できる特徴として，物質乱用領域の項目得点が低く（平均値は 0.07），今回調査対象者となった非行少年では薬物を使用している者が少なかったことが挙げられる。薬物事犯のサンプルが十分に確保できなかったため，非行少年の薬物に関するアセスメントに関して本分析の結果をもとに言及する際には注意を払う必要があることを留意しておきたい。

次に，領域得点及び合計得点のヒストグラムを図 4-2，図 4-3，図 4-4，図 4-5，図 4-6，図 4-7，図 4-8，図 4-9，図 4-10 に示した。ヒストグラムの形状に見られ

る特徴として，非行歴領域（図4-2），物質乱用領域（図4-6），態度・志向領域（図4-9）では正規分布をしておらず，べき関数様の形状が見られることが指摘できる。べき関数が意味するところは，多数の非行少年はその領域についてほとんど該当しないが，その領域に該当している少数の非行少年が存在し，その少数の非行少年がその領域において高い得点を上げている，ということである。

一方で，合計得点の分布の形状を見るとおおむね正規分布に従っていることがうかがわれることから（図4-10），本調査の対象者は，非行が著しく進んだ者も非行がほとんど進んでいない者も少なく，中程度の者が多いことがわか

表4-1 項目得点，領域得点及び合計得点の平均値及び標準偏差（n=389）

調査項目	合計	平均値	標準偏差
1. 非行歴			
非行歴合計（領域得点）	225	0.58	1.024
2. 家庭状況・養育			
2e. 父子間の劣悪な関係	63	0.16	0.369
家庭状況・養育合計（領域得点）	630	1.62	1.468
3. 教育・雇用			
3a. 教室での破壊的行動	70	0.18	0.385
教育・雇用合計（領域得点）	839	2.16	1.586
4. 仲間関係			
4a. 非行をしている知り合いがいる	330	0.85	0.359
仲間関係合計（領域得点）	849	2.18	1.089
5. 物質乱用			
5b. 薬物を常習	5	0.01	0.113
物質乱用合計（領域得点）	27	0.07	0.341
6. 余暇・娯楽			
余暇・娯楽合計（領域得点）	740	1.90	1.006
7. 人格行動			
7b. 身体的な攻撃性	175	0.45	0.498
人格行動合計（領域得点）	672	1.73	1.633
8. 態度・志向			
8a. 反社会的な態度・犯罪への志向	108	0.28	0.448
態度・志向合計（領域得点）	200	0.51	0.827
YLS/CMI合計得点	4182	10.75	5.460

4.3 再犯分析と課題及び仮説検証の結果　101

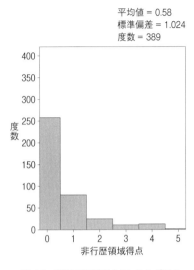

図4-2　非行歴領域得点のヒストグラム
(n=389)

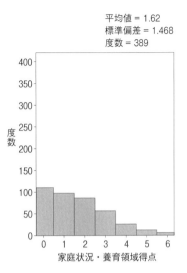

図4-3　家庭状況・養育領域得点のヒストグラム
(n=389)

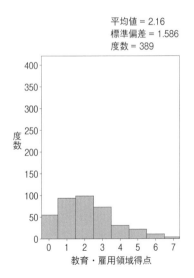

図4-4　教育・雇用領域得点のヒストグラム
(n=389)

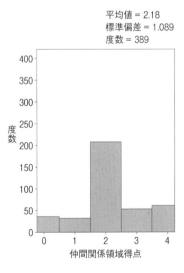

図4-5　仲間関係領域得点のヒストグラム
(n=389)

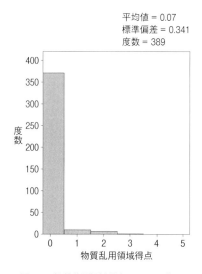

図4-6 物質乱用領域得点のヒストグラム
(n=389)

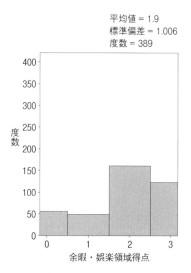

図4-7 余暇・娯楽領域得点のヒストグラム
(n=389)

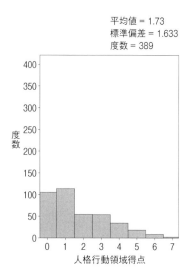

図4-8 人格行動領域得点のヒストグラム
(n=389)

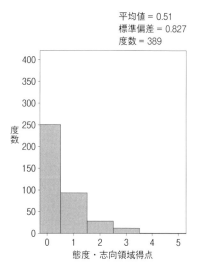

図4-9 態度・志向領域得点のヒストグラム
(n=389)

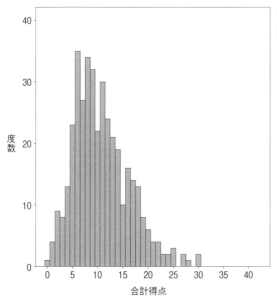

図 4-10　合計得点のヒストグラム（n=389）

る。なお，もともと犯罪研究に関するデータが正規分布をすることはあまりない。通常，多くの人々は犯罪活動に従事することなく，その代わり，犯罪性の高い少数の者がこの世の中の犯罪の多くの部分を行っている，という実状がある。世界の富の8割を2割の富豪が握っている，といった話をしばしば耳にするが[2]，犯罪の世界も本来は同様の構造になっている。犯罪行動は特定の人々に偏在しており，その点において，いわゆる格差社会と同じような構造を示す。もちろん，この場合の格差は持たざる者，つまりは犯罪をしない者の方が好ましいわけであるが。

　さて，そうしたことを考えれば，非行歴領域，物質乱用領域，態度・志向領域の各領域得点が正規分布をせずに，格差社会の構造を示すべき関数の形をしていることは了解ができる話である。むしろ，合計得点の分布の形状がおおむね正規分布に従っているように見えることの方が，本来は驚きの目を持って見

2）経済学ではパレートの法則と呼ばれる。

た方がよいことである。一般市民からランダムサンプリングを行って犯罪を行った回数などのデータを収集した場合には，決してここで見られたような正規分布に近いデータが得られることはないであろう。今回の調査において合計得点が正規分布に近い形状を示す結果となったのは，調査対象者が少年鑑別所に入ってきた非行少年という非行性，犯罪性の高いサンプルであることが原因であると考えられる。少年鑑別所に入所してくる非行少年は，それなりに地域で犯罪・非行を重ねている非行少年である。ある程度，犯罪を繰り返すような非行少年でなければ少年鑑別所には入ってこない。30〜40万程度の人口を抱える中規模都市を幾つか有するような県であっても，1年間に少年鑑別所に入ってくる人数は100人に満たないのが通例である。いわばその地域で非行性の高い少年が選りすぐられて少年鑑別所に入所してくるわけである。この選別は篩に喩えてフィルトレーションと呼ばれることがある。事件を起こして，警察に逮捕され，家庭裁判所に送られ，さらに少年鑑別所に送致されるといった段階を踏む過程で，多くの非行少年は社会内に戻され，少年鑑別所へは非行性が一定以上の者が選別されて入所してくる。そのようにそれなりに犯罪をする傾向の高い者たちを対象としたデータであるからこそ，合計得点のヒストグラムがおおむね正規分布に近い形状をすることになったと考えられる。これが一般の中学生，高校生を対象として今回の調査と同じように YLS/CMI を実施し，得られた合計得点のヒストグラムを描いたとすれば，おそらくべき関数の形状になるであろう。一般の中学生，高校生のほとんどは犯罪性の低い者が占めていると予想されるからである。

4.3.2 再犯率

少年鑑別所を退所してから，または，少年鑑別所を退所後に少年院に送致された場合には少年院を退院してから，児童自立支援施設に収容された場合には児童自立支援施設を退所してから，社会内で追跡された期間である観測期間の平均値は518.3日，標準偏差は307.1日であった。389名中73名が少年鑑別所に再入所しており，73を389で除した割合，これを素再入所率と呼ぶが，この値は0.19となった。この数値は，少年施設を退所して社会に戻ったのち，約2割程度が再び犯罪をして少年鑑別所に入ってきたことを示している。

4.3.3　カプランマイヤー推定（Kaplan Meier Estimation）による再犯率

　先に 4.3.2 で示した素再入所率は観測期間を考慮しない数値である。したがって，これをそのまま少年鑑別所への再入所率（再犯率）と解釈するには以下のような問題がある。再入率を計算するには，ある時点で調査を打ち切ってデータを集計する必要がある。非行少年が少年鑑別所を退所する時期は様々だから，長い時間観察された少年もいれば，ほんの短期間だけ観察された少年も含まれている。対象少年全体として見れば，時間経過とともに再犯する少年の割合が増えていき，その分，再犯しない少年の割合は減少するが，全ての少年を同じ時間観察しているわけではない以上，その割合はそのまま生存率にはならない。同一の非行少年を 1 年間追跡する場合と 2 年間追跡する場合とを比べれば，再犯が発生する確率は 2 年間追跡した場合の方が大きくなることが予想される。

　対象少年たちの観察期間の長短の情報を加味して生存率を推定する方法がカプランマイヤー推定法である（カプランマイヤー推定法の説明を AppendixA.3 で行っているので参照願いたい）。図 4-11 に示した関数が，カプランマイヤー

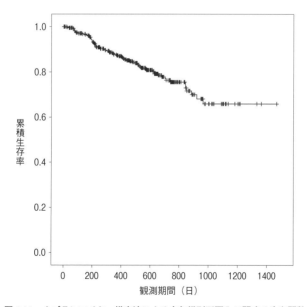

図 4-11　カプランマイヤー推定法による少年鑑別所再入に関する生存関数

推定法による生存関数である。ここで最終的な累積生存率は .66，標準偏差は 0.045 と推定された。少年鑑別所を退所し，再び事件を起こして少年鑑別所に入所してくる再入所率は .34 と推定された。素再入所率は .19 であったのでこれよりもカプランマイヤー推定法による再入所率は高い数値となっているが，こちらの方が観測期間と再犯の情報をより正確に取り扱っている推定値となる。

生存関数の形状を見るとおおむね 1,000 日を経過する頃から累積生存率の低下が見られなくなる。このことからは，非行少年が社会に戻ってからおおむね 2 年半を再犯なく経過すれば，その後も再犯をしなくなる傾向があることがわかる。この結果は，非行少年の再犯防止指導の効果を考える上で示唆的である。社会に戻ってからとにかく 2 年半の間，就労するなり学校に通うなりして再犯をしない生活を送り続けるよう指導できれば，その後の再犯可能性が大きく減ることを意味するからである。

4.3.4　非行性の検証（課題 1）

ここでは，再犯リスクの高い者ほど家庭裁判所の審判では重い処分を受けている（仮説 1）という仮説の検証を試みる。具体的には，家庭裁判所の審判決定で受けた処分によって，合計得点が異なるか否かを分析する。

審判決定ごとの合計得点の平均値と標準偏差を表 4-2 に示した。審判決定で最も人数が多いのは，社会内処遇である保護観察であり 207 名と全体の 53.2% を占めていた。同じく社会内処遇である試験観察は 72 名であり，保護観察よりも少なく全体の 18.5% であった。社会内処遇はこの 2 つであり，合計すると 279 名と全体の 71.7% を占めていた。一方，施設収容処分である少年院送致では最も人数が多かった者が少年院送致（一般短期処遇）であり，45 名と全体の 11.6% を占めていた。次に多かった者は少年院送致（長期処遇）であり，41 名で全体の 10.5% を占めていた。少年院送致（特修短期処遇）は 2 名と数が少なかった（全体の 0.01%）。また，少年院以外の収容処分である児童自立支援施設送致も数が少なく 2 名であった（全体の 0.01%）。施設収容処分となった者の合計人数は 110 名となり全体の 28.3% を占めていた。

図 4-12 は審判決定ごとの YLS/CMI 合計得点を箱ひげ図で表したものである。箱ひげ図はばらつきのあるデータを視覚的に捉えることができる。中心に

表 4-2 審判決定ごとの合計得点の平均値と標準偏差 (*n*=389)

審判決定	*n*	合計得点の平均値	標準偏差
保護観察	207	8.36	3.879
少年院送致（特修短期処遇）	2	12.50	0.707
少年院送致（一般短期処遇）	45	13.62	3.869
少年院送致（長期処遇）	41	15.88	5.750
試験観察	72	13.21	5.872
児童自立支援施設送致	2	14.50	4.950
その他	20	9.10	6.719

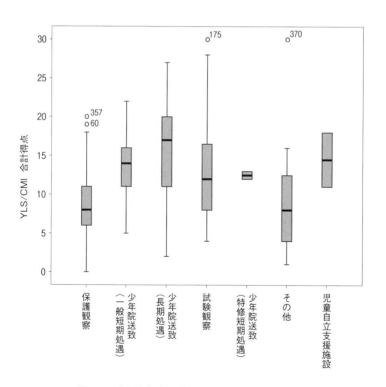

図 4-12　審判決定ごとの合計得点の箱ひげ図 (*n*=389)

ある太い横線が中央値を示し，四角形の上線が第1四分位点を，四角形の下線が第3四分位点を示し，さらにその上下にある2本の線が最大値と最小値を示している。「。」は外れ値を表している。保護観察，少年院送致（一般短期処遇），少年院送致（長期処遇）と処分が重くなるにつれて合計得点が高くなっていることが視覚的にわかる。

　また，試験観察においては保護観察よりはやや合計得点の高い者から，少年院送致（長期処遇）とほぼ同じような高い合計得点を有する者まで，幅広い範囲の対象者が含まれていることが示されている。このような試験観察の合計得点に関する結果は，非行少年を対象とした実務を行っている家庭裁判所や少年鑑別所の職員のような実務家にとっては，日頃の実務での感覚と符合して了解できるのではないだろうか。例えば，実務では少年院を仮退院して極めて短期間に再非行に及んだ場合など，その非行少年の犯罪性が高く，再犯リスクも高いであろうことが予測されながらも，すぐにまた別の少年院に送致する，といった判断が躊躇われることから，試験観察を行って一旦は社会内で再度の経過を観察するといった選択を行うことは珍しいことではない。その結果，再犯リスクがかなり高い対象者にも試験観察を実施することがあるわけである。その場合，再犯の可能性が高い対象者を社会で処遇するわけであるから，再犯の防止がかなり困難になることが予想される。

　次に，審判決定を外的基準とした YLS/CMI の基準関連妥当性を検討するために，合計得点を従属変数，審判決定を独立変数とした分散分析を行った結果を示す。なお，少年院送致（特修短期処遇）と児童自立支援施設送致は度数が2であり，サンプルサイズが小さいことから，この2つの区分は分析から除外した。分散分析の結果，主効果が有意となった（$F(3,361)=48.962, p<.01$）。Tukey HSD 法で多重比較を行った結果，保護観察と比べて，少年院送致（一般短期処遇）と少年院送致（長期処遇処遇）と試験観察の3つの処分は有意に合計得点が高かった。また，試験観察よりも少年院送致（長期処遇）の方が有意に合計得点が高かった（$p<.05$）。社会内処遇である保護観察よりも施設内処遇である少年院送致の方が，合計得点が高いということである。不等号を用いて表すと，

　　少年院送致（一般短期処遇，長期処遇）＞保護観察

少年院送致（長期処遇）＞試験観察＞保護観察

となる。社会内処遇よりも施設内処遇，すなわち，重い処分を受けた非行少年の方が合計得点が高いことが示されたということである。以上から審判で重い処分を受けた非行少年ほど合計得点が高いという仮説1は支持された。試験観察の対象者については，同じ社会内処遇である保護観察対象者と比べて合計得点が高くなっているが，これは先に説明したような試験観察の運用を反映していると思われる（外れ値（175番）として表されるような再犯リスクの高い非行少年も試験観察の対象とされる。なお，この175番の少年は再犯している）。

4.3.5　再犯とリスク段階の関係（課題2）

　ここでYLS/CMIにおいてより高いリスク群に属する非行少年ほど再犯に及ぶ確率が高まる（仮説2）という仮説の検証を試みる。

生存関数による検証

　Hoge & Andrews（2002）によるYLS/CMI原版で使用されている閾値によって群分けを行ったところ，合計得点が0-8の低リスク群は154名，合計得点が9-22の中リスク群は223名，合計得点が23-34の範囲にある高リスク群は12名となった。合計得点が35から42の範囲にある最高リスク群は0名であった。この各リスク群の生存関数をカプランマイヤー推定法によって推定した結果が図4-13である。なお，グラフの横軸は日数，縦軸は再犯をしなかった非行少年の割合で，グラフは再犯をしなかった者の割合が時間の経過とともに減少していく過程を表している。

　各リスク群の生存関数が異なっているかどうかを検証するために，Log rank検定及びBreslow検定を行った。この検定は3群の生存関数が全て同一であるという帰無仮説を立てて検定を行うものである。分析結果は表4-3に示したとおり1％水準で有意となり，3群の生存関数が同一ではないことが示された。低リスク群は時間が経過しても再犯をしなかった者の割合が他の群に比べて減少しにくいことが示されている。その一方で，高リスク群は時間の経過とともに再犯をしなかった者の割合が他の群に比べて急速に減少していくことが示されている。中リスク群は時間の経過に伴う再犯をした者の割合が低リスク群よりは多く，高リスク群よりは少ないことが示されている。以上から，より高い

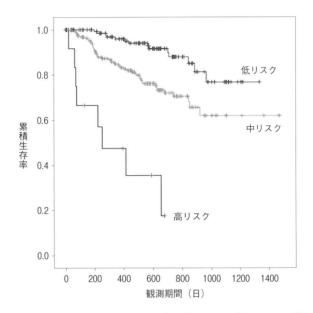

図 4-13 YLS/CMI 原版に記載されたリスク群ごとに算出したカプランマイヤー推定による生存関数（n=389）

表 4-3 リスク群ごとの生存関数の等質性についての検定結果

実施した検定の種類	χ^2値	df	p値
Log Rank（Mantel-Cox）	48.956	2	.00**
Breslow（Generalized Wilcoxon）	52.601	2	.00**

**p<.01

リスク群に属する非行少年ほど再犯に及ぶ確率が高まるという仮説2は支持された。

コックス（Cox）回帰分析による検証

次に回帰分析を用いた分析によって仮説2の検証を試みた。再犯を従属変数，合計得点を独立変数とした回帰分析を行うことで，高いリスクを有する非行少年ほど再犯に及ぶ確率が高まるかどうかを検討する。Cox の比例ハザードモデル（proportional hazard model）を用いて分析を行った結果を表 4-4 に示した。この手法は，Cox 回帰分析とも呼ばれる分析方法であり，一般的な

線形回帰分析を生存時間のデータを扱えるよう拡張した手法である。この手法はAppendixA.4で解説を行っているので参照願いたい。Cox回帰分析において，従属変数はある瞬間に非行少年が再犯に及ぶ確率を示しており（AppendixA.2.1を参照），独立変数はその確率に影響を与える要因を示している。

分析では，少年鑑別所入所時の年齢が再犯に与える影響を統制して検討するために，独立変数に入所時年齢を加えた回帰モデルも検討した。欧米の研究では，非行少年は人生で初めて警察に逮捕される年齢である初発逮捕年齢が低いことが再犯のリスクを増加させるという知見がある（Cottle, Lee, & Heilbrun, 2001）。また，我が国でも同様に森・花田（2007）が少年鑑別所に入所する年齢が低い少年ほど再犯リスクが高いことを明らかにしている。

結果は，表4-4に示したように，
・入所時年齢のみを投入した回帰式（モデル1）
・合計得点のみを投入した回帰式（モデル2）
・入所時年齢と合計得点の両方を投入した回帰式（モデル3）

のいずれにおいても，投入した独立変数は1％水準で有意となった。なお，表中のexp（β）とは自然対数の底eを係数であるβで乗じたもので（exp（β）$=e^{\beta}$），共変量（独立変数）が瞬間再犯確率に影響を与える大きさを表している。ここで瞬間再犯確率とは，ある時点までに再犯をしなかった非行少年が次の瞬間に再犯をする確率のことである。exp（β）の解釈の仕方はAppendixA.4で説明しているので参照願いたい。モデル3の入所時年齢についてのexp（β）は1歳年齢が上がるごとに瞬間再犯確率が0.782倍になることを示している。

表4-4 入所時年齢と合計得点を独立変数としたCox回帰分析

共変量	モデル1	モデル2	モデル3
	β (exp(β))	β (exp(β))	β (exp(β))
入所時年齢	−0.330** (0.719)	−	−0.246** (0.782)
合計得点	−	0.153** (1.165)	0.149** (1.161)
−2×対数尤度	776.071	736.404	729.274
AIC	777.071	737.404	731.274

**$p<.01$

この値は1よりも小さいので年齢が高い非行少年ほど再犯の確率が低くなることがわかる。一方，合計得点は，得点が1上がる都度，瞬間再犯確率は1.16倍になることが示された。これによって合計得点が高い非行少年ほど再犯に及ぶ確率が高くなることが示され，この分析によっても仮説2は支持された。

4.3.6 より正確なリスク段階の設定（課題3）

　課題2の検討で用いた群分けの基準はHoge & Andrews（2002）によってカナダ人のサンプルをもとに作成された原版の基準である。これまでの分析ではその基準をそのまま用いていた。この原版のリスク分類によって我が国の非行少年のデータを分類しても再犯リスクの違いを判別できることはこれまでの分析によって示されたが，他にもっと我が国のデータに適した分類があるのではないか，という疑問は残される。このような検討はこれまで行われてこなかった性質のものである。Hoge & Andrews（2002）の原版の基準によれば対象者は低リスク，中リスク，高リスク，最高リスクの4群に分けられるが，本研究の対象者には最高リスクに属する者はいなかった。この事実は原版そのままの閾値を用いるのではなく，今回の調査で得られたデータに合った閾値の設定を行うことが必要であることを示唆している。課題3は再犯率の異なるグループを弁別するために，YLS/CMIの得点を用いて我が国の非行少年の実態により即した群分けを行うことを試みるものである。

　図4-14は決定木による分析を実施して対象者を群分けしたものである。決定木は，再犯率を指標として探索的に群分けを行う手法である。決定木は，対象者の合計得点について分岐ルールを作り，分岐構造を積み重ね，再犯の可能性の高い群から低い群まで最適な予測を与えるように分割していくことで予測を実現する手法である（決定木についてはAppendixA.5も参照願いたい）。ここで用いた決定木は，生存時間データに対応できるよう拡張されたものである（LeBlanc & Crowley, 1992; Therneau & Atkinson, 1997）。

　決定木分析の結果として，以下のように再犯率の異なる4つの群が抽出された。
- 最も再犯率の低い群は合計得点が6以下の者で，この群では5%（93名中5名）が再犯をしただけであったことから，これを**最低リスク群**と命名した。
- これの次に再犯率が高い群は合計得点が7点以上14点以下の者で，16%

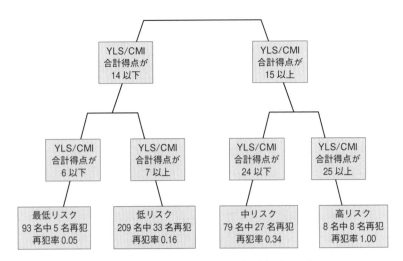

図 4-14　決定木を用いた再犯リスク群の分類 (n=389)

表 4-5　再犯評価のためのリスク表

合計得点	20歳までの再犯率
1-7	5%
8-14	16%
15-24	34%
25-42	100%

（209名中33名）が再犯をしており，低リスク群と命名した。

・さらに再犯率が高い群は，合計得点が15点以上24点以下の者で，34%（79名中27名）が再犯をしており，中リスク群と命名した。

・最も再犯率が高くなった群は合計得点が25点以上の者で，100%（8名中8名）が再犯をしており，高リスク群と命名した。

ここで評価された再犯率は合計得点が24点と25点を境にして，34%から100%へと急な増加を示すという特徴が見られている。この結果をもとに，我が国の非行少年について合計得点と再犯率の関係を示したテーブルが表4-5である。この表を用いることで非行少年の再犯リスクを評価することができる。

対象者について，今回抽出された閾値を用いて分類した4つのリスク群につ

いてカプランマイヤー推定法で求めた生存関数を図4-15に示した。これを見るとリスクが高い群になればなるほど時間的に早く、多くの対象者が再犯をしていることがわかる。これら4つのリスク群の生存関数についてLog rank検定及びBreslow検定によって等質性の検定を行った結果を表4-6に示した。いずれの検定結果も1%水準で有意であり、各リスク群の生存関数は有意に異なっていることが確認された。以上に示した分析の結果、我が国の非行少年により適合した4つの異なる群分けの閾値を得ることができたと言える。

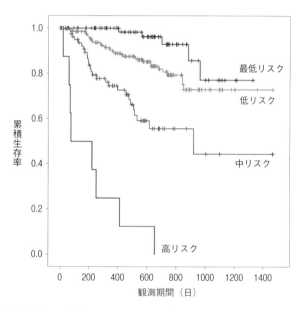

図4-15 決定木によって抽出された再犯リスク群ごとに算出したカプランマイヤー推定による生存関数 (n=389)

表4-6 決定木によって抽出されたリスク群ごとの生存関数の等質性についての検定結果

実施した検定の種類	χ^2値	df	p値
Log Rank（Mantel-Cox）	117.815	3	.00**
Breslow（Generalized Wilcoxon）	117.241	3	.00**

**p<.01

4.3.7　施設内処遇の効果検証（課題 4）

ここでは，少年院と児童自立支援施設で処遇を受けた非行少年（施設内処遇群）と施設には送致されなかった非行少年（社会内処遇群）との間で再犯率に違いがあるかどうかを比較し，これによって施設内処遇による再犯防止効果を評価し検討する。なお，施設内処遇群には少年院送致された非行少年と児童自立支援施設送致された非行少年が含まれているが，児童自立支援施設に送致された非行少年は 2 名と数が少ないため，ここで検討される施設内処遇群は実質的には少年院処遇の効果を見ていると考えて差し支えない。

表 4-7 は社会内処遇群と施設内処遇群ごとに見た再犯人数，再犯の割合，年齢及び合計得点の平均値と SD を示したものである。施設内処遇群の人数は全体の 23.1％であった。また，施設内処遇群は社会内処遇群と比べて年齢が有意に低く（$F(1,287)=3.932, p<.05$），合計得点は有意に高かった（$F(1,387)=70.18, p<.01$）。このように施設内処遇群の非行少年は社会内処遇群の非行少年と比べて再犯リスクが高いことがわかる。少年院送致群と社会内処遇群の再犯率を比較するため，群ごとにカプランマイヤー推定を行って生存関数を求めたものが図 4-16 である。ここで Log rank 検定及び Breslow 検定は共に有意ではなく（表 4-8），両群の再犯率には有意な違いが認められなかった。

この結果は，施設内で処遇しても，社会内で処遇しても非行少年のその後の再犯率に有意な差が認められなかったことを示しているが，注意すべきは，既に述べたように，この 2 つの群ではもともと再犯リスクが異なっていることである。施設に送致される群は，送致されない社会内処遇群と比べて合計得点が高い，すなわち再犯リスクが高い（再犯リスクが高いからこそ家庭裁判所の審判で施設に送致されやすくなっている）。これを考慮に入れると，むしろ施設内処遇群には再犯リスクの高い非行少年が多く含まれているにもかかわらず，

表 4-7　社会内処遇群及び施設内処遇群別の再犯人数，再犯の割合，年齢及び合計得点の平均値と SD

実施された処遇	n	再犯の人数	再犯の割合	年齢（SD）	合計得点（SD）
社会内処遇群	299	56	18.7%	16.99（1.54）	9.58（0.29）
施設内処遇群	90	17	18.9%	16.63（1.35）	14.64（0.52）
合計	389	73	18.8%	16.91（1.50）	10.75（0.28）

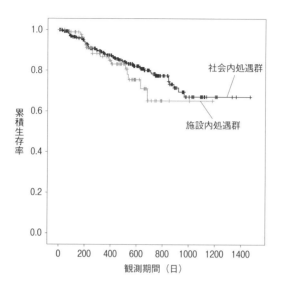

図 4-16　社会内処遇群と施設内処遇群のカプランマイヤー推定による生存関数（n=389）

表 4-8　施設内処遇を受けたか社会内処遇を受けたかで群分けした生存関数の等質性についての検定結果

実施した検定の種類	χ^2 値	df	p 値
Log Rank（Mantel-Cox）	1.144	1	.29
Breslow（Generalized Wilcoxon）	0.547	1	.46

施設内処遇によって彼らの再犯率を社会内処遇群と同じ程度まで低下させたと解釈することもできる。

　単純に施設内処遇群と社会内処遇群を比較するだけでは，もともと再犯リスクの高い非行少年が施設に送致されているので，施設内処遇を実施することによる再犯率低減効果の有無を明らかにすることはできない。これは詳しくは6.2.3 で説明するが，選択バイアスと呼ばれる効果検証の結果を歪める現象である。選択バイアスは実験群（施設内処遇群）と統制群（社会内処遇群）にランダムに非行少年を割り付けることによって回避できる。このランダム割付を伴う手法は，無作為化比較対照試験（Randomized Control Trial: RCT）と呼ばれる（6.2.2 p.161 で解説する）。もちろん，家庭裁判所の少年審判において裁判官

がサイコロを振って偶数が出たら審判の対象となっている非行少年に少年院送致決定をし，奇数が出たら保護観察処分決定にする，といった運用ができるはずもない。したがって，この再犯率低減効果を検証する際に本来最良の手法であるRCTを使うことが不可能である。RCTという実験的手法（Experimental Designs）が使えない以上，次善の策として検証は準実験（Quasi-Experimentl Designs）と呼ばれる方法で行われる必要がある。このような効果検証の手法に関わる解説は6.2.2で行っているので参照願いたい。

本分析では選択バイアスを回避するため合計得点によって対象者をリスクの違いによって群分けを行い，それぞれの群内で施設内処遇を受けた非行少年とそうでない非行少年を比較することを試みた。施設内処遇群と社会内処遇群に見られる再犯リスクの差を，合計得点を用いた群分けを用いることで調整しようというわけである。同程度のリスクの者たちの中で施設内処遇を受けた少年がそうでない社会内処遇の少年と比べて再犯率が低いことが確認されるなら，それは処遇効果を示す分析結果であると結論づけることができるであろう。具体的には全対象者を課題3同様，合計得点によって4群（最低リスク，低リスク，中リスク，高リスク）に分け，それぞれにおいて施設内処遇群と社会内処遇群の比較を試みる。

表4-9は各リスク群の少年を施設に送致された者とそうでない者に分け，人

表4-9　各リスク群ごとの社会内処遇群及び施設内処遇群の人数と再犯人数及び再犯者の割合

リスク群	実施された処遇	n	再犯の人数	再犯者の割合
最低リスク	社会内処遇	88	5	5.7%
	施設内処遇	5	0	0.0%
	合計	93	5	5.4%
低リスク	社会内処遇	168	26	15.5%
	施設内処遇	41	7	17.1%
	合計	209	33	15.8%
中リスク	社会内処遇	37	19	41.4%
	施設内処遇	42	8	19.0%
	合計	79	27	34.2%
高リスク	社会内処遇	6	6	100.0%
	施設内処遇	2	2	100.0%
	合計	8	8	100.0%

数，再犯の人数，再犯者の割合を示したものである。各群において施設内処遇群と社会内処遇群の生存関数をカプランマイヤー推定によって求めたものが，図4-17，図4-18，図4-19，図4-20である。これらの生存関数の等質性をLog rank検定及びBreslow検定によって調べた結果（表4-10），中リスク群においてのみ有意差が見られた。図4-19に見られるように，この中リスク群においては施設内処遇群の方が社会内処遇群よりも再犯率が低下していた。他の群においては，施設内処遇群と社会内処遇群の生存関数に有意な差は認められなかった。

　この結果を解釈する上で，第1章で解説したリスク原則を思い出していただきたい。リスク原則とは，犯罪者の処遇，教育において，再犯リスクの高い犯罪者には高密度の処遇を，再犯リスクの低い犯罪者には低密度の処遇を行うことが必要であり，この原則を守らないで犯罪者に対する処遇・教育を行うと，その効果が無効になったり，さらには逆効果となったりすることがあるというものであった。ここでの再犯分析の結果は，最低リスク群，低リスク群においては施設内処遇の再犯率低減効果が見られない一方で，中リスク群では施設内処遇群の再犯率が，社会内処遇群の再犯率よりも低くなるというものである。この結果は，RNR原則の一つであるリスク原則の有効性が確認できたことを示している。すなわち，一定程度の再犯リスクを持たない非行少年（この場合，最低リスク群，低リスク群）は，少年院送致のような施設内で実施され

表4-10　各リスク群において施設内処遇を受けたか社会内処遇を受けたかで群分けした生存関数の等質性についての検定結果

リスク群	実施した検定の種類	χ^2値	df	p値
最低リスク	Log Rank (Mantel-Cox)	0.093	1	.761
	Breslow (Generalized Wilcoxon)	0.086	1	.770
低リスク	Log Rank (Mantel-Cox)	0.902	1	.342
	Breslow (Generalized Wilcoxon)	0.222	1	.637
中リスク	Log Rank (Mantel-Cox)	4.984	1	.026*
	Breslow (Generalized Wilcoxon)	5.398	1	.020*
高リスク	Log Rank (Mantel-Cox)	0.017	1	.896
	Breslow (Generalized Wilcoxon)	0.098	1	.755

*$p<.05$

4.3 再犯分析と課題及び仮説検証の結果　119

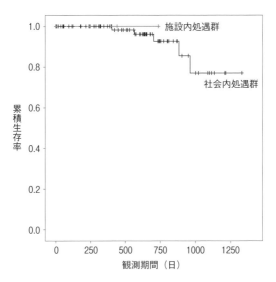

図 4-17　最低リスク群における社会内処遇群と施設内処遇群のカプランマイヤー推定による生存関数（*n*=93）

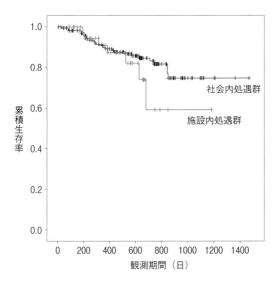

図 4-18　低リスク群における社会内処遇群と施設内処遇群のカプランマイヤー推定による生存関数（*n*=209）

120　第4章　我が国の非行少年を対象としたYLS/CMIを用いた再犯分析

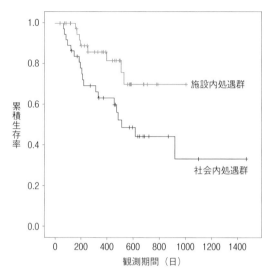

図4-19　中リスク群における社会内処遇群と施設内処遇群のカプランマイヤー推定による生存関数（*n*=79）

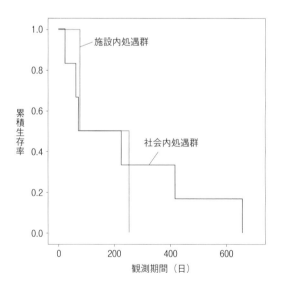

図4-20　高リスク群における社会内処遇群と施設内処遇群のカプランマイヤー推定による生存関数（*n*=8）

る高密度処遇を受けたとしても，再犯率を低下させる効果が発揮されない。一方で，中程度の再犯リスクを持つ非行少年（すなわち，中リスク群）は，施設内の高密度処遇を実施することで，社会内処遇という低密度処遇をするよりも再犯率を大きく減らすことが可能となる。今回の分析でリスク原則の有効性が我が国の非行少年において確認できたことは，我が国の少年保護法制における非行少年の処遇選択に重要な示唆を与えていると言える。

ところで，低リスク群の生存関数（図4-18）は，視覚的には社会内処遇群よりも施設内処遇群の方が再犯率が高くなっているように見える。再犯リスクの低い者に対して少年院送致のような高密度処遇を実施すると，それをしないよりも再犯率を高めてしまうという傾向がグラフからは見て取れる。もちろん，実際には，検定の結果，この2本の生存関数には有意差がないので，エビデンスとしては言えないが，こうした現象自体はリスク原則が述べている主張に沿うものである。低リスク群への高密度処遇実施については，今後サンプルサイズを増やすなどして再度検討を行っていく必要があるだろう。

また，高リスク群の非行少年では施設内処遇を行っても再犯率を低減させる効果が認められず，したがってリスク原則に沿った結果が得られなかったことになる。ただ，各リスク群の内で，高リスク群はサンプルサイズが小さく，図4-20のグラフの形状を見ても明らかに滑らかさを欠いており，十分な分析ができたとは言いがたい。この点については今後さらなる高リスク群のサンプルを収集し，分析することでリスク原則に関する検証を行っていく必要がある。

4.3.8　各領域が再犯に与える影響の分析（課題5）

ここでは，YLS/CMIの8つの下位領域について，各領域が再犯に与える影響が異なるかどうかを検討する。分析では，全対象者を使用し，再犯の有無を従属変数に，YLS/CMIの各領域得点（非行歴，家庭状況・養育，教育・雇用，仲間関係，物質乱用，余暇・娯楽，人格・行動，態度・志向）を独立変数に投入して各領域得点が再犯に与える影響を検討した。

分析にはCox回帰分析を用い，以下の4種類のモデルで分析した結果を表4-11に示した。再犯に影響を及ぼすと考えられることから，いずれのモデルにも入所時年齢を含めた。

表 4-11　YLS/CMI の下位領域年齢と年齢を独立変数とした Cox 回帰分析

共変量	モデル1 β $(\exp(\beta))$	モデル2 β $(\exp(\beta))$	モデル3 β $(\exp(\beta))$	モデル4 β $(\exp(\beta))$
入所時年齢	−0.248** (0.780)	−0.361** (0.697)	−0.212* (0.809)	−0.218* (0.804)
1. 非行歴	0.239* (1.270)	0.383** (1.467)	—	0.273** (1.314)
2. 家庭状況・養育	0.222* (1.248)	—	0.235* (1.264)	0.279** (1.322)
3. 教育・雇用	0.232** (1.261)	—	0.253** (1.288)	0.271** (1.311)
4. 仲間関係	0.085 (1.089)	—	0.131 (1.140)	—
5. 物質乱用	−0.213 (0.808)	—	−0.226 (0.798)	—
6. 余暇・娯楽	0.200 (1.221)	—	0.184 (1.202)	—
7. 人格・行動	−0.015 (0.986)	—	−0.010 (0.990)	—
8. 態度・志向	0.224 (1.252)	—	0.230 (1.258)	—
−2×対数尤度	723.477	763.197	727.606	729.369
AIC	741.477	767.197	743.606	737.369

*$p<.05$　**$p<.01$

・モデル1においては各領域が個々に再犯に与える影響を評価するため入所時年齢と8つの領域得点を全て強制投入して分析した。
・モデル2においては，静的リスク要因が単独で再犯に与える影響を評価するために入所時年齢と静的リスク要因である領域1.非行歴を投入して分析した。
・モデル3においては，動的リスク要因が単独で再犯に与える影響を評価するため，入所時年齢に加えて動的リスク要因であるその他の領域，すなわち，2.家庭状況・養育，3.教育・雇用，4.仲間関係，5.物質乱用，6.余暇・娯楽，7.人格・行動，8.態度・志向を投入した。

・モデル 4 では，領域得点について変数増加法を用いて当てはまりの良いモデルを探索する分析を行った。

　モデル 1 では，入所時年齢の負の効果，1. 非行歴，2. 家庭状況・養育，3. 教育・雇用は正の効果が有意だった。入所時年齢の瞬間再犯確率は 0.780 倍だったが，これは少年鑑別所入所時の年齢が上がれば上がるほど再犯する確率が減っていくことを示している。入所時の年齢が低い非行少年は再犯リスクの高い者であることを示しており，実務家にも十分了解できる結果であろう。1. 非行歴は 1.270 倍，2. 家庭状況・養育は 1.248 倍，3. 教育・雇用の瞬間再犯確率は 1.261 倍であり，これらは再犯を促す要因であることを示している。4. 仲間関係，5. 物質乱用，6. 余暇・娯楽，7. 人格・行動，8. 態度・志向の 5 領域は単独では再犯に有意な影響を与えていなかった。課題 2 で分析したように合計得点は再犯に有意な影響を及ぼすものの，各領域別に見た場合には，必ずしも全ての領域が再犯に有意な影響を与えるわけではないことが示された。

　モデル 2 では，投入した変数全て，すなわち，入所時年齢の負の効果，1. 非行歴の正の効果が有意だった。入所時年齢の瞬間再犯確率は 0.697 倍であり，少年鑑別所入所時の年齢が上がれば上がるほど再犯する確率が減っていくことを示している。1. 非行歴は瞬間再犯確率が 1.467 倍であり，静的リスク要因である 1. 非行歴は再犯を促す要因であることを示している。

　モデル 3 では，入所時年齢の負の効果，2. 家庭状況・養育，3. 教育・雇用の正の効果が有意となった。入所時年齢の瞬間再犯確率は 0.809 倍であり，少年鑑別所入所時の年齢が上がれば上がるほど再犯する確率が減っていくことが示された。2. 家庭状況・養育の瞬間再犯確率は 1.264 倍，3. 教育・雇用は 1.288 倍となり，これらがそれぞれ再犯を促す要因であることが示された。4. 仲間関係，5. 物質乱用，6. 余暇・娯楽，7. 人格・行動，8. 態度・志向の 5 つの領域については再犯に有意な影響を与えていなかった。動的リスク要因のみを分析に投入した場合でも，単独では再犯に有意な影響を与えない領域があることが示された。

　モデル 4 では，変数増加法による変数選択の結果，モデルに投入された入所時年齢の負の効果，1. 非行歴，2. 家庭状況・養育，3. 教育・雇用の正の効果が有意となった。入所時年齢の瞬間再犯確率は 0.804 倍となり，少年鑑別所入

所時の年齢が上がれば上がるほど再犯する確率が減っていくことが示された。1. 非行歴の瞬間再犯確率は 1.314 倍，2. 家庭状況・養育は 1.322 倍，3. 教育・雇用は 1.311 倍となり，これらが再犯を促す要因であることが示された。

また，以上の4つのモデルについて，AIC（赤池情報量基準）を算出したところモデル4が最も当てはまりが良いことが示された。

さて，モデル1及びモデル3で分析した動的リスク要因を投入したモデルで，4. 仲間関係，5. 物質乱用，6. 余暇・娯楽，7. 人格・行動，8. 態度・志向の5つの領域が再犯に有意な影響を与えていないというのは，予想外の結果であった。本来，1.2.1 で説明したように，これらの領域は再犯リスク要因としてある程度確定的な知見とされていたはずである。一体これはどうしたわけだろうか。もちろん，これら有意にならなかった領域も含めて8領域を足し合わせた合計得点は，再犯に有意な影響を与えていることが確認できたので，その合計得点によって再犯リスクの程度を測定できることは先に検証したとおりである。しかし，今回の分析で有意にならなかった5つの領域はこれまで欧米の研究で再犯のリスク要因として確定的な地位を得ていたのではなかったか。今回の分析結果から言えることとしては，動的リスク要因の影響はどちらかと言えば弱いものであり，再犯に与える影響の強さは確定的というよりは，不安定な面がある可能性があるということである。RNR 原則に代表される現代リスクアセスメント論，処遇論は犯罪者処遇・教育における金字塔であり，それを支える実証的な根拠も多数提出されている。それにもかかわらず，今回の分析のような結果が得られたことは，動的リスクの議論には若干の危うさや不安定さが含まれていることを示している。もちろん，これは RNR 原則を始めとする現代リスクアセスメント論を有効と認めた上での話ではあるが，この点については次章の論考で再度，考えてみることとしたい。

Topic 6　リスクアセスメントツールは必要か？

　ここまで本書を読んでいただいた方には，このトピックのタイトルを見て違和感を覚えられたかもしれない。本書ではこれまでエビデンスに基づいた再犯防止処遇を行う上でリスクアセスメントツールが重要であることを一貫して説明してきたわけであるから。もちろん，答えは「必要である」ということになるのだが，現場で犯罪者の改善更生にかかわっている実務家の方から時折いただく質問でもあるので，あえてトピックとして取り上げた。

　筆者は学会や研修会等で YLS/CMI を実務家の方々に紹介する機会をしばしば持つ。このツールを紹介しながら RNR モデルの説明をするという形式で研修を行うことが多い。我が国で非行少年向けのリスク・ニーズ・アセスメントツールで他に紹介できるものがないという事情があり，また，YLS/CMI は現時点でも十分な実用性を発揮すると考えているからでもある。そうした時に，実務家の方からしばしば挙げられる疑問として，

- ツールの使い道がそもそもよくわからない
- ベテランの職員であれば，ツールに載っているような項目の内容はツールを使わなくても，アセスメントの際には考慮していることばかりなので不要ではないか
- 非行臨床業務に新たに就くことになった新人臨床家の教育用としては実用的ではあるが，ベテランが使う意味がわからない

といったものがある。YLS/CMI のようなツールを現場で百戦錬磨の実務経験を踏んだベテラン職員が使うメリットとは一体どこにあるのであろうか？

　まず 1 つには，対象となる非行少年の，いわゆる非行性，犯罪性が高い，低いといったことを他者に説明する際に，説明がしやすくなるということが挙げられる。経験を積んだ非行臨床の専門家であれば，非行性の低い少年をアセスメントする際に「この少年は非行性は進んでいない。施設まで入れて教育する必要はない」「この少年は犯罪性が強いので少年院等の施設に入れて教育することが必要だろう」などと，自分なりに了解することはそれほど難易度の高いことではないだろう。その際に，「どうしてそのように考えたのですか？」と聞かれた時に，YLS/CMI のリスク要因を挙げ，それらの事項に該当する，しないといった説明をすることで，その理由を相手方に伝えることが容易になるというわけである。そうして，そのように伝えた内容については，実証的な根拠が背景にあり，さらには再犯の可能性の程度についても言及することができるというメリットもある。ベテラン職員が使用してもツールの実用性は高いのである。

また，ツールを使用する2つ目のメリットとして，対象となる非行少年の再非行可能性を考える時に，あまり再犯に関係のない要素に着目しすぎたり，過去の経験等に引きずられたりして，再非行リスクを過大評価，過小評価することを防止するための情報として使うことができる。例えば，自信の乏しさ，自己イメージの悪さといった性格傾向，不安や抑うつといった情緒面の問題などは，再非行の予測にはそれほど寄与しないことが知られている（Andrews & Bonta, 2010）。再犯に関連の薄い要因を再非行予測の根拠として用い，予測をミスリードしてしまうことをリスクアセスメントツールは防止できる。

　以上を端的に言い換えれば，リスクアセスメントツールを用いることで，再犯リスクという観点から客観的，理論的に妥当な見立てを対象となる非行少年について得ることが可能になるということである。少年鑑別所における非行少年の鑑別，家庭裁判所における非行少年の社会調査を例に取れば，受け持っているケースについて，事案の軽重，鑑別判定や審判決定の妥当性，引き受け環境の良否，少年の資質面，非行性など多面的な情報を比較衡量しながら判断することを迫られるが，そうした中でリスクアセスメントツールが提供する情報は客観性を担保するという重要な意義を持つ。ある研修会で家庭裁判所調査官からいただいた感想が筆者はとても印象に残っている。それは「試験観察をしていたら，再非行をした少年がいて，あとで思い立ってツールにチェックをしてみたら，ほとんどの項目にチェックがついていて改めて再非行可能性が高かったのだなと実感した」といった感想である。もちろん，実務において再非行の可能性が高くても，試験観察に付する場合は少なからずあると思われるが，そうした時にツールを使うことで，再犯リスクの高さという情報自体は客観的に把握，認識する視点を確保できるのである。

　昨今は，我が国の少年鑑別所では法務省式ケースアセスメントツール（MJCA）の導入が始まり，リスクアセスメントツールが現場の実務に浸透しつつある。ツールが身近にある環境がさほど違和感のない時代が来ている。筆者が少年鑑別所で働き始めた20世紀の終わりの頃には，もちろんこうしたツールは職場にはなかった。その点で筆者はいわばオールドタイプの非行臨床家であった。一方で，新しく少年鑑別所で働き始める次の世代の非行臨床家は施設に着任した時，既にツールが現場に用意されているニュータイプである。そうしたニュータイプの臨床家が多数を占めていくようになれば，ツールに対する疑問の声が我が国で聞かれたのは過渡期の話として語られるようになるかもしれない。そう遠くない将来に。

第5章
課題についての論考及び少年保護法制への示唆

　ここまでで実施した再犯分析は，リスクアセスメントが犯罪者を処遇していく上で必須であるという前提に基づき，我が国の非行少年について科学的根拠に基づくリスクアセスメントを行うことを目的として，リスクアセスメントツールである YLS/CMI の日本語版を作成し，その妥当性について実証的な検討を加えたものであった。

　このうち第4章では，5つの課題を設定し第3章で日本語版を作成したリスクアセスメントツールを用いて非行少年のリスク得点を測定し，追跡調査を実施して検討を行った。本章ではこの5つの課題について論考を行う。特にリスクアセスメントツールが我が国の少年保護法制の中でどのような意味を持ち，そして今後，我が国でどのように活用していくことができるのかに焦点を当てて論じていく。先にも述べたようにリスクアセスメントは主として欧米で発展してきたため，我が国の少年保護法制の枠組みの中でこうした話題に言及した論考はこれまでほとんど見られない。21世紀になって初めて我が国に導入されたリスクアセスメントが，我が国の刑事政策においてどのように位置づけられ，展開できるかを検討する意義は小さくないと考える。

5.1　非行性の検証について

5.1.1　審判決定と再犯リスク

　課題1では非行性の検証として，<u>再犯リスクの高い者ほど家庭裁判所の審判決定で重い処分を受けている（仮説1）</u>という仮説を検討した。この課題は審判決定毎の合計得点の違いを分析することによって検討された。その結果，社会内処遇である保護観察よりも施設内処遇である少年院送致の合計得点が高いことから，重い処分を受けた非行少年ほど合計得点が高いことが示された。以

上から審判で重い処分を受けた非行少年ほど再犯リスクが高いという仮説1は支持された。この結果は、家庭裁判所の審判決定を外的基準としたYLS/CMIの基準関連妥当性が確認されたことを示している。また、再犯リスクが家庭裁判所の審判決定において重要な要素になっていることが明らかになったとも言える。そして、再犯リスクが家庭裁判所の審判決定に大きな影響を与えていることは、少年審判において対象者の社会的危険性に関する評価が少なからず考慮されていることを示している。再犯リスクが高い、すなわち、そのまま社会内に戻った場合に再び犯罪に及び、被害者を増やしてしまう可能性が高いと考えられる者に対して、施設収容という身柄拘束を伴うより重い処分が選択されやすくなっていることになる。

5.1.2　非行事実及び要保護性との関連

合計得点と審判決定の間には強い関連が示されたが、家庭裁判所の審判決定が決められる際に検討される内容と合計得点が測定しているものは、もちろん完全に同一なものではない。合計得点は、対象となる非行少年の再犯リスクを測定しているが、一方、家庭裁判所の審判決定は、もちろん再犯リスクのみによって決められるわけではない。審判決定に際して考慮される要因は犯罪、触法及びぐ犯のいずれかに該当する事実（以下、「非行事実」という）と要保護性の2つとされる。

要保護性は、現在、法律学上の通説では犯罪的危険性、矯正可能性、保護相当性の3つの概念を含むとされる（裁判所職員総合研修所, 2012）。

・犯罪的危険性は、累非行性とも呼ばれる再犯の可能性を示す概念である。
・矯正可能性は、保護処分による矯正教育を施すことによってその犯罪的危険性を除去できる見込みないし可能性を示す概念である。
・保護相当性は、保護処分による保護が当該少年に対して最も有効適切な処遇であるかどうかその程度を示す概念である。

以下に非行事実と要保護性の3つの要素とYLS/CMI合計得点との関係について検討する。

非行事実とYLS/CMI

非行事実は裁判官によって認定されるものであり、その認定は裁判官が非行

事実の存否や認定に至るまでの手続き上の問題などを検討する法的調査の一環とも言える。非行事実の認定は，保護的教育的な処遇を行う前提となるので，適切な処遇決定のために必要であるとともに，少年の人権保障，少年審判手続きに対する一般市民の信頼確保のためにも重要とされる（廣瀬, 2002）。このような審判手続きにおける事実認定の機能には YLS/CMI は寄与するところがほとんどない。もとより YLS/CMI は実際の事件の内容をアセスメントするものではない。

　ただし，認定された非行事実の内容が YLS/CMI の査定に影響を与えることはある。YLS/CMI は非行少年が行った事案の内容については，原則として査定の対象とはしていないが，人格・行動領域には身体的な攻撃性を評定する項目があり，もしも事件の内容が暴行，傷害事件であればこの項目は「該当あり」と評定される。この例では，非行少年の事件場面での行動が YLS/CMI を用いた査定に反映されることになる。この場合は非行少年の再犯リスクを高める要因となる行動傾向を査定するために非行事実を参照しているわけであり，非行事実そのものの有する犯情，性質が YLS/CMI の査定に直接影響を与えているわけではない。例えば，殺人のような重大事案を犯した非行少年であっても，その非行事実があることそれ自体で合計得点が高く評価されることはない。重大事件を犯した非行少年を YLS/CMI によって査定した場合にそれほど合計得点が高くならず，さらには低リスクであると判断されることも十分に考えられる。これまでにさほどの非行歴もなく，家庭的にも目立った負因がなく，不良仲間との関わりもないような少年が，突発的に殺人事件を起こしたケースでは，事案の重大性は著しいものの，再犯リスクは低いと査定されるであろう。そして，いくら再犯リスクが低かろうが，殺人という重大な事案を犯せば，少年法第20条第2項「故意の犯罪行為により被害者を死亡させた罪の事件であつて，その罪を犯すとき16歳以上の少年に係るものについては，同項の決定をしなければならない」の規定により，原則として検察官送致の処分決定，すなわち成人同様の刑事事件手続きに移行させる決定がなされる。

　さて，このように少年の起こした犯罪事件の内容が重大であっても，YLS/CMI では低リスクという査定結果になる場合があることから，YLS/CMI から導かれる処遇意見と非行臨床実務家（裁判所の職員や少年鑑別所の職員など）

の処遇に関する最終的な意見には相違が生じることがある。しかし，そのこと自体は問題となるものではない。なぜならばYLS/CMIが査定しているものは，あくまでも再犯リスクであり，事案の重大性などの犯情を勘案した判断とは別のものだからである。重大な事件を犯したことと，その非行少年が再び犯罪を行うかどうかは異なる問題である[1]。YLS/CMIは，不安定な家庭環境のもとで反社会的態度を形成し，不良仲間との交遊を深め，学校や職場を放棄し，時として違法薬物の使用に手を染めていくといった過程を経て，非行の深度を深めていくような非行少年を再犯リスクが高いと査定する。こうした非行の積み重ねによって非行深度を深めていく過程を経ないまま重大事件を起こした場合に，再犯リスクそのものは低いと判断されることは何ら不思議ではない。YLS/CMIは非行事実が軽微であるか，あるいは重大であるかには影響されることなく，再犯リスクを測定しているのである。

犯罪的危険性とYLS/CMI

YLS/CMIは再犯リスクの査定を行うために構成されているので，その合計得点は理論的には犯罪的危険性（累非行性）のみを査定していることになる（図5-1）。このようにYLS/CMIが査定しているのは審判決定の際に考慮される要因の内の一部分であるにもかかわらず，合計得点が審判決定と強い関連を

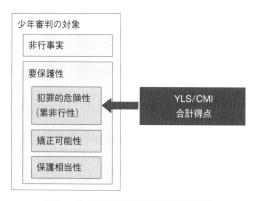

図5-1 少年審判の対象と合計得点の関係

---

1) 読者の中には起こした事件の内容が重大であれば，再犯をしやすくなるといった考えを持たれている方もいるかもしれないが，実際にはそうではない。第1章の表1-1を見ると刑務所を出所した受刑者では殺人の再犯率は8.7%，窃盗の再犯率は46.1%である。

持つことが示されたことは，審判における意思決定のプロセスにおいて，犯罪的危険性（累非行性）が重要な要因として評価されていることを意味している。さらに，少年審判における犯罪的危険性（累非行性）の評価には YLS/CMI が測定している 8 つの領域が重要な要素になっていると考えられる。このような一致が起こる要因として，少年審判で最終的な意思決定を行うのは裁判官であるが，意思決定プロセスにおいては家庭裁判所の調査官による社会調査や少年鑑別所の法務技官による鑑別という非行臨床の専門家によって，当該非行少年に対する詳細な分析が行われ，審判結果に影響を及ぼしていることが指摘できる。すなわち，審判決定と合計得点の関連の背景には，非行臨床に関わっている実務家が判断に用いている情報が YLS/CMI によって査定される内容と強く関連していることが推測されるということである。仮説 1 が検証されたことは，YLS/CMI がこれまで非行臨床の実務において非行少年を査定する際に実務家が処遇選択において有用な情報として捉えてきた内容を含んでいること，そうした情報が実際に少年審判での意思決定に影響を与えるものであることが確認されたとも言える。

矯正可能性と YLS/CMI

次に，矯正可能性と YLS/CMI の関係について考察する。矯正可能性は，保護処分による矯正教育を施すことによってその犯罪的危険性を除去できる見込みないし可能性を示す概念である。YLS/CMI の 8 領域の内，2. 家庭状況・養育，3. 教育・雇用，4. 仲間関係，5. 物質乱用，6. 余暇・娯楽，7. 人格・行動，8. 態度・志向の 7 領域は後から処遇・教育によって変えることのできる動的リスク要因である。したがって，この 7 領域は非行少年の矯正可能な領域を示しているわけであるから，非行少年の矯正可能性に関わる議論と密接に結びついている部分と言える。

先にも述べたように少年審判における矯正可能性は，少年保護事件手続きの範囲内で矯正教育によって非行少年が更生し得る可能性を示す概念である。犯罪性が特に強く，少年院における矯正教育ではもはや犯罪性を除去することが困難と考えられれば，矯正可能性は極めて乏しいと判断され，成人の刑事事件手続きに移行することが相当となる。少年審判の実務においては，「やくざの世界にどっぷりとつかっているような犯罪性の強い者で個別的教育によっても

改善の見込みのない者などは,矯正効果が期待できないと判断されるといった見解がある」(裁判所職員総合研修所, 2012)。また,少年院に3度,4度と繰り返し入り,矯正教育を受けてもなお再犯をしてきた場合には,少年院における矯正教育による改善更生はもはや限界に来ているとも考えられよう。

その一方で,YLS/CMIを用いたリスクアセスメントでは合計得点が高くなっても,それがそのまま処遇による改善が不可能であることを意味するわけではない。前述の「やくざの世界にとっぷりとつかっているような犯罪性の高い者」であっても,その者がどういった犯因論的リスク要因を持っているかに関する情報をYLS/CMIは提供する。そして,その犯因論的リスク要因に含まれる動的リスク要因を改善していけば,再犯の可能性を低減させることも可能という理解になる。YLS/CMIは少年の矯正が可能な資質面と環境面のリストを提示しているのであるから,矯正が不可能であるという考え方とは相容れない。それゆえ,YLS/CMIは矯正可能性の判断,つまり刑事事件手続きに移行するかどうかという判断に資する情報は基本的には提供しないことになる。

ただし,課題3の分析では,再犯率が100%となった8名が高リスク群として抽出された。そして,このような非行少年は資質面と環境面ともに問題性が大きく,矯正教育による改善が困難であることが示された。もちろん,こうした対象者についても,犯因論的リスク要因を低減させることで更生させることが理論的には可能と考えられるが,現状の矯正処遇の技術の限界から,このように合計得点が著しく高い少数の者については,実質的には矯正可能性が乏しいという判断材料をYLS/CMIは提供しているとも言える。合計得点が高いからといって矯正可能性がないという判断を安易に下すべきではないが,本研究で抽出された高リスク群に該当するような非行少年については,矯正可能性の乏しさに関する実証的な資料を提供しているとも言える。なお,YLS/CMIの合計得点及び領域得点は変化のターゲットとすべき領域に関する情報は提供するものの,そのターゲットをどのような処遇によって変化させるべきか,あるいは変化させることができるのかといった情報は基本的には提供していない(リスク原則に基づく提供すべき処遇密度の判断にはもちろん有益であるが)。どのような処遇を行うことによって再犯率を低減させることができるのかは,個々の処遇に関する効果検証を逐一行っていくことで知見を積み重ねていかな

いとわからないことである。

保護相当性と YLS/CMI

最後に保護相当性と YLS/CMI の関係について考察する。保護相当性は，保護処分による保護が当該少年に対して最も有効適切な処遇であるかどうか，その程度を示す概念である。この保護相当性は犯罪事実の軽重やその社会的影響を少年審判の決定に影響させることを理論的に正当化するものである（澤登, 2011）。犯罪的危険性（累非行性）が少なく，保護処分によって改善可能と認められる（矯正可能性がある）場合であっても，非行少年が犯した事案が重大である時には，保護相当性は低いことになる。すなわち，この場合には，社会全般の応報感情等に照らして刑事事件手続きによって刑罰を科す必要性があると判断される。例えば，殺人，放火，強盗，強姦といった重大な犯罪の場合には，保護処分をするよりもむしろ刑事責任を問い，その罪責を明らかにすることが社会の法感情や被害感情にかない，少年自身にとって最も有効な保護手段であると考えられる場合がある（裁判所職員総合研修所, 2012）。この視点については，YLS/CMI は特段の情報を提供しないと考えられる。なぜならば，YLS/CMI は再犯に結びつく非行少年自身の資質面と環境面を査定するものであって，当該少年の事件について社会的な法感情や応報観念を査定しているわけではないからである。非行少年が犯した事件を社会的に見て刑事事件として取り扱う必要があるかどうかに関する査定を行っていない以上，YLS/CMI は保護相当性の判断には寄与しないと考えられる。以上の考察を表 5-1 にまとめた。

表 5-1 少年審判の対象と YLS/CMI の尺度得点の関係

少年審判の対象	YLS/CMI の尺度得点との関係
非行事実	非行事実の内容については原則，査定していない。特に，事案の軽重は考慮せずに再犯リスクは査定される。
犯罪的危険性（累非行性）	YLS/CMI が査定しているものと一致する。
矯正可能性	YLS/CMI は非行少年の矯正可能な資質面と環境面の領域を示す一方で，少年保護事件手続きの範囲内で矯正が可能かどうかの査定は行っていない。 なお，一部の高リスク群に属する非行少年については予測される再犯率の高さから，現在の処遇技術では改善更生が困難という情報を提供する。
保護相当性	YLS/CMI は保護相当性について査定していない。

Topic 7 再犯リスクに特化した査定の持つ意義

　少年院では収容された非行少年の再犯を防止するために綿密で系統的な働きかけが行われる。しかし，残念ながらこうした働きかけをしても再犯を防げない場合も当然ある。もとより犯罪者の再犯を100%防ぐことは不可能である[2]。

　さて，少年院の中での処遇内変化を捉えようと企図し，リスリスクアセスメントツールを用いて在所中の非行少年の再犯リスクの変化を評価することを考えてみよう。そうした評価を行った際には，少年院に入院した当初と，まもなく出院するという時点とを比べて，リスクを示す合計得点にほとんど変化が認められない事例も時として出てくると思われる。少年院での矯正教育によって再犯リスクがあまり減らなかったことが確認される事例である。そうした時にリスクの得点が変わらないという結果は，非行臨床家として受け入れがたいかもしれない。もちろん，リスクアセスメントツールの評定は淡々と行うより他ないわけであるが。

　リスクアセスメントツールを使った査定の強みは，再犯リスクという観点から，客観的に，そして評定者自身の心情とは独立して対象者を評価できるところにある。実際には少年院に送致された非行少年が，その在院期間に様々な働きかけを受ける中で何の変化も見られない，ということはまずないと思われる。処遇を受けた非行少年には，何かしらの変化が見られるはずである。ただし，再犯リスクの変化には結びつかない変化しか見られなかった，ということをリスクアセスメントツールが示す場合があるということである。

　先に，少年審判における意思決定を取り扱った話題で事案の重大性と再犯リスクは基本的に別個のものである旨を説明した。リスクアセスメントツールは再犯に結びつく部分での対象者の状態と，再犯に結びつかない部分での対象者の状態を切り分けてくれる，というところに大きな利点がある。リスクアセスメントツールを用いないアセスメントでは，この切り分けを一人の評価者の主観の中で行わなければならなくなるが，それはかなり困難を伴う作業なのではないか。例えば，ここで挙げた少年院処遇における非行少年の変化の話であれば，「変化している部分もあるし，そうでない部分もあるし……」などと心の中で逡巡してしまうかもしれない。再犯リスクという客観

---

2) もし，人の犯罪行動を100%止めることができるのであれば，世の中から犯罪が一切なくなることになる。デュルケムを引くまでもなく社会から全ての犯罪が消失することは不可能である。警察も刑務所も，刑事裁判も一切必要のない社会というものは想像できないだろう。

的な情報を提供するリスクアセスメントツールの意義は大きいのである。もちろん，その情報を用いて必要とされる何らかの最終的な判断をするのは人であることも確かであるが。

5.2 再犯とリスク段階の関係について

5.2.1 予測的妥当性について

課題2では，YLS/CMIにおいてより高いリスク群と判定された非行少年ほど再犯に及ぶ確率が高い（仮説2）という仮説を検証した。YLS/CMI原版で使用されている閾値による群分けでは，低リスク群，中リスク群，高リスク群の順に再犯率が高くなっていることが示された。加えて，Coxの比例ハザードモデルによる分析では合計得点が再犯に有意な影響を与えていることが示され，仮説2は支持された。この結果は，YLS/CMIを用いることで統計的な根拠を持って再犯を予測できることを意味している。

先に述べたように少年審判では要保護性を構成する一つの要素として犯罪的危険性（累非行性），すなわち，再犯リスクを査定することが重要とされる。Andrews et al. (2006) が第1世代リスクアセスメントと呼ぶ方法は，臨床家が非構造的な面接や心理テストを経験的に解釈して再犯リスクを査定するやり方であった。我が国では少年鑑別所における鑑別や家庭裁判所における社会調査等が長らくこの第1世代の方法で行われてきたが[3]，欧米の研究では，この方法は主観的で統計的な根拠に基づいた査定の仕方と比べて予測的妥当性が低いことが指摘されている（Grove et al., 2000）。

本研究で予測的妥当性が確認されたYLS/CMIを非行少年のリスクアセスメント実務に用いることによって，第1世代より正確で，実証的な根拠をもった再犯リスクの査定が可能となるであろう。再犯リスクの程度は，先に述べたように犯罪者の社会的危険性に結びつく事項であり，その査定に当たってはより妥当性の担保された方法を採用することが望ましいと考えられる。この点から

---

[3] 少年鑑別所における鑑別は，2013年4月に法務省式ケースアセスメントツール（MJCA）と呼ばれるリスク・ニーズ・アセスメントツールが導入されたことをもって第3世代へと移行した。

少年審判に資する情報として YLS/CMI のようなリスクアセスメントツールを利用した査定を取り入れていく意義は大きい。

5.2.2 再犯リスクとリスク原則

　犯罪者の再犯リスクの正確な査定は，処遇によって犯罪者の更生を支援し，再犯を防止するために重要である。Andrews & Bonta（2010）のリスク原則では，犯罪者処遇においては，再犯リスクの高い犯罪者には高密度処遇を，低い犯罪者には低密度処遇を行わねばならないとされる。低リスク者には社会内資源を活用した軽度の介入を，高リスク者には集中的な治療プログラムを施行するというものであり，この原則を守らないと処遇効果が無効，さらには逆効果となることがあるとされる。その理由として，低リスクの犯罪者を高リスクの犯罪者に接触させることで悪風感染を起こす可能性があること，制限の厳しい集中治療プログラムに配置されることで低リスクの犯罪者を低リスクたらしめている遵法的態度や社会資源を破壊してしまう恐れがあること，処遇における集団編成において，心理的諸機能は低いがリスクも低い犯罪者が抜け目のない高リスクの捕食者的な犯罪者に牛耳られ，本来の治療効果が妨げられてしまうことが指摘されている（Lowenkamp & Latessa, 2004）。

　したがって，犯罪者の再犯防止に向けた処遇を行う際には再犯リスクを正確に査定し，再犯リスクの程度に応じた処遇選択を行うことが必須となる。そして，再犯リスクについては，臨床家の非構造化面接及び心理テスト等を用いた査定よりも，実証的な根拠を持つリスクアセスメントツールを用いた査定の方がより正確であることは先に述べた。課題 2 の検討において，YLS/CMI が我が国の少年鑑別所に収容された非行少年の再犯可能性を有意に予測したことは，こうしたツールを用いて再犯リスクの査定を行うことに対し，科学的根拠を与えたと言える。リスク原則の観点から YLS/CMI を非行臨床の現場で使用することは，臨床家にとって有益な情報をもたらすと考えられる。

5.3 より正確なリスク段階の設定について

5.3.1 抽出されたリスク段階の意義

　課題3では，邦訳したYLS/CMIが我が国の非行少年の実態により即したものになるよう，合計得点によって，原版の群分けよりも精度の高い再犯予測を可能にする群分けが可能かどうかを検討した。その結果，原版の群分けとは異なって，再犯率が5％の最低リスク群，16％の低リスク群，34％の中リスク群，100％の高リスク群の4つの群が見出された。

　YLS/CMIの原版でも4つのリスク段階が設定されていたが，この基準に従うと，最高リスク段階に区分される非行少年が今回の調査対象者の中には存在しなかった。このことはYLS/CMIの原版でHoge & Andrews（2002）が設定した閾値が日本の非行少年には十分に対応できていないことを意味している[4]。今回，我が国の非行少年サンプルから抽出された新しい4つのリスク段階には，いずれの区分にも非行少年が割り付けられており，また，それらの間には再犯率について有意な違いが認められていることから，この課題3の分析によって日本の非行少年により対応した閾値を得ることができたと考えられる。この閾値を用いることで，少年審判に関わる専門家はYLS/CMI合計得点をもとに，自分が担当する非行少年がどの程度の再犯リスクを有しているかを容易に判断することが可能となる。すなわち，非行少年の審判決定等の処分に係る意見を決めるに当たって，非行少年の社会的危険性の程度及び再犯防止に必要とされる処遇の密度に関する実証的根拠のある資料として活用できると考えられる。

5.3.2 各リスク段階の非行少年像

　今回新たに得られたYLS/CMIの各リスク段階に該当する非行少年は，どのような性質を有する非行少年なのであろうか。以下にその臨床像について考え

---

[4] YLS/CMIの原版で最高リスク群に属する非行少年が今回の我が国のサンプルに見られなかったことは，比較文化的な見地からは興味深い。絶対的な非行の程度といったものが存在するとすれば，カナダの非行少年の方が我が国の非行少年よりも非行の程度が高いのではないかといった想像もできる。もちろん，こういったことを明言するにはサンプリングの問題を解決する必要があり，今回のデータから得られた結果のみからではその支えは不十分である。

てみることにする。

最低リスク群

この群に属する非行少年は合計得点が相当に低いことから静的リスク要因も動的リスク要因もほとんど有していない非行少年である。犯罪へと方向づけるような要因がほとんどなく，再犯率も 5％と低いことからいわば偶発的な，あるいは機会的な状況要因に大きく依存して犯罪が引き起こされ，その結果，少年鑑別所に入所してきた群ではないかと推察される。

低リスク群

この群に該当する非行少年は最低リスク群に比べて，家庭環境が不良である，非行仲間との接触が見られる，不良文化の価値観や行動様式にやや親和してきている等の傾向が多少とも顕在化してきていることがうかがわれる。しかしながら，全体の再犯率が 34％であるのに比べて低リスク群の再犯率は 16％と低い水準にあることから，著しい資質面の偏りや積極的に社会に背を向けていく姿勢はそれほど強くない非行少年であると考えられる。例えば，思春期の不良文化への短期的な感染を背景に，一過性的に逸脱を起こした非行少年がこの群に該当しているのではないかと推察される。

中リスク群

34％の再犯率となった群であるが，これは今回，調査対象となった非行少年全体の再犯率にほぼ等しいことから，少年鑑別所に入所してくる非行少年としては標準的なリスクの高さを持つ群と言えよう。中リスク群の臨床像としては不安定な家庭環境や不良仲間との結びつき等の問題，反社会的な物事の考え方や行動傾向といったものが少なからず認められ，今後の再犯については楽観的に捉えることの許されない状態にあると考えられる。

高リスク群

再犯率が 100％となった群である。高リスク群に属する非行少年に想定される臨床像は，家庭環境の問題が大きく，過去の非行歴も多く，不良文化との接触に伴い資質面の偏りが大きく，罪悪感に欠けるといった反社会的傾向が顕著な者である。YLS/CMI の 8 領域の多くに該当していることから，こうした非行少年の再犯リスクが高いことは臨床的にも了解できよう。ただし，この群に該当する非行少年は 8 名しかいなかった。こういった高リスクの非行少年はそ

もそもあまり数が多くないということが推察されるが，この群の再犯リスクについての妥当性を高めるためには今後，サンプルサイズを増やして再検討する必要がある。

5.4 施設内処遇の効果検証について

5.4.1 全対象者を用いた処遇効果検証

　課題4では社会内処遇群と施設内処遇群[5]について再犯率を比較し，施設内処遇の効果を検討した。最初に施設内送致群と社会内処遇群の再犯率を比較したところ両群の再犯率には違いが見られなかった。この結果は，施設に送致しても，しなくても再犯率が変わらないということであるから一見すると施設内処遇の再犯防止効果を否定しているように見える。

　しかしながら，社会内処遇である保護観察よりも施設内処遇となった対象者の方がYLS/CMIの合計得点は高い。選択バイアスによって施設内処遇群の対象者は社会内処遇群の対象者と比べてもともと再犯リスクが高くなっている。よって，もしも施設内での処遇が効果を持たなければ，施設内処遇群の再犯率は社会内処遇群よりも高くなったはずであり，分析で両群の再犯率に差が認められなかったということは，施設内処遇群の再犯率は処遇によって引き下げられていると考えることもできる。処遇効果の検証を行う際に処遇群と非処遇群への対象者の割付を各群に含まれる対象者の性質が均一になるように配慮しないと正確な効果検証ができないという現象は選択バイアスと呼ばれる（Shadish, Cook, & Campbell, 2002）。今回の分析で得られた施設内処遇群と社会内処遇群の再犯率に差が認められないという結果は選択バイアスによって生じていると解釈できる（選択バイアスについては6.2.3で解説する）。

5.4.2 リスク群ごとの処遇効果検証

　対象者を合計得点によって最低リスク，低リスク，中リスク，高リスクの4

　5）施設内処遇群は，少年院と児童自立支援施設による処遇を意味しているが，先にも述べたように児童自立支援施設に送致されたサンプルは非常に少ない（2名）ことから，ここでの施設内処遇群の効果は少年院処遇の効果と考えてほとんど差し支えはない。

群に分け，それぞれの群において施設内処遇が行われた非行少年と社会内処遇が行われた非行少年の再犯率の比較を行ったところ，中リスク群においてのみ施設内処遇群の方が社会内処遇群よりも有意に再犯率が低下しており，その他の群である最低リスク，低リスク，高リスクの3群では施設内処遇群と社会内処遇群の再犯率に有意な差が認められなかった。群内の再犯リスクがほぼ均質になるように群を構成した上で，施設内処遇群と社会内処遇群とを比較したわけであるから，この分析は上述の選択バイアスを回避した上での結果と考えられる。したがって，中リスク群においては社会内処遇を行うよりも施設内で処遇を行った方がより再犯を防止する効果が実際にあったと結論づけることができる。

　それ以外の群では施設内処遇による再犯防止の効果が見られなかったが，その理由としては以下に示すようなことが考えられる。まず，最低リスク群，低リスク群は，もともと再犯リスクが低いので，施設内での処遇によって，そこからさらに再犯リスクを下げることは難しかったと考えられる。Andrews & Bonta（2010）のリスク原則によれば，再犯リスクの低い犯罪者には低密度の処遇を行うことが必要であり，これを逸脱して再犯リスクの低い犯罪者に高密度の処遇を実施しても効果がないか，あるいは逆効果になるとされている。少年院処遇は施設に24時間収容して集中的な教育を行うものであるから高密度処遇に該当しており，この高密度処遇を最低リスク群，低リスク群という再犯リスクの低い犯罪者に実施したために，再犯率に関する処遇効果が生じなかったと考えられる。先にも述べたように，家庭裁判所の審判決定において少年院に送致するかどうかの判断は，単に再犯リスクの高低のみによるものではなく，事案の内容等を考慮して行われる。このため，今回の分析結果に見られたように，再犯リスクの低い者が少年院に送致され高密度処遇を受けるといったことはしばしば生じ得るが，こうした措置は再犯率を引き下げる効果という観点からはあまり意味を持たないことになる。

　一方，高リスク群において施設内処遇が社会内処遇と比較して再犯防止効果を示さなかったことは，高密度の少年院処遇によっても再犯を防止することができないほど対象者の再犯リスクが高かったのではないかと思われる。ただし，高リスク群に振り分けられた対象者は389名中8名と人数がかなり少なかっ

ために，統計的に施設内処遇の効果を確認できなかった可能性もある。いずれにしても，彼らは現代の処遇では更生困難な犯罪者であることは間違いないであろう。こうした対象者に焦点を当てた処遇技法の開発と効果検証によるエビデンスの蓄積は，我が国の刑事政策において今後の重要な課題の一つになると考えられる。

5.5 各領域が再犯に与える影響の分析について

5.5.1 8つの領域得点が個別に再犯に与える影響

課題5ではYLS/CMIの8つの各領域得点が再犯に与える影響について分析した。入所時年齢と8つの領域得点を一括投入して分析した結果では（モデル1），再犯に対する入所時年齢の負の効果，1.非行歴，2.家庭状況・養育，3.教育・雇用は正の効果が有意であり，4.仲間関係，5.物質乱用，6.余暇・娯楽，7.人格・行動，8.態度・志向の5領域は再犯に有意な影響を与えていなかった。この結果がどのような示唆を与えるか以下で見ていこう。

犯罪学上の確立された知見として，年齢と犯罪には強い関連があるとされており（Gottfredson & Hirschi, 1990），我が国の少年鑑別所に入所した非行少年のサンプルでも入所時年齢が低いほどその後の再犯率が高いことが確認されている（森・花田, 2007）。年齢が低いうちに少年鑑別所に入所してくる者は非行性が進んでいるということは実際の臨床現場で働く実務家の感覚としても了解できる。本研究において年齢が低い者ほど再犯リスクが高いという結果はこれまでの犯罪学上の知見と合致したものと言える。

一方，1.非行歴，2.家庭状況・養育，3.教育・雇用が再犯の促進要因として働いていることは，Andrews & Bonta（2010）の知見と合致するものの，4.仲間関係，5.物質乱用，6.余暇・娯楽，7.人格・行動，8.態度・志向の5つの領域得点が再犯に有意な影響を与えていなかった点は，意外な結果であった。このような結果となったことについては，静的リスク要因である1.非行歴がこの分析において同時に投入されていたことが影響を与えていた可能性も考えられる。非行歴は，犯罪学研究において再犯に影響を持つ強力な要因であることがわかっているので，それが動的リスク要因の効果をマスキングした可能性があった

からである。そこで，モデル3では1.非行歴を除き，入所時年齢と動的リスク要因である2.家庭状況・養育，3.教育・雇用，4.仲間関係，5.物質乱用，6.余暇・娯楽，7.人格・行動，8.態度・志向を投入した分析を行った。しかし，結果は変わらなかった。4.仲間関係，5.物質乱用，6.余暇・娯楽，7.人格・行動，8.態度・志向の5領域は再犯に有意な影響を与えなかった。このことは，これらの動的リスク要因の働きが本質的に弱いことを示唆している。

　これら5領域は，犯因論的リスク要因として欧米の研究では再犯に影響を与える要因とされてきた。しかし，本研究結果はその見解と背馳することになった。その理由として以下の2点が考えられる。第1に，YLS/CMIの合計得点は再犯に有意な影響を与えていたことから，各領域が単独で再犯に与える影響は小さいが，それらを合わせるなら一定の予測力が生まれるということが考えられる。5領域の動的リスク要因が再犯に影響を与えることが欧米の研究によって確認されていることを考えれば，これらの項目をリスクアセスメントツールに組み込んで我が国の非行少年を査定していくことには一定の妥当性があると考えられる。第2に，本研究のサンプルサイズは389名であり，再犯研究の規模としては十分に大きいとは言えない。このために，個別領域の予測力が低かったのであって，サンプルを追加することによってこれを改善できる可能性もあると考えられる。

5.5.2　静的リスク要因が再犯に与える影響

　入所時年齢と静的リスク要因である領域1.非行歴を投入した分析では（モデル2），入所時年齢の負の効果，1.非行歴の正の効果が有意となった。このモデルは動的リスク要因を含まないものであるから，リスクアセスメントツールとしては第2世代のモデルになっている。今回，研究に用いたYLS/CMIは動的リスク要因を含んだ第3世代リスクアセスメントツールであるから，モデル2は第2世代の部分だけを取り出して構成したモデルと言うことができる。YLS/CMIの動的リスク要因には，実際に非行少年と面接をして資質面についてある程度詳細な調査を行わないと評定が難しい内容も含まれている。したがって，書類上の資料しかない場合など，限られた情報によって再犯リスクを査定しなければならない際には，静的リスク要因のみを調べることで，対象者の

再犯リスクを見積もることが必要になる状況も出てくるであろう。今回の分析では静的である入所時年齢，1.非行歴のどちらも再犯に有意な影響を与えていたことが確認されたことから，YLS/CMIから静的な要因のみを取り出して再犯リスクを査定する手法を開発していくことも可能であることが示唆されている。もちろん，処遇領域の選定を行うためには，静的リスク要因と動的リスク要因の両方を査定することが必要ではある。

5.5.3 当てはまりの良いモデルの探索

全領域の得点を投入し，変数増加法によって当てはまりの良いモデルを探索した分析では（モデル4），入所時年齢の負の効果，1.非行歴，2.家庭状況・養育，3.教育・雇用の正の効果が有意となった。AIC（赤池情報量基準）による評価では，このモデル4が最も当てはまりが良いことが示された。このモデル4で探索された独立変数の組み合わせは，モデル1で有意にならなかった4.仲間関係，5.物質乱用，6.余暇・娯楽，7.人格・行動，8.態度・志向の5つの領域が除去されたモデルになっており，変数選択の結果は他のモデルによる分析結果と整合性のあるものだった。

このモデルから除去された5領域は有意な再犯予測力が本研究では確認されなかったが，上で述べたように先行研究の知見からは，これらが再犯予測において効果を持つという論拠はある（Andrews & Bonta, 2010）。また，犯罪者を更生させるために目指すべき目標を定めるという観点からすると，この5領域の必要性は否定できない。全領域得点を合わせた合計得点が有意に再犯に影響を与えていることを考えれば，今後もリスクアセスメントツールにはこれらの領域を含めておく必要があると思われる。

Topic 8　リスクアセスメントツールにおける動的リスク要因

　繰り返しになるが，第4章の分析で仲間関係，物質乱用，余暇・娯楽，人格・行動，態度・志向という，従前の研究では再犯のリスクファクターとして確立されたと言っても過言ではない5つの領域得点が再犯に有意な影響を与えていなかったことは，意外な結果であった。これについては，本論でも論考を行ったが，ここではより自由なやり方でこの問題を論じてみたい。自由に論じる分，必ずしも実証的ではない観点からの論考が含まれる点は了解願いたい。

　以前，英国の非行少年向けリスクアセスメントツールであるAssetの開発者と話す機会を得た。その際，リスクアセスメントツールに含まれている項目では，全ての項目が有意に再犯に影響を与えるわけではないが，それらの項目を合計した得点が有意に再犯に影響を与えることが確認できるので，リスクアセスメントツール全体としては妥当性を持つのだ，という旨のことを述べていた。今回，筆者が行った第4章の分析では，先に挙げたような個々の領域得点では再犯に有意な影響を持たないが，全体の合計得点の中に含まれた結果，その合計得点が再犯に有意な影響を与えているので，この見解に従えば，ツール全体としては妥当性を持つことになる。

　さて，ツールの妥当性を担保するという点では，そうした理屈を採用すればよいだろうが，一方では，再犯に有意な影響を持たないような項目をリスクアセスメントールに盛り込んでいることになる。その点にどんな意味があるのだろう。同じく当時のAsset開発者の見解では，現場で使用する際に実質的に意味のあるリスクアセスメントツールを構成する際には，非行少年への手当てを全体的に，綿密に行うために再犯に有意な結びつきを有しないような項目もツールに盛り込む必要があるとのことであった。例えば，非行少年がいじめの被害を受けているからといって，そのことは必ずしも再犯を促進しないかもしれない。しかし，処遇の対象となる非行少年が現在誰からいじめを受けているのであれば，そこにはやはり何らかの介入をしていかなければならないであろう。もっとも，このように考えていくと実際に介入の必要性があるという理由で，再犯に影響を与えることが実証的に確認されていない項目でも，次々とリスクアセスメントツールに含まれていくことにもなりかねない。かといって，再犯に影響を与えない項目をリスクアセスメントツールに含めない，という厳密な縛りを設けた場合には，ツールを構成する上での制約が増大する。そのように考えたからかどうかはわからないが，英国でAssetの改良版として現在運用が開始されているAsset plusでは，再

犯リスクのアセスメントは静的リスク要因のみで構成された第 2 世代リスクアセスメントツールを用い（第 2 章で紹介した OGRS スケールの少年版を用いるとのことである），その他の要因については再犯との有意な結びつきの有無を検討しないという方針で作成されているそうである。これは英国において示されたリスクアセスメントの一つの方向性なのであろうが，背景には，リスクアセスメントツールに含まれるべきと思われる項目を採用しようとした際に，再犯との有意な関係を確認できないという事情がもしかしたらあったのかもしれない。

2016 年にニューオリンズで行われたアメリカ犯罪学会（American Society of Criminology）の年次大会では，動的リスク要因を含んだリスク・ニーズ・アセスメントツールである COMPAS（2.3.2 で紹介した）と静的リスク要因のみで構成された第 2 世代のリスクアセスメントツールで，どちらが再犯を正確に予測するかを検証した研究が発表されていた。その時の発表では，COMPAS と比べて静的リスク要因のみで構成されたリスクアセスメントツールの方が再犯の予測力が高いという結果になっていた。この結果も意外に思えるものである。動的リスク要因がツールに加わることで，かえって誤差を加えてしまうことになるのだろうか。数年前のことであるが，1980 年代に法務総合研究所で再犯予測研究を行っていたある研究官にお話をうかがう機会があったのだが，当時，法務総合研究所では静的リスク要因を用いて再犯予測の研究を行い一定の成果を上げたそうである。しかし，そこに動的リスク要因を加えて再犯予測性能の向上を図ろうと試みたところ，再犯の予測力が向上しなかったことから，動的リスク要因を再犯予測に用いる研究を中止したとのことであった。

このようにして見ていくと，動的リスク要因をリスクアセスメントツールに取り入れることには難しい問題が含まれていることがわかる。動的リスク要因を含めることの利点はどのように評価できるのだろうか。もちろん，これまでのメタアナリシスによって確認されてきた動的リスク要因の再犯への影響を軽視するわけにはいかないが，再犯に影響を及ぼさない要因を安易にツールに取り入れることには慎重を期す必要があるだろう（リスクアセスメント研究で著名な Robert Hoge 氏は，再犯に影響を与えている動的リスク要因をツールに取り入れていけば予測力は向上すると述べている。また，高名な犯罪学者である David Farrington 氏にお話をうかがった際には，再犯と有意な関連のない項目をリスクアセスメントツールに取り入れることは時間の無駄である，と明言していた）。

本書では詳しく取り扱わなかったが，従来の動的リスク要因に加えて，RNR

原則における反応性（responsivity）に係る要因，GLMなどに見られる長所の要因，犯罪行動を収束させる要因（desistance 要因），再犯を防止する保護的要因（protective factor），女性犯罪者特有のリスク要因（gender specific factor）といった要因をリスクアセスメントに取り入れる方向性が近年見られるようになってきた。もちろん，こうした研究が活発に行われるのは好ましいことである。RNR というリスク管理モデルからリスクアセスメントを次世代のものに発展させていくことは必要である。しかし，再犯に有意な影響を与えることを確認しないまま，安易に要因を再犯リスクの査定に持ち込むことは避けなければならない。こうしたことを行うと，エビデンスの検証をしなくてもよいという風潮に繋がりかねないからである。特に実証的な根拠に基づいたリスクアセスメントの開発が始まったばかりの段階にいる我が国においては，現在ほとんど行われていないと言っても過言ではない再犯に関する実証研究を活性化させ知見を積み重ねていくことが望まれる。

第6章
プログラム評価と効果検証

　少年院あるいは刑務所で新たに処遇プログラムを導入することを考えてみよう。もしも，自分が担当者としてこの立ち上げの仕事を任されたとしたら，一体，何処からどのように手をつければよいのだろうか。

- 被収容者にはどのようなニーズがあるのか。被収容者が抱える問題は様々であり（例えば，薬物，交友関係，暴力など），その中のどこに焦点を当てた処遇プログラムを行うのか。
- 処遇プログラムが目標としているのは具体的に何か。対象者にどういった変化が起これば，目標が達成されたと言えるのか。また，目標が達成されたか否かは，どのようにして確認すればよいのか。
- その処遇プログラムを行うことで目標を達成できるという見通しはあるのか。見通しがあるとしたら，どういった根拠もしくは理論に基づいているのか。
- どのくらいの人手で，どのくらいの期間，具体的にどのような内容の処遇プログラムを実施することが必要となるのか。
- その処遇プログラムは施設で実施されている既存の処遇プログラムと競合することはないのか。

　少し考えてみただけでも，こうした疑問が頭に浮かんでくる。処遇プログラム実施後には，以下のような問いも考えられよう。

- 処遇プログラムは当初計画されたとおりに実施されただろうか。実際に処遇プログラムを受講した対象者の属性は計画されたとおりであったか。投入したスタッフの人数や実施時間は，プログラムが機能するのに十分であったか。それらはどのようにして確認するのか。
- 処遇プログラムの目標が達成されたか否かは確認したか。確認する方法は適当であったか。もし目標が達成されなかったとしたら，どこに問題があ

ったのかを特定したか．
・投入した費用や労力に対して，処遇プログラムの効果は見合うものであったのか．

この章では，これまで見てきたリスクアセスメントの知識を踏まえて，効果的な処遇プログラムを立ち上げ，その評価を行っていく方法について論じることとしたい．ここでは，新たにプログラム評価という学問分野を紹介しながら解説を行っていくが，その理解には前章までで解説した知識が下支えになる．

なお，本章では処遇プログラムは少年院や刑務所で行われる矯正教育，矯正処遇を念頭に書かれており，用語にも「矯正」という言葉が頻繁に使われているが，再犯を防止するために行われる働きかけであれば特に矯正に限定するものではないので，内容は一般化して捉えていただいて結構である．家庭裁判所で非行少年向けに行われる再犯防止の働きかけである教育的措置（保護的措置）や，保護観察所で保護観察官によって行われる再犯防止処遇ももちろん対象となる．また，再犯防止から離れたものであっても，対象者に働きかけて生じた効果が問われるような課題，例えば各種機関で行われる発達障害への支援プログラムなどもプログラム評価の対象となる．

6.1 プログラム評価

6.1.1 プログラム評価とは

処遇プログラムの立ち上げから実施に当たっては，先に挙げた疑問を概観してもわかるように，考えなければならないことが相当にある．そして，先述の疑問はやや概念的な問いであるので，実際には処遇プログラムの実施に即したより具体的，操作的な評価を確立できるような手続きを考えていく必要も生じる．これらは少人数の職員で短期間にやろうとすると，とても手に負える仕事ではないことに気づくだろう．新しい処遇プログラムの立ち上げには，組織として相当の時間と労力を割いて取り組まなければならならない．

このように煩雑な処遇プログラムの立ち上げを，完全に白紙の状態から始め，全くの試行錯誤で実施していくのは，困難で労力がかかりすぎる．実はこうしたプログラムを企画，運営，評価するための枠組み・方法についての知見が集

積された「プログラム評価（program evaluation）」と呼ばれる学問領域が存在する。プログラム評価は，プログラムの評価者，運営管理者，実行者が政治的な環境の中で，社会プログラムの策定，実行，あるいは結果の評価のために，社会科学的な研究方法を利用したものと定義される（Smith, 1990）。

　プログラム評価は，犯罪者処遇に特化しているわけではなく，例えば，エイズ予防，自殺予防，少子化対策，各種雇用対策といったような社会プログラムを包括的に取り扱うものである。もちろん，犯罪者に対する処遇プログラムはこうした社会プログラムの一つに位置づけられるので，プログラム評価という学問領域で試行錯誤の結果，蓄積されてきた多くの知見を利用することが可能である。

　犯罪者に対する処遇プログラム以外で身近な例を挙げれば，職場で企画される職員研修も社会プログラムの一つであり，プログラム評価の対象にすることができる。職員研修の実施に当たって，どのような職員にどのようなニーズがあるか把握していたか，どのような理論と見通しがあって目標が達成されるかを吟味したか，職員研修が当初に考えたとおりに十分に機能していたか否か，目標が達成され意図していた改善が実際に見られたか否か等を検討することがその内容となる。

　本節ではプログラム評価について犯罪者を対象とした処遇プログラムへの適用という点から概説し，近年，犯罪者処遇の現場において頻繁に耳にするようになった処遇の効果検証について解説することとしたい。なお，我が国で犯罪者への処遇プログラムをプログラム評価の枠組みに沿って解説する試みを行うのは本書が初めてではない。例えば，津富（1999a; 1999b; 1999c）は，プログラム評価の矯正処遇への適用可能性について解説している。今から20年近くも前に，あたかも今日，我が国が抱えている犯罪者処遇プログラムに関する状況を見通しているかのような内容であり，その先見性には驚くばかりである。最近になって，法務省ではプログラム評価の枠組みを用いて少年院の処遇プログラムを構築する試みが行われつつあるとの話を聞くが，20年近く前に書かれたことに時代がようやく追い付いてきたという印象を受ける。

6.1.2 何のために評価するのか

　なぜ処遇プログラムを評価しなければならないのかを考えてみよう。もちろん，何かの公共的な社会活動に対して何の評価もしないということが適当でないのは自明であろう。対象とする事柄が何なのかよくわからないまま，とりあえず何でもいいから社会プログラムをやってみて，やっている最中もやった後もその活動が何を意味しているかを振り返ることなく，どんな効果があったのかも明確にしないまま放置する，というのではさすがにまずい。

　エビデンスに基づいて処遇プログラムの効果を実証的に確認することの重要性は第1章で述べたが，ここではもう少し掘り下げて考えてみる。評価が行われる目的には，プログラムの改良，説明責任（アカウンタビリティ），知識生成の3つが主としてある（Rossi, Lipsey, & Freeman, 2004）。

- プログラムの改良には，不具合や改善点を見つけて，処遇プログラムをより効果的に機能させるという目的がある。例えば，評価の結果，処遇プログラムの対象者に配られた教材の内容が難しすぎて対象となる非行少年が十分に理解できていない，といったことが判明した場合には，教材の内容をより平易なものに改良する必要があるとわかる。
- 説明責任（アカウンタビリティ）は，予算を投入して実施される処遇プログラムがどの程度，効果的，効率的に運営されているのかを公に説明するという目的である。公共のプログラムに対するこうした要請は，昨今強まってきている。
- 知識生成は，実際に行われた処遇プログラムを評価していく過程で，今後の処遇プログラムの在り方に貢献するような知見を得るという目的である。薬物犯の受刑者に対して特定の薬物プログラムを実施したところ，出所後の再犯率を低下させることができたという知見が得られれば，今後，同様の薬物プログラムを拡大して実施していくことの有用性が担保できることになる。その際に行った，処遇プログラムにおける対象者を選定する方法や実施の仕方，評価の仕方に関して得られた知見は今後も有効に活用できる。

　なお，この他に評価は，それをすることで資金提供者に好印象を与える目的で行われたり，裏でプログラムを終結したり運営者を解雇したりすることが決定されており，それに対して合理的な根拠を与える目的で行われたりすること

がある（Rossi et al., 2004）。生じている問題の解決や予算等の確保を目的としてプログラム実施の終結を先延ばししようとしたり，特定の者や組織が責任回避をしようとしたり，体裁を整えるためや広報のために評価が行われたりすることもある（Weiss, 1997）。昨今の社会情勢ではプログラム実施後に何らかの効果検証が求められることになる。そうなるとプログラムを実施している組織の側に都合のよい結論となるような評価を求める動きが生じることは十分にあり得る。人や予算の確保が必要となる社会プログラムであれば，それらを確保する正当性を主張する目的から，評価が行われることがあるかもしれない。これらは評価の裏の目的（隠された評価課題），非明示的な目的などと呼ばれるが，少なくとも評価を開始しようとする人たちにとっての真の評価目的とはなり得ない。

　さて，那須・高橋・二ノ宮・前田（2012）は，矯正処遇におけるプログラム評価を「処遇プログラムの計画，背景理論，実施状況，再犯・再非行防止に対する効果等を評価し，プログラムをより効果的なものに改善・発展させていく，包括的で体系的な探究活動」と定義している。この定義はここで述べた評価の目的におおむね合致したものとなっており，妥当と言えよう。

6.1.3　プログラム評価の各階層

　この章の冒頭で処遇プログラムの立ち上げの際に生じる問いを列挙したが，単に思いつくままに問いを立てるだけでは，プログラム評価をどこからどのように行えばよいのか理解することが難しい。そこで，こうした評価に関する問いを幾つかのカテゴリーに分類し，それらの組み合わせによって評価の手順が進行していくと考えることで，評価のやり方をより容易に認識したり，理解したりできるようになる。このような評価の手続きについて，図 6-1 に示したプログラム評価階層と呼ばれる構造が Rossi et al.（2004）によって提案されている。そこでは評価とは順に積み上がっていく階層構造を持つ建造ブロックのようなものと考えられる。この構造では，評価階層でその下に位置するアセスメントから満足な結果が得られていることが必ず前提となる。各段階の内容は後述するとして，この評価階層に拠れば，ニーズのアセスメントが十分にできていることが，デザインと理論のアセスメントの前提となり，それら 2 つのアセ

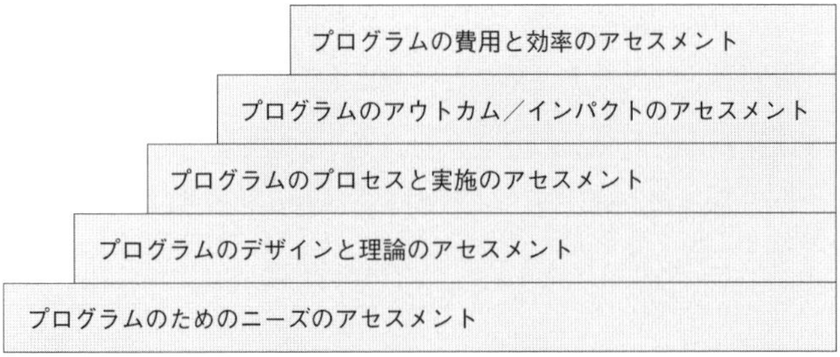

```
┌─────────────────────────────────────────┐
│   プログラムの費用と効率のアセスメント    │
│  ┌──────────────────────────────────────┤
│  │ プログラムのアウトカム／インパクトのアセスメント │
│  │  ┌───────────────────────────────────┤
│  │  │ プログラムのプロセスと実施のアセスメント │
│  │  │  ┌────────────────────────────────┤
│  │  │  │ プログラムのデザインと理論のアセスメント │
│  │  │  │  ┌─────────────────────────────┤
│  │  │  │  │ プログラムのためのニーズのアセスメント │
└──┴──┴──┴──┴─────────────────────────────┘
```

図 6-1　プログラム評価の階層（Rossi et al., 2004 から引用）

スメントを前提としてプロセスと実施のアセスメントが行われる。さらに，それらのアセスメントがなされた上でアウトカム／インパクトのアセスメントが意義を持つことになる。親亀の背中に子亀を乗せて，そのまた背中に孫亀を乗せて，親亀がこけると皆こけるという構造である。確かに，最初の段階である，被収容者のニーズの把握を十分に行わないまま，理論を立て，処遇を実施し，どんな効果があったかを検証しようとしても，どこに拠り所があるのかわからない砂上の楼閣を築くようなものだろう。以下で，このプログラム評価階層に沿って矯正処遇プログラムを組み立てることを考えてみる。

ニーズのアセスメント

これはプログラムが扱おうとしている社会的状況やプログラムのニーズに関する問いに回答する，あるいは新しいプログラムが必要かどうかを判断するための取り組みである（Rossi et al., 2004）。処遇プログラムの企画，立案段階で行われるものであり，どこにどのようなニーズがどのくらいあるのか，それらは介入が可能なものであるか否か等を検討する。例えば，一口に被収容者のニーズと言っても，薬物への嗜癖，粗暴傾向といったものから，医療的な措置，出所後の就労支援，住環境の確保など様々なターゲットが考えられるので，取り扱うニーズを明確に定め，そのニーズを持つ被収容者がどの程度存在しているかを把握する必要がある。

プログラムのデザインと理論のアセスメント

ここでは特定されたニーズに即し，それについて効果的な改善をもたらす見込みがあり，現実に実施可能な処遇プログラムが何であるかを検討し，内容を定め，実施後に評価が可能な目標を設定する。図 6-2 は，二ノ宮・高橋・那

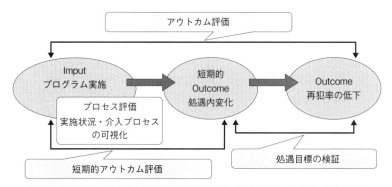

図 6-2　矯正処遇プログラムにおける評価の枠組み（二ノ宮・髙橋・那須・前田, 2012）

須・前田（2012）が示した矯正処遇プログラムにおける評価の枠組みである。ここでインプット（input）は，プログラムに直接的に関わってくる人的，物（質）的，経済（財政）的・組織的・社会的資源を指し，アウトカム（outcome）は，活動によって生じた参加者及び対象者への影響のことを言う（安田・渡辺, 2008）。処遇プログラムの実施に人と物，時間を投入し（インプット），その結果，対象者に何らかの意図した変化（アウトカム）が起こるという因果の図式である。

　ここではどのような理論的枠組みに基づいて処遇プログラムが機能し，目標となる改善に到達するかを前もって吟味しておくことが重要である。効果があるかどうかの根拠について考えないままとりあえず処遇プログラムを実施してはいけない。例えば，非行少年を対象として海岸でゴミ拾いをするという社会奉仕活動に参加させる処遇プログラムを考えた場合に，一体その処遇プログラムを行うことで参加した非行少年にどのような変化が起こるのを期待しているのか（アウトカム），ゴミ拾いに参加させることで期待した変化が生じるという理論的な根拠や科学的な根拠はあるのか，といったことを事前に十分に吟味する必要がある。どのようなメカニズムで処遇が効果を発揮するかについて見通しを立てて処遇プログラムを計画しておき，次の次のステップとなるアウトカム／インパクトのアセスメントでその効果を実証的に確認するのである。なお，プログラムにおける要素が連鎖して機能していく論理をチャートで図示したものをロジックモデル（logic model）と呼ぶが，ロジックモデルは処遇プロ

グラムの立ち上げや一連の評価の手続きをわかりやすく把握するのに有効である（図6-2もロジックモデルの一種である）。なお、現在の我が国の犯罪者処遇について公に作成され公表されているロジックモデルはない（法務省内で作成されているという話はきかれる）。ロジックモデルに関する詳細は安田・渡辺（2008）を参照願いたい。

プロセスと実施のアセスメント

　プロセス評価は、処遇の対象者に対して提供された処遇プログラムが、意図された通りの内容で実施されていたか否かを判断する評価である。プロセス評価は進行中の（処遇）プログラム内部で何が進行しているかを明らかにするものであり、（処遇プログラムへの）参加者登録数、提供される活動、取られた行動、職員の作業、参加者行動などに焦点を当てる（Weiss, 1997）。

　実際に処遇プログラムの実施を始めると、施設収容となっている対象者の人員は流動的なものであるから、当初にニーズを把握して定めた対象者が確保できないかもしれないし、あるいは、大幅に人数が増えてしまうかもしれない。また、施設の事情によって処遇プログラムに当初定められた人数の職員を配置できないことがあるかもしれない。さらに、複数の施設で一斉に同一の処遇プログラムを実施する際には、意図せずして施設間で大きく異なった内容の処遇が行われてしまうかもしれない。犯罪者の更生に携わる少年院、刑務所、保護観察所、家庭裁判所といった機関は全国各地に複数の施設が置かれているので、意思統一を図って均質な処遇・教育を対象者に実施することは難しいのではないだろうか。もちろん、統一された手引きや手順書等を整備して、それに沿って処遇プログラムを実施する等の手続きを踏むことになるのだろうが、各現場施設には施設固有の事情があって、標準的な手順通りにプログラムを実施できないことがあるかもしれない。

　また、各現場施設にはそれぞれ処遇プログラムを実施する担当者がいるわけだが、各担当者がそれまでに受けてきた教育や職務経験、臨床経験等のバックグラウンドは様々で、そうした差異は処遇プログラムの実施内容に影響を与えるであろう。担当者が自身の臨床経験等を背景にして、良かれと思って自分なりの創意工夫で処遇プログラムを改良（改変）していくうちに、そのプログラムがもともとの標準的な手続きから逸脱していく可能性もある。その結果、各

地に点在する施設ごとに処遇プログラムの実施内容にいわば方言のような差異が生じていくかもしれない。前段階のプログラムのデザインと理論のアセスメントで，実施すべき処遇の内容と，どういったメカニズムで処遇効果に達するかについての見通しを立てたということで，後は処遇プログラムを実施して効果を確認すればよい，と思われるかもしれない。しかし，当初に計画されたとおりに何の問題もなくスムーズに処遇プログラムが実施されるかというと，実際にはそうでないことの方が多い。処遇プログラムを実施する現場では，当初想定されていなかった様々な制約が存在していると考えるのが妥当である。そもそも時間的，人員的，予算的に万全な形で処遇プログラムがスタートするということはまずないであろう。また，処遇プログラムの内容について計画を立てた者と，実際に実施する者が別人であることの方が多いであろうから，実際に実施されている処遇プログラムが当初に設定した内容と乖離していく場合も少なくないと思われる。

　よって，処遇プログラムの内容，実施回数及び実施時間等が当初意図したとおりに行われているかどうかを確認しなければならない。これらは元のプログラムへの忠実度 (fidelity) という概念で検討される[1]。処遇プログラムが遂行されているプロセスをモニタリングすることは必須であり，事前にどのような形でこのモニタリングを実施するか検討しておかなければならない。実際に処遇プログラムの実施が適切に行われたか否か，処遇プログラムは十分に機能していたか否か，そのプロセスについての検討が行われないと，もし期待された効果が処遇プログラムから得られなかった場合に，処遇プログラムの実施の仕方に問題があったのか，処遇プログラムが効果を生むという理論そのものに問題があったのか，後でわからなくなってしまう（ブラックボックス化と呼ばれる）。また，プロセス評価を行うことによって，当初計画された通りのやり方では，職員配置の数が十分ではないことがわかる時もあるだろうし，処遇プログラムの内容が対象者にとって理解の難しいものであることに気づくかもしれな

---

[1] 標準的な処遇プログラムの実施を維持，管理していくには統一した研修の機会を設けるなどの労力を払う必要も出てくる。一方で，処遇プログラム担当者の一挙手一投足を逐一ビデオカメラで監視して，標準化されたプログラムからの逸脱がないかどうかを管理するといったやり方を取れば，労力もかかるし，処遇現場に必要以上の緊張を強いることにもなろう。

い。こうした気づきは現行の処遇プログラムの改良だけでなく，今後新たに実施される処遇プログラムを支える知見として役立てられる。

なお，プログラムの開発や改良を目的として行われる評価を形成的評価（formative evaluation）と呼び，一方，プログラム実施後に当該プログラム実施を拡大するか否か，継続するか否か，終了するか否かなど意思決定に資する目的で行われる評価を総括的評価（summative evaluation）と呼ぶ（Scriven, 1991）。この2種類の評価区分は一見すると，それぞれプロセス評価，アウトカム評価に対応しているように思われるが，意味するところは異なっているので留意されたい。プロセス評価，アウトカム評価は，評価の目的とは関係なく，どの段階を対象とするかに依っている。形成的評価にはアウトカムの情報も有益である（Weiss, 1997）。

アウトカム／インパクトのアセスメント

アウトカム評価とは，（処遇）プログラムの効果がどれだけあったかなどを査定し，その評価を行うものである（安田・渡辺, 2008）。単純にプログラムを評価する，効果を検証するといった言葉を使う時には，この段階のことを想定している場合が多いのではないだろうか。実際にはプログラム評価は先に示したように連綿と続く複数の段階にわたる総体的な評価の機構であり，そうした全体の見通しがないまま短絡的に目先の実利にとらわれた効果のみを検証すると混乱を招くことになるだろう。

さて，矯正処遇におけるプログラム評価では，図6-2に示したように処遇プログラムを実施したことによる処遇施設内での対象者の変化を短期的（即時的）アウトカム[2]（immediate outcomes）と呼ぶ（二ノ宮・高橋・那須・前田, 2012）。そして，長期的アウトカム（long-term outcomes）を対象者が社会に戻った後の再犯とし，この短期的（即時的）−長期的アウトカムを指標としてプログラムの効果を検証できる枠組みを考える。処遇プログラムを実施したことによる変化を施設内において質問紙尺度等を用いて測定することで，この処遇プ

---

[2] Rossi et al.（2004）は，プログラムによって生じる変化のプロセスの結果，期待される改善状態が現れるという因果関係を仮定することをプログラムインパクト理論と呼んでいる。インパクトはこの理論によって説明されるアウトカムである。プログラムインパクト理論では，アウトカムは近位（即時的）アウトカム（proximal（immediate）outcomes）と遠位（最終的）アウトカム（distal（ultimate）outcomes）に分けられる。

ログラムが対象者の内面にどういった変化をもたらしたかを把握することができる。その後，対象者が社会に戻った際に，その処遇内で生じた変化が再犯を抑制する方向に働いているかどうかを検討するわけである。例えば，薬物プログラムの実施によって，対処スキルが向上したか否か（短期的（即時的）アウトカム）を検討し，その後の再犯が防止できたか否か（長期的アウトカム）を検討するといった手続きが考えられる。

　この処遇プログラムの効果を検証する部分では，数量的なデータが収集され，種々の統計的な分析テクニックが用いられる。それについては後述するが，この効果の分析で一つ重要なことは，どのような形で効果検証を実施するかを，予めプログラムのデザインと理論のアセスメントのところで想定し，検証を実施することを踏まえた上で処遇プログラムの実施方法を決めることが必要であるということである。効果検証をどのように実施するかについての想定がないままに，処遇プログラムを実施してしまい，処遇効果に関するデータは集まったものの，どのように分析すればよいのかわからなくなることは往々にして生じる。統計的なテクニックによって，収集された効果についてのデータが抱える不備や検証上で発生する不具合をある程度は修正することはできるものの，本質的に計画の段階で検証し得ない性質のデータしか集まらないようなプログラムの実施の仕方をしていた場合には，検証することができなくなる。例えば，処遇プログラムを実施した処遇群と，処遇プログラムを実施しなかった統制群（対照群）の2群を設定せずに，全員に処遇プログラムの実施を行ってしまった場合に，後になって両群の比較を試みることは本質的にはできないわけであるから，予めそうした群の設定が必要であることを念頭に置いて，処遇プログラムの実施法をデザインしておく必要がある。

費用と効率のアセスメント

　この評価は，資源は効率的に使われているか，便益の大きさに対する費用は妥当であるか，より少ない費用で同程度の便益を生み出せるのかといった疑問に応えるものである（Rossi et al., 2004）。

　例を挙げると，カナダで保護観察官を対象として犯罪者の社会内処遇充実のための特別研修プログラムを実施したところ，その研修プログラムを受講した保護観察官は受講しなかった保護観察官に比べて担当した犯罪者の再犯

率を 14.5% 低下させたそうである。この研修プログラムは STICS（Strategic Training Initiative in Community Supervision）と呼ばれている。保護観察対象者一人につき 1 日 10 ドル 61 セントの処遇コストがかかるところ，そのように再犯率を低下させることで保護観察の対象者を 1,486 人減少させることができるとすれば，年間で 575 万 4,757 ドル 90 セントが節約できることになる。こうしたことも考慮に入れて，この保護観察官への研修プログラムに 3 年間で 950 万ドルの予算を投入することになった（Bonta, 2012）。

　このような分析は対象者に対して臨床的にかかわる現場の実務家にとってはやや馴染みが薄いと思われるが，今後，公共のプログラムに対して一層の説明責任を果たすことが要求されるようになり，効果検証が活発化していくようになれば，費用対効果という視点に目を向ける必要が生じていくと予想される。

6.2　再犯防止に資するプログラム評価

6.2.1　プログラム理論の検討

　プログラム評価階層（図6-1）で下から2段目に位置しているプログラム理論のアセスメントを再犯防止処遇の文脈で実施する場合の留意点を述べる。長期的アウトカムの指標を再犯とした時に，どのような処遇プログラムを実施すれば再犯率を低下させることができるのか，予め見通しを持って策定することは容易ではない。再犯率が低下したか否かが判明するのは，処遇プログラムの実施時点から何年も経過した後のことである。

　再犯防止に効果的な処遇プログラムに関する代表的な理論的枠組にAndrews & Bonta（2010）の RNR 原則（Risk-Need-Responsivity principle）があることは第1章で解説した。リスク原則，ニード原則，反応性原則という主要な3つの原則は，処遇プログラムをデザインする際には，必ず考慮に入れる必要がある。リスク原則を例に取れば，再犯リスクの低い犯罪者に高密度の処遇を実施してはいけないし，逆に再犯リスクの高い犯罪者に低密度の処遇を実施しても再犯防止の効果は期待できない。社会内で再犯防止を企図して集団で社会奉仕活動を実施させる時には，集団の中に低リスクの犯罪者と高リスクの犯罪者を混合させないよう注意を払うことも必要となる（異なる再犯リスクを

持つ対象者に均一の処遇をしてしまうことになるのを防ぐため)。ニード原則では,再犯の防止を念頭に置いた処遇であれば,犯因論的ニーズ(再犯のリスクとなる要因)を取り扱うことが必要とされる。反応性原則では,対象者の知能,人格等の特性を考慮に入れたプログラム設計にしておくことが必要である。

実施しようとしている処遇プログラムが再犯率の低下に結びつくかどうかを予め査定できるツールがLatessa(2012)によって開発されている。これは矯正プログラムチェックリスト(Correctional Program Checklist: CPC)と呼ばれるもので,処遇プログラムがRNR原則に沿っているかに加えて,実施の形態に関する項目も含めてその処遇プログラムの再犯防止効果について予測するものとなっている。詳細は角田・森・髙橋・岡部(2012)を参照されたい。

さて,このように処遇プログラムが守るべき原則がどのようなものであるかが理解できたとしても,実際にある特定のニーズを対象にして対象者の再犯率を引き下げるには,具体的にどのような処遇プログラムを実施すればよいのかという疑問が残される。先行研究による科学的な知見の積み重ね,いわゆるエビデンスをもとにしてプログラム理論の検討を行っていく必要があるのだが,我が国ではこうした知見の積み重ねはほとんどない。犯罪者に何か特定の処遇プログラムを実施して再犯率が低下したか否かを検討することは,これまで我が国では全くと言ってよいほど行われてこなかった。そのため,我が国のデータを使用した分析では,どのような処遇プログラムを行えば再犯率が低下するのかよくわからないのである。今後,我が国における効果検証の分析を活発に行うようにして知見を積み重ねていくことが望まれるが[3],当面は海外で行われた処遇プログラムの効果検証研究等を参考にしてプログラム理論の検討を行っていくことになるであろう。他で得られたエビデンスを利用する「技術移転」の問題については津富(2010)が詳しく論じているので参照されたい。

6.2.2 アウトカム評価の検討

次に,プログラム評価階層(図6-1)で下から4段目に位置しているアウトカ

[3) 現在,法務省では効果検証班と呼ばれる処遇効果検証,統計分析の専門チームを少年矯正,成人矯正の双方に設置し,科学的手法に基づく分析を進めている。今後,我が国の矯正処遇プログラムを支えるエビデンスの蓄積が期待される。

ム／インパクトのアセスメントを矯正処遇の文脈で実施する場合の留意点を述べる。

処遇群と統制群（対照群）

処遇内変化を捉える短期的（即時的）アウトカム，再犯率が低下したか否かを問う長期的アウトカム，そのいずれの効果を検証するにしても分析上必要な事前のセッティングがある。それは，処遇プログラムを実施した処遇群と処遇プログラムを実施しなかった統制群（対照群）を設定して比較を行うということである。統制群（対照群）を設定しないと，処遇プログラム後に何らかの効果が確認されたとしても，そこで見られた効果が処遇プログラムを受けなくてもそのような効果が発生している可能性を排除できなくなる。例えば，性犯罪者に対する処遇効果を検証する場合には，性犯罪者処遇プログラムを受けた者と受けなかった者の出所後の再犯率を比較することでその効果を比較することが必要になる。犯罪者に対する処遇プログラムを実施する際に，プログラムに編入する条件を満たす対象者の全てに処遇を実施してしまうと統制群（対照群）がなくなってしまい，効果の検証ができなくなる。検証を行うまでは，その処遇プログラムが本当に再犯率を低下させているか否かはわからないし，もしかしたら再犯率を増やしている可能性もあるわけであるから，新たなプログラムを導入するといった時に，検証のステップを踏まずにいきなり全対象者に導入することは危険である。

比較対象となる群を設けないと，単に処遇を実施した群のみの再犯率のデータからは，その処遇に効果があったかどうかを検証することはできない。こうした考え方は，特に目新しいものではない。小学校の理科の授業で習うような

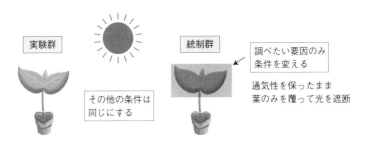

図6-3　実験群と統制群（対照群）を比較すること

考え方である（図6-3）。日光が植物の成長に必要であるか，言い換えると，日光が植物の成長に効果があるかを検証するためには，統制群（対照群）として日光を当てない植物を用意して，日光を当てた実験群との成長の違いを比べることが必要になる。その際に，日光を当てる，当てない以外の条件は実験群と統制群（対照群）とで等しくしておく必要がある。実験群にだけこっそりと水を多くやったり，養分を与えたりしてしまうと，仮に2つの群の成長に違いが見られても，何の効果だったのかわからなくなってしまう。この場合では，温度や湿度，土壌，比べる植物の個体差といった要因が複雑に絡んでくるので，実際に実験を行うのは難しいかもしれない。効果を検証するということは，実は綿密な計画を必要とする難しい作業なのである。

無作為化比較対照試験（Randomized Control Trial: RCT）

それでは対象者から処遇群と統制群（対照群）を構成することを考えてみよう。どのように構成すればよいだろうか。もっとも，正確な方法は，一度，対象者に処遇プログラムを実施して，成り行きを調査し再犯の有無を調べる。そして，もう一度，時間を巻き戻して同じ対象者に処遇プログラムを実施しないままにして釈放後の再犯の有無を調べるというやり方である。もちろん，このようなことは不可能である[4]。同一の対象者を処遇群と統制群（対照群）に同時に配置することは不可能であるから，処遇群と統制群（対照群）には別人を使うしかない。しかし，別人である以上，個々の対象者の年齢，犯罪性，家庭環境，性格特性，知能などは当然異なってしまうので単純な比較はできないことになる。

この問題を回避するためには処遇群と統制群（対照群）に無作為（ランダム）に割り付けるという方法を行えばよい（図6-4）。無作為（ランダム）に割り付けるとは，例えば出る目の確率が等しいサイコロを使って，偶数の目が出た場合には処遇群へ，奇数の目が出た場合には統制群（対照群）へ配置するということである。これが無作為化比較対照試験（Randomized Control Trial: RCT）

---

[4] 実際には起こらなかった潜在的な結果を仮想的に考えることから，このようなモデルは反実仮想モデル／アプローチ（counterfactural model／approach）と呼ばれることがある（星野，2009）。実際には実行不可能なセッティングであるが，こうした状況を考えて欠損値を含むデータセットという枠組みで統計モデルを構築していくことで，傾向スコア（propensity score）分析のような効果検証に有益な手法が開発されている。

図6-4　無作為化比較対照試験（Randomized Control Trial: RCT）

と呼ばれる手法である。ヘルスケア，教育，刑事司法，その他の公共政策領域において想定された変化を評価する最善の方法がRCTである（Torgerson & Torgerson, 2008）。RCTを使えば，処遇を受けたか否か以外は処遇群と統制群（対照群）で等質性を担保して処遇の効果検証を実施できる。再犯に影響を与える要因は，先にも述べたように複数ある。例えば，処遇を実施するグループに何らかの事情で家庭環境が良好な対象者が多く含まれていて，処遇を実施しないグループに家庭環境が悪い対象者が多く含まれていたとしよう（家庭環境が再犯リスクに影響を与えていることは第4章で示したとおりである）。この場合，たとえ処遇群の方が統制群（対照群）と比べて再犯率が低かったとしても，それが処遇プログラムの効果で再犯率が下がったものなのか，それとも家庭環境が悪い対象者が統制群（対照群）に多かったことで処遇群の再犯率が統制群（対照群）に比べて下がったのかがわからなくなる。こうした事態を防ぐために両方のグループで家庭環境の質は同じ程度の者たちが集まるようにするという対処を予め講じることが考えられる。しかし，再犯に影響を与える要因は家庭環境だけではない。このような検証したいと考えている要因以外にその結果（この場合は再犯）に影響を与えてしまう要因を交絡要因と呼ぶが，再犯を指標にとる場合にはこうした交絡要因（すなわち，犯因論的リスク要因）が他にも多くあるため，それら全てに目を配りながら，処遇を受けた，受けない以外の点で処遇群と統制群（対照群）の等質性を確保することはなかなか困難である。この問題はRCTを用いることで解消される。処遇群と統制群（対照群）へのグルーピングを無作為（ランダム）に割り付けるようにしておけば，処遇を受けたか，処遇を受けなかったか，以外のすべての要因は2つのグループでほぼ均一になる（RCTでは理論上，サンプルサイズを無限に取れば交絡要因の影響を完全に取り除くことができる）。再犯に影響を与える交絡要因のこと

を考えずに処遇群と統制群（対照群）の再犯率の差を比較することができるのである。片方の群に再犯と関連が強い要因（交絡要因）を持つ者が何らかの事情で多く含まれてしまい，処遇プログラムの純粋な効果がわからなくなる，といったことが起こらなくなる。また，RCTを用いればさらに強力なことに，現在は判明していない，いかなる未知の交絡要因についても，その影響を排除することが可能となる。

RCTは実験的手法（Experimental Designs）と呼ばれており，効果検証の強力な手法であるのだが，実際の効果検証で使われる機会は実は少ないようである。RCTを用いて無作為化を行う実験的な評価研究は，欧米においても評価研究の15％程度を占めているに過ぎないという資料もある（Weisburd, 2010）。RCTが利用されない主たる理由の一つに，無作為に処遇群と統制群（対照群）に割り付けることへの抵抗感が挙げられる。処遇が実施されている者がいるのに，統制群（対照群）に割り付けられてその処遇を受けられない者が出てくるのは倫理的に問題があるのではないかという意見もある（Marshall & Marshall, 2007）。しかしながら，効果があるのかどうか判明していない処遇プログラムをいきなり全ての被収容者を対象として実施することは問題ではないだろうか。処遇プログラムの中には，スケアード・ストレートのように実施すると再犯率を高めることが後の効果検証で判明したものもある（Lipsey, 2009）。効果検証をしないまま，一斉に処遇プログラムを実施することが内包している危険は是非とも認識しておく必要がある。

準実験（Quasi-Experimental Designs）

RCTという実験的手法が使えない場合には，次善の策として準実験（Quasi-Experimental Designs）と呼ばれる手法で効果検証を行う必要がある。犯罪者処遇効果検証の分野における準実験については高橋・森・角田・岡部（2012）が解説しているが，その中で代表的な手法であるマッチングと偶発コーホートの2つを以下で取り上げて説明する。

まず，マッチングによる比較であるが，RCTが行われない時に何が問題になるかというと，処遇群と統制群（対照群）の等質性が保証されなくなるということであった。ランダムに処遇群と統制群（対照群）に割り付けておけば，処遇を受けたか否か以外のあらゆる交絡要因について等質になるが，RCT以外

の手法ではそうはならない。そこで，既に再犯との関連が実証されている犯因論的リスク要因（これが交絡要因になっている）について，処遇群と統制群（対照群）で等質になるようグループを構成した上で再犯率の比較を行う。

具体的には，再犯に影響を与えることが知見として確立された年齢や過去の犯罪経歴等の要因について，処遇群と統制群（対照群）で同じになるようにうまくグループを構成して両群の等質性を担保するのである。ただし，原理的には未知の要因も含めてアウトカムに影響を与える全ての変数が統制されるわけではない点がRCTとは異なる（Weisburd, 2010）。再犯に影響を与える交絡要因については全てマッチングさせておく必要があるが，現在，それが再犯のリスク要因であると判明していないような要因であっても，予めマッチングさせなければならないというのは現実には対応は困難であろう（こうしたことを考慮しなくて済むという点で，RCTは大変優れた方法なのである）。また，交絡要因がある程度判明している場合でも，マッチングさせなければならない変数が多数ある場合には，全ての変数についてマッチングを行うことが困難になってくる。年齢や過去の非行歴，家庭環境，反社会的な性格・行動傾向など，マッチングさせなければいけない変数が多くなればなるほど，処遇群と統制群（対照群）で等質性を確保するためにはサンプルがたくさん必要になり，マッチングの実施が困難になってくる。こちらの問題については傾向スコア（propensity score）を用いたマッチングの手法が整備されたことで，現在は一定の対処が可能となっている。

次に，偶発コーホートによる比較について述べる。処遇群を作ることにはもともと困難はないだろう。処遇の効果を検証するのであれば，処遇群は自動的に発生する。問題はそれと比較する統制群（対照群）をどのように作るかである。偶発コーホートは，再犯に影響を与えそうな要因の有無とは関係なしに，たまたま処遇を受けなかった群のことであり，これが比較の対象となる統制群（対照群）になる。例えば，ある時点から新しく処遇プログラムを導入する場合には，それより以前はその処遇プログラムを受けていない者が存在しているわけであるから，そうした処遇を受けていない群を統制群（対照群）とすることが可能である。先に述べた刑務所における性犯罪者の処遇プログラム効果検証は，プログラム導入前と導入後の受刑者を非受講群と受講群にそれぞれ振り分

けて分析している。また，処遇プログラムの人員に限りがあるため受講できなかった者を比較対照群にすることも可能である。このような条件が整えば比較的容易に統制群（対照群）を作成できる。

ここで，注意しなければならない点は，再犯に関連があると考えられている要因が，処遇群と統制群（対照群）で差がないかどうかを確認しておく必要があるということである。偶発的に処遇を行っていない群があっても，実際に年齢や非行歴などの要因を処遇群と比較してみると，かなり異なる構成になっている場合がしばしばある。処遇対象を選ぶ際の選択でバイアスが生じたり，処遇群としてドロップアウトしていったものを除いてしまったりすることから，処遇群と統制群（対照群）の性質が異なってしまうのである。偶発的に処遇を受けていない対象者が存在しているからといって，安易に統制群（対照群）として取り扱うと検証に妥当性を欠く結果になることがある。

なお，準実験については，高橋・只野・星野（2016）が我が国の刑事政策に適用することを想定し，最近の欧米の知見を引用しながら詳細に論じている。特に傾向スコアを用いた処遇効果検証の手順について具体的な例を提示している。また，科学的厳密性の観点からRCTの重要性を指摘しながらも，その現場への適用における種々の問題についても解説しており，実務における効果検証の実施に興味をお持ちの方には一読をお勧めしたい。

6.2.3 効果検証の際に留意すべき各種のバイアス

関連する話題として効果検証を行う際に生じるバイアス（bias）[5]について，Shadish, Cook, & Campbell（2002）が示した検証の妥当性を脅かす各種の効果から幾つかを選んで説明する。

選択バイアス（Selection）

処遇プログラムに乗りやすい，あるいは処遇プログラムの実施に適当と思われるような良質の犯罪者を選別して実施することによって，効果にバイアスが

---

[5] バイアス（bias）とは，介入以外の，既知あるいは未知の変数が，観察された効果を引き起こしている可能性があることを表す用語である（Torgerson & Torgerson, 2008）。ここでの介入とは処遇プログラムのことであり，その実施以外の何らかの要因が効果に影響を与えてしまうということである。

生じてしまう。処遇プログラムの実施が可能な犯罪者はそもそも良好な資質を有しており，処遇プログラムに選ばれなかった群と比較すると，再犯率が低くなる。例えば，刑務所で高度な職業訓練プログラムの受講者に選ばれる受刑者は，もともと能力的に高く，意欲も高く，受刑態度が良好な者であり，その結果，再犯率が統制群（対照群）と比べて低くなる可能性がある。

選択バイアスが生じると，たとえ処遇群が統制群（対照群）と比べて再犯率が低くなっていたとしてもそれが処遇プログラムの効果かどうかが不明になってしまう。刑務所の受刑者に処遇プログラムを実施する際には，行状不良で，粗暴行為等で違反を繰り返し，懲罰を繰り返し受けているような対象者は，最初からプログラムの受講群からは省かれるだろう。さらに，そういった行状不良な対象者が統制群（対照群）に含まれることになれば，処遇効果以外のところで処遇群の再犯率が統制群（対照群）と比べて低くなる可能性が生じる。そうなると処遇の効果を不当に高く見積もることになってしまう。このバイアスはRCTを用いることで回避することが可能である。

ドロップアウト・バイアス（Attrition）

処遇プログラムを実施していると，途中で処遇プログラムに参加できなくなって，実施を打ち切らなければならない対象者がでてくる。例えば，意欲をなくして参加できなくなる，指導者に反発する，指導に従わない，途中で規律違反行為をして懲罰を受ける等といった場合が考えられよう。処遇プログラムを中途でドロップアウトする者は，やはり犯罪性や社会適応性の点で問題を抱えている場合が少なくない。そうした者が処遇群から取り除かれると，統制群（対照群）と比べた時の処遇群の再犯率が低くなるといった見せかけの効果が生まれてしまう。

また，ドロップアウト者を処遇プログラムが実施されなかったということで統制群（対照群）として扱う（すなわち統制群に加える）と統制群（対照群）の再犯率を上昇させる可能性がある。例えば，非行少年に対する社会内処遇として地域で清掃活動に従事させることを考えた時に，そもそもそうした活動に参加して最後までやり遂げる者たちは，途中で投げ出して活動に来なくなってしまう者と比べて，もともと良好な性質を持っている非行少年であることが予想され，単純に別に作った統制群（対照群）と比較すると処遇効果とは関係な

く再犯率が低くなるだろう。

　Shadish, Cook, & Campbell（2002）は以下のような興味深い例を挙げて，このバイアスを説明している。

　「薬物依存者を家族療法とディスカッション・グループの2つにランダムに割り付けて効果検証を行う時に，重篤な薬物依存者は，家族療法よりもディスカッション・グループの方で処遇を抜け出してドロップアウトしやすい傾向がある。もし，検証の結果，家族療法がディスカッション・グループよりも結果が良くないという結論になったとしても，それは異なるドロップアウトの影響が反映されただけである。重篤な薬物依存者が家族療法の群に留まっただけであるから。」

　こうした現象はしばしば起こるのではないだろうか。別の例で，学校教育でで授業についていけない生徒が，順次学年が上がるにつれて退学していけば，学年が上がるほど生徒の学力の平均は向上することになる。それは教育の効果と言えるのだろうか。

　ドロップアウトをした対象者たちは適切な統制群（対照群）とはなり得ない。そして，ドロップアウト者を処遇群から除外して行った分析は，見せかけの処遇効果を検出する結果を招く。このバイアスに対処するためには，ドロップアウト者を処遇群に含めて分析するというやり方が考えられるが，RCTでは解決しきれない面があるため，取り扱いに苦慮するところである。

成熟効果（Maturation）

　処遇プログラムを受講する，しないにかかわらず，一般的に人は歳月を経て自然に変化をしていくものである。年を経ることで成長し，洞察力が深まったり，精神的に強くなったり，何かをやり遂げようとする意思が湧いたりしてくるかもしれない。こうした変化と処遇プログラムを実施した効果を分離することは難しい。特に可塑性が高いとされる非行少年の場合には，時が来て成長したのか，処遇プログラムの効果なのかわからなくなる。少年院処遇，保護観察，試験観察といった各種の処遇を受けている間，時間はどんどん流れていき，その時間経過のみで少年が成長をしていくかもしれず，それは処遇を受講しなくても生じることかもしれない。古今東西を問わず多くの非行少年は16, 17歳ころをピークに非行を終息させていくことが知られており（Gottfredson &

Hirschi, 1990)，単に時が来て非行をやめている可能性もある。もちろん，その間の再犯を例えば社会からの隔離によって抑止することで，非行が終息する時期までやり過ごさせているのだとしたらそれはそれで再犯防止の効果と言ってもよいかもしれないが，処遇プログラムの効果と言ってよいのかどうか疑問ではある。

歴史効果（History）

処遇プログラムの始まりから，処遇プログラムが終了し，効果検証を行うまでの間に生じるあらゆる出来事が，効果検証に影響を与える。ある処遇プログラムを導入したとして，その施設ではその処遇プログラムだけを行っているわけではなく，その他の教育活動が並行して展開されているので，それらが効果検証の結果に影響を与えてしまう。ある少年院において内観療法[6]を取り入れたとしよう。その施設の処遇がすでにほぼ完成されており，どのような処遇を追加しようとも大きな効果がない時には，内観療法を受けた群と受けない群の再犯率には差がでないであろう（津富，1999b）。

バイアスの実例

以上のようなバイアスは，施設で処遇効果の検証を実施しようとすると容易に起こってしまう性質のものである。刑事施設で実施された性犯罪者処遇プログラムの効果検証[7]から実例を見てみよう。そこには選択バイアスやドロップアウトのバイアスが生じていることが見て取れる。この効果検証研究の詳細は6.3.2で取り上げるが，ここではバイアスの実例のみを指摘して解説する。

この効果検証研究では，性犯罪処遇プログラムを受けた受講群（処遇群）と受けなかった非受講群（統制群）を構成して，再犯率の比較検討を行っている。

---

6) 内観療法は，約50年前に吉本伊信氏が"身調べ"と呼ばれた自己洞察法をもとにして創始した日本発祥の心理療法である。その方法は，部屋の片隅に屏風を直角にたて，その畳半分の空間に1人で静座し，生まれてから現在までの自分を調べる。これまで自分の関わりの深かった人（母，父，兄弟姉妹，配偶者など）に対して過去の自分の行動や生活態度を，内観3項目（「お世話になったこと」「して返したこと」「ご迷惑をかけたこと」）やうそと盗みについて年代別に省みてもらう。患者自身が思いを巡らすことで，自己中心的な思考から他者から生かされているという発想の転回を主眼にしている（日本内観医学会 http://naikan-igaku.jp/page1.html）。内観は，我が国の少年院での矯正教育に取り入れられてきた経緯がある。

7) 法務省 「刑事施設における性犯罪者処遇プログラム受講者の再犯等に関する分析」（http://www.moj.go.jp/content/000105286.pdf）

ここで受講群(処遇群)と非受講群(統制群)のRAT得点[8]を比べてみると,
・受講群(処遇群)のRAT得点は平均3.9
・非受講群(統制群)のRAT得点は平均4.4
となっていた。つまり,非受講群(統制群)のRAT得点が高かったということは,非受講群の方が再犯に及ぶ可能性がもともと高かったということになる。おそらくは,施設内で問題行動を起こして処遇プログラムに載せられなかった受刑者が受講群(処遇群)に割り付けられず,さらに処遇プログラムの進行中に問題性の高い受刑者が受講群(処遇群)からドロップアウトしていくことでこのような群が構成されていったと予想される。よって,このまま両群の再犯率を単純に比較しても,処遇プログラムの効果を検証することができない。そのため,この分析では多変量回帰モデルを用いた共変量調整という準実験の手法を用いて処遇プログラムの効果を確認している。特に成人受刑者を対象とした効果検証では,処遇群に入所度数の少ない再犯リスクの低い受刑者が,統制群(対照群)には入所度数の多い再犯リスクの高い受刑者が割り付けられる傾向があり,効果検証の際にはこのようなバイアスの存在を念頭に置いて取り組む必要がある。

6.2.4 効果検証が含む政治的な意味

プログラムの効果があるか否かを検証することについて,ここまで述べてきたことは技術的,学問的な方面からの言及であった。一方,効果があるか否かを検証することは,実際には政治的な意味合いが含まれることも念頭においておく必要がある。どういった形であれ,1つの社会プログラムが実施されるということは,そこに人手,物,そして金銭(予算)が投入されていることを意味している。殊に,その社会プログラムが公的機関の施策として実施されるとすれば,その開始に当たってはその必要性,有益性といった事柄が主張され,それが認められて予算を獲得し,プログラムが実施されている。したがっ

---

8)「RAT」とは,Risk Assessment Toolの略であり,再犯可能性の大きさ,再犯した場合に被害者に与える損害の大きさ,再犯した場合に社会全体に与える影響の大きさ等から対象者のリスクを総合的に判断するもので,例えば,本人が若年であること,性犯罪の前歴があることなど,プログラムで変化させることができない要因(静的リスク要因)を確認するものである。

て，検証の結果，効果が認められなかったということになれば，その施策そのものが否定され，場合によっては責任を追求される立場の者が出てくることになる。また，効果がないとされた場合には，そのプログラムは打ち切りとなり，プログラムにかかわってきた者が職を失うなどの不利益を被る可能性もある。こうした中で，効果の有無を検証する立場にある者，ここではそれを評価者（evaluator）と呼ぶが，評価者は純粋に学問的，統計的な分析の結果に従うばかりではなく，場合によっては，政治的な圧力を被る可能性が生じる。特に大きな変化の必要性を示唆するような評価結果は，組織からの障害に直面することとなる。他方，組織が現在動こうとする方向を支持する結果は容易に取り上げられる（Weiss, 1997）。

　実際に，公的機関が新たにプログラムを企画，実施しようとする時には，当然，効果が期待できる，という主張のもとに予算を獲得しているであろう。そのため，プログラムの効果が認められなかった，という結果が評価者から報告された場合には，政策を決定した立場にある者としては，そうした結果は受け入れ難いものとなるだろう。有り体に言えば，「効果があったという結果を提出せよ」という有形，無形の圧力が評価者にかかるかもしれない[9]。予期せぬ実際的あるいは政治的な障害，プログラムの運営における変化，あるいは利害関係者の関心の移ろいによって，収集するデータのタイプ，量，あるいは質を修正すること，ことによると，それらの点について譲歩することさえ必要となるかもしれない（Rossi et al., 2004）。効果検証を行う評価者は，本来こうした政治的な側面と切り離されることはできないことを留意しておく必要がある。

---

[9] 2016年に開設されたバスターミナル「バスタ新宿（東京）」で緩和が期待されていた近隣の国道20号の渋滞が，平日の上りでは逆に悪化していたことが調査の結果明らかにされた。しかし，調査を実施した国土交通省・東京国道事務所は，「渋滞が緩和した」とする結果が得られた休日分のみを公表していた。同事務所は「都合が悪かったので平日分は公表しなかった」と説明している（産経ニュースから引用，「バスタ新宿」渋滞緩和のはずが悪化していた 「都合が悪いので」公表せず http://www.sankei.com/life/news/161005/lif1610050029-n1.html）。

　公共事業として行われたバスターミナルの設置によって，近隣道路の渋滞が解消されるという効果が期待されていたところ，調査で逆の結果が得られたことは国にとって都合の悪い検証結果であったのだろう。こうした調査結果を公表したくないという組織としての意図が働くことになったわけである。

6.3 犯罪者処遇における効果検証の実際

6.3.1 薬物プログラムによる対処スキルの変化と再犯との関連

ここでは，山本・森（2015）が行った刑務所で実施された薬物プログラムの評価研究について，その概要を見ていこう。ここで行われている効果検証は，後で触れるように実は大きな限界を抱えているのだが，我が国では数少ない検証の実例ということで紹介することにする。

薬物プログラムの内容

評価を行った処遇プログラムは，覚せい剤事犯の女子受刑者に対して行われたリラプス・プリベンションを基盤とする認知行動療法を用いたプログラムである。リラプス・プリベンションはリラプス（再発）を生じやすいハイリスク状況を同定し，認知的・行動的双方のコーピング方略を用いて，将来同様な状況に陥った時にリラプスが生じるのを防止しようとするものである（Marlatt & Witkiewitz, 2005）。

薬物プログラム評価の手続きと結果

処遇プログラムの対象となったのは女子受刑者109名（平均年齢36.6歳，$SD=7.4$, 23-59歳；平均入所回数1.6回, 1-5回）であった。この研究では，短期的（即時的）アウトカムとして，薬物プログラムの前後における対処スキルの変化を測定している。対処スキルの測定には，宗像・稲岡・高橋・川野（1988）が開発した「積極的，効果的対処行動尺度」を用いた（3件法, 12項目）。この質問紙尺度はストレスに伴う過剰な緊張，抑うつや過剰な興奮に対して，それらの緩和や意欲の維持向上のために積極的に努力する対処行動を測定することができる。この質問紙を，薬物プログラムを実施する前と実施した後の2回にわたって測定し，得点が前後で変化するかどうかを調べる。薬物プログラムの実施による受刑者の処遇内変化を見ようというわけである。長期的アウトカムには再犯を用いた。ここで言う再犯とは出所後，再び刑事施設に戻ることと定義した。再犯があったかどうかを追跡した期間は，平均して1,443日であった。

薬物プログラムの実施によって短期的アウトカムである対処スキルが上昇し，そのことが再犯率を低下させるという効果を分析しようというわけである。検証が図6-2の枠組みに沿っていることを確認していただきたい。

さて、短期的（即時的）アウトカムである処遇内変化はどうなったであろうか。表6-1がその結果である。処遇前の尺度の得点が28.8で、処遇を受けた後は31.4であるから、薬物プログラムを受けることで対処スキルが上昇したことが示されている。ここで t 検定という統計的手法を使って確認したところ、この差は統計的に有意な差であった。この対処スキルの向上は偶然に生じた差ではないということである。

次に、対処スキルの上昇が再犯の防止に結びついたか否かを見てみよう。表6-2がその結果である。分析にはCoxの比例ハザードモデルと呼ばれる方法を用いた。この統計的手法を再犯研究でどのように用いるかについては本書のAppendix A.4 及び森（2015b）で解説しているので併せて参照願いたい。といっても、結果の解釈自体はそれほど難しくない。受講後の対処スキルの行でオッズ比というところを見ると0.33という数値がある。分析の際には対処スキルが全体の平均値を下回る群を低群、上回る群を高群として、群分けを行ったのだが、この高群は低群と比べて出所後に再犯をするリスクが0.33倍になっていたということである。そして、この数値は統計的にも有意であった。つまり、プログラム受講後の対処スキルが高い群の受刑者は再犯をしにくくなっていたことがわかる。なお、オッズ比は、これまで用いてきた $\exp(\beta)$ と同じものを

表6-1　薬物プログラム前後での対処スキルの変化

	対処スキル尺度得点
プログラム受講前	28.8
プログラム受講後	31.4
t	−4.7**

**$p<.01$

表6-2　Coxの比例ハザードモデルによる薬物プログラム実施後の対処スキルの高さが再犯に与えた影響の分析

共変量	β 係数	オッズ比	Wald 統計量
プログラム受講時年齢	0.01	1.01	0.14
刑事施設入所回数	0.38	1.46	4.09*
受講後対処スキルの高低	−1.12	0.33	6.32*

*$p<.05$

指している。

分析上の問題点

分析では，薬物プログラムによって受刑者の対処スキルが向上し，対処スキルが高い受刑者は再犯リスクが低下するという結果になっており，処遇プログラムの良好な効果が確認できたように見える。しかし，この分析には大きな限界が存在している。それは，統制群（対照群）がないことである。比較する群がないので，その対処スキルの向上が薬物プログラムによって得られたものか否か本当のところはわからない。今回の分析手続きでは，対象者全員が薬物プログラムを受講しているが，もしかしたらこの処遇プログラムを受講しなくても対処スキルが向上したかもしれないという疑問を拭い去ることができない。刑務所では当該薬物プログラムだけでなく他にも様々な教育的な働きかけが行われているので，そちらの方が対処スキルの向上をもたらした可能性もある。長期的アウトカムである再犯についても同様のことが言え，薬物プログラムを実施しなかった場合の再犯率がどうなったかがわからない。このような検証デザインを取らざるを得なかった背景としては，薬物プログラムがその法律上の位置づけから処遇プログラムを実施しない統制群（対照群）を設けることが困難であるという事情があった。ただ，今後の研究としては，少なくとも比較となる群を設けて検討していくことが必須となろう。

なお，薬物事犯の女子受刑者に実施した薬物プログラムの評価を行った研究では，薬物依存に対する問題意識と回復に対する動機づけを短期的（即時的）アウトカム，再犯を長期的アウトカムとして処遇プログラムの差異による効果を分析した研究（山本・森・牛木, 2014）や，自己効力感を短期的（即時的）アウトカム，再犯を長期的アウトカムとして分析した研究（山本・森・牛木, 2013）があるので参照願いたい。

6.3.2 性犯罪者処遇プログラム受講者の再犯分析

もう1つの処遇プログラム効果検証の例として，刑務所で実施された性犯罪者処遇プログラムの再犯分析を取り上げて解説する。ここで行われた分析には筆者も参加した。我が国において性犯罪者に対する処遇効果の有無を検討した貴重な分析例である。先にも述べたように，この分析の詳細はインターネット

上に公開されている[10]。また，本分析における統計解析の基本的な枠組みも含めた紹介は，森（2015b）にあるので併せて参照願いたい。

性犯罪者処遇プログラムの内容

刑事施設における性犯罪者処遇プログラムは，平成17年に法務省矯正局と法務省保護局が共同して立ち上げた性犯罪者処遇プログラム研究会においてその実施が策定された。平成18年5月23日の刑事施設及び受刑者の処遇等に関する法律の施行に伴って，主に刑務所に収容された性犯罪受刑者に再犯防止を目的として実施されたものである。

その内容は，再犯防止に関する効果が実証されている海外の性犯罪者処遇プログラムを参考にして作成された。これは性犯罪行為に関連することが確立されている因子を処遇のターゲットとする認知行動療法のプログラムである。性的逸脱を減らし，問題のある認知やその時の感情状態に対処し，自己管理能力を開発させることに焦点が当てられている。対象者となった性犯罪者に対して，彼らの性犯罪行動につながった要因を解決するために必要な自らの犯罪につながるパターンを理解し，刑務所を釈放後に再犯に至らないための具体的な方策をまとめた自己管理計画を策定させるものである。

この性犯罪者処遇プログラムはリスク原則に従って処遇プログラムへの割り付けが行われている。リスク原則とは，1.2.2で説明したように犯罪者の処遇，教育において，再犯リスクの高い犯罪者には高密度の処遇を，再犯リスクの低い犯罪者には低密度の処遇を行うことが必要であるというものである。この原則に沿った形で定量的に再犯リスクを測定し，処遇プログラムへの割り付けを組織的，制度的に行っている点は，我が国では画期的と言えよう。性犯罪者処遇プログラムは，高密度，中密度及び低密度で提供されている。処遇は，1単元100分，週に1回1単元又は週に2回2単元を標準としており，高密度処遇は標準8か月間，中密度処遇は標準6か月間，低密度処遇は標準3か月間実施されるものである。性犯罪者の再犯リスクは刑務所の心理専門職が複数のリスクアセスメントツールを併用して判定し，性犯罪受刑者は自身の再犯リスクの高さに応じて3つの密度の中で適切な密度の処遇へと割り付けられる。なお，処

---

10) 法務省 「刑事施設における性犯罪者処遇プログラム受講者の再犯等に関する分析」（http://www.moj.go.jp/content/000105286.pdf）

遇プログラムは，常勤（心理職・教育職・処遇担当）及び非常勤（心理職）の矯正職員によって実施される。

性犯罪者処遇プログラム評価の手続き

分析の対象となったのは，性犯罪で確定判決を受けて受刑した男性受刑者 2,147 名であった。このうち，平成 18 年 5 月 23 日以降にプログラムを 90% 以上の出席率で受講した者を受講群としており，それ以外の者を非受講群としている。受講群は 1,198 名，非受講群は 949 名となった。再犯の定義は，検察庁において事件処理される事象が発生した時としている。

ここで，統制群（対照群）となる処遇プログラムを実施しなかった群（非受講群）が構成できている点が先に 6.3.1 で紹介した薬物処遇プログラムの効果検証と異なっており，より妥当な効果検証を行うことを可能としている。性犯罪者処遇プログラムも 6.3.1 の薬物処遇プログラムと同様に法令の定めによって受刑者に実施することが義務づけられているため，処遇を実施しない非受講の群，統制群（対照群）を設定することが困難であるが，法令によって性犯罪者処遇プログラムの導入がある時点から行われることとなったため，導入前に刑務所で受刑していた性犯罪者はこの処遇プログラムを受講していない。この者たちを非受講群として比較の対象とすることが可能となった。p.164 で説明した準実験の手法の内，処遇を受けない群が偶然に存在しているという偶発コーホートによる検証を行うことが可能となったわけである。犯罪者に対する処遇プログラムを実施する際に，プログラムに編入する条件を満たす対象者全てに処遇を実施してしまうと統制群（対照群）がなくなってしまい，効果の検証が困難になるということがしばしば生じてしまうが，この分析ではその問題が回避されている点に留意されたい。

さて，再犯分析に進む前に，プログラムの受講群と非受講群に含まれた性犯罪受刑者の性質に差がないかどうかを確認してみよう。表 6-3 が受講群と非受講群の属性についてまとめたものである。先に 6.2.3 のバイアスの実例でも取り上げた話題である。表 6-3 では受講群と非受講群の性質には統計的に有意な差が認められる結果となっている。2 つの群の等質性が担保できていないということである。その性質の差は，総じて非受講群が受講群と比べて再犯リスクの高い受刑者が含まれているということになる。実験的手法である無作為化比

表6-3 受講群と非受講群の等質性の確認 (法務省, 2012)

	受講群			非受講群			t値 or χ^2値
	人数	平均 or %	標準偏差	人数	平均 or %	標準偏差	
入所度数	1198	1.6	1.50	949	2.2	2.44	-6.055**
出所時年齢	1198	38.5	11.67	949	42.0	12.99	-6.466**
仮釈放率	1198	65.0%		949	37.8%		157.226**
在所日数	1198	917.6	435.53	949	1032.5	951.93	-3.445**
IQ相当値	1196	89.0	13.49	865	81.4	18.38	10.275**
静的リスク調査得点	1198	3.9	1.96	949	4.4	2.04	-6.007**
動的リスク調査得点	1198	6.5	1.88	874	6.9	2.11	-4.893**

**$p<.01$

較対照試験（RCT）の手法を使う，すなわち，受講群と非受講群にランダムに割り付けるといった手続きが取られていれば，このような受講群と非受講群に見られるような差は消失していた可能性がある。しかしながら，準実験的な手続き，ここでは偶発コーホートを用いた分析では，両群の等質性を確保するには至らなかったのである。その理由は6.2.3でも述べたように，選択バイアスとドロップアウト・バイアスが作用してしまったのであろう。したがって，以後の分析は受講群と非受講群の等質性が確保されていないことを前提に進める必要がある。

生存関数を用いた受講群と非受講群の再犯率比較

それでは両群の予後，再犯率に差があるか否か分析の結果を見ていこう。図6-5がカプランマイヤー推定法で求めた受講群と非受講群の生存関数である。このグラフを見ると，受講群の生存関数に比べて，非受講群の生存関数の方が下方に位置している。つまり，性犯罪者の処遇プログラムを受講した性犯罪受刑者は，受講しなかった性犯罪受刑者と比べて再犯率が低くなっていることがわかる。

なお，図6-5の縦軸の表記について注釈を加える。一般的な生存関数のグラフでは，再犯をしないで生き残っている割合が示されるのでグラフの一番上側の目盛が100%，原点の目盛が0%となる。一方，このグラフでは再犯率を表示しているのでグラフの一番上が0%，一番下側の目盛が50%となっている（50%

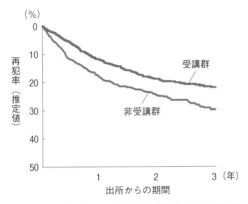

図 6-5　性犯罪者処遇プログラム受講群と非受講群の生存関数（法務省，2012）

になっているのは，グラフを見やすいように50％未満の部分をカットしているため）。もちろん，100％から生存率を減じれば，再犯率になるので表している内容は同じである。

次に必要なステップは統計的な検定を実施することである。見た目にはこの非受講群の生存関数よりも受講群の生存関数の方がグラフで上方に位置しているが，この違いが統計的に意味のある違いであるか否かを確認する必要がある。その検定を行った結果が表6-4である。ログ・ランク（Log Rank）検定という統計手法を実施しているが，ここでは検定のやり方そのものについて詳しい言及はしない。興味のある読者は大橋・浜田（1995）などを参照願いたい。ここで，一番重要な数値は，p値というところで，ここを見ると値は，.00** となっている。先に説明したようにこれは1％水準で有意ということを示している。つまり，統計的にこの2つの生存関数は有意に異なっていることがわかる。性犯罪者処遇プログラムを受けた受講群は，受けなかった非受講群に比べて再犯をしにくいことが示された。

表 6-4　受講群と非受講群の生存関数に統計的に意味のある差があるか否かの検定（法務省，2012）

再犯の分類	受講群	非受講群	実施した検定の種類	χ^2値	df	p値
全ての再犯	21.9%	29.6%	Log Rank (Mantel-Cox)	15.36	1	.00**

**$p<.01$

性犯罪者処遇プログラムを受講した群の方が，受講しなかった群よりも再犯率が有意に低下しているという知見は喜ばしいものである。しかしながら，先に述べたように受講群は非受講群と比べて再犯リスクの低い性犯罪受刑者が含まれていることがわかっている。この問題を解消する分析として，次に Cox の比例ハザードモデルを用いた多変量解析による分析を見ていこう。

Cox の比例ハザードモデルを用いた分析

生存関数を用いた性犯罪者処遇プログラムの効果検証は，再犯という現象を「処遇プログラムを受講したか，受講しなかったか」という単一の要因で説明するというモデルのもとで行われている（図 6-6）。しかしながら，もし受講の有無以外にも再犯に影響を与えている要因があるとしたら（そうした要因は交絡要因と呼ばれる），その影響も考慮しながら分析を行う必要がある。

注目すべき点は，先ほども述べたように表 6-3 に示された受講群と非受講群の静的リスク調査得点である。この得点は RAT 得点と呼ばれている。報告書では「RAT」は，「Risk Assessment Tool の略であり，再犯可能性の大きさ，再犯した場合に被害者に与える損害の大きさ，再犯した場合に社会全体に与える影響の大きさ等から対象者のリスクを総合的に判断するもので，例えば，本人が若年であること，性犯罪の前歴があることなど，プログラムで変化させることができない要因（静的リスク要因）を確認するものである」と解説されている。つまり，この RAT 得点が高い受刑者ほど再犯に及ぶ可能性が高いということになる。ここで，受講群と非受講群の 2 群の RAT 得点は有意に異なっていることが確認されていた。つまり非受講群の RAT 得点が高いということ

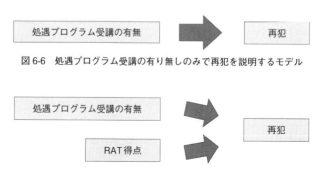

図 6-6　処遇プログラム受講の有り無しのみで再犯を説明するモデル

図 6-7　処遇プログラム受講の有り無しと RAT 得点で再犯を説明するモデル

は，非受講群の方が再犯に及ぶ可能性がもともと高いということになる。ここで，次のような疑問が生じる。

「生存関数を用いた比較では，処遇プログラム受講群の方が，非受講群と比べて再犯に及びにくい，つまり，プログラムの再犯率低減効果が確認されたという話だった。しかし，受講群の方が非受講群よりもRAT得点が低いわけだから，その影響によって再犯率が低くなっていただけではないのか？」

この疑問に答えるには，図6-7のような処遇プログラムの有無とRAT得点という2つの要因の影響を同時に考慮しながら，再犯の分析を行うことが必要となる。第4章の分析でも使用したCoxの比例ハザードモデルは，複数の変数の影響を考慮して分析を行うことができる多変量モデルであり，この分析上の必要性に対応することができる。以下ではこのモデルを用いた分析結果を見ていく。

表6-5がCoxの比例ハザードモデルを用いた分析結果である。まず，最初に注目すべきところは，共変量の欄である。ここに「RAT」と「受講の有無」という2つの変数が示されている。これは，この2つの要因の影響を同時に考慮しながら各要因が再犯に影響を与える程度を分析していることを示している。これらの要因は独立変数と呼ばれるもので，この呼び方の方が一般的によく用いられる呼び方かもしれないが，Coxの比例ハザードモデルでは伝統的に共変量と呼ぶことが多い。統計的な検定を行った結果，モデル2の方を見るとRATの得点，処遇プログラムの受講の有無，いずれの共変量も再犯に対して有意な影響を与えていることが示されている（モデル1はRATが再犯に影響を与える交絡要因であることを確認している）。RATの係数は0.34と正の実数値になっているので，RATの得点が高ければ高いほど，再犯を増やす方向

表6-5 Coxの比例ハザードモデルを用いた処遇プログラム受講の有無が再犯に与える影響の分析（法務省, 2012）

共変量	モデル1	モデル2
	係数（オッズ比）	係数（オッズ比）
RAT	0.35** (1.41)	0.34** (1.40)
受講の有無	—	-0.22* (0.80)

$**p<.01 \ *p<.05$

に影響を与えていることが示されている。一方，受講の有無については，-0.22と負の実数値になっているので（データは受講無しを0，受講有りを1とコーディングしている），プログラムを受講すると再犯を減らす方向への影響がある，ということを示している。

　この分析結果によってRAT得点という共変量の影響を考慮したとしても，性犯罪者処遇プログラムを受講することは再犯を減らす方向に影響を与えていることがわかる。性犯罪受刑者はRAT得点が高くなれば再犯が増える傾向にあるが，そうした要因の影響を考慮しても，プログラムの効果があったということである。RAT得点の影響を考慮して，という言い方はやや抽象的であるので，もう少し厳密に述べると，RAT得点を固定して，プログラムの受講の有無の影響を検討した場合には，プログラムを受講することが再犯を減らしているという解釈となる。同じRAT得点を有する性犯罪受刑者の中で比較すると，非受講群よりも受講群になることが再犯を減らす方向に影響を与えているということである。受講群にはRAT得点が低い受刑者が，非受講群にはRAT得点の高い受刑者が含まれていたが，その効果をコントロールした上でも，受講群の再犯率を下げる方向に処遇効果が見られたのである。

　なお，Coxの比例ハザードモデルで算出された結果の見方は，先に説明したとおりであるが，理解のためここで再び若干の補足説明をしておく。表6-5で，RATの係数は0.34となっていた。これは，RATの得点が増えることが再犯を増やす方向での影響力を持っていると解釈することができるが，その数値は何を意味しているのだろうか。この数値はオッズ比というところを見て理解する。オッズ比は1.40となっているが，これは自然対数を底eを0.34乗した数値となっている（エクセルでexp (0.34) を求めると1.404948と出力される）。この数値の意味するところは，RATの得点が1増えると，これまで再犯をしなかった釈放受刑者が次の瞬間に再犯をする確率[11]が1.40倍になる，ということである。次の瞬間に再犯をする確率，と言われてもすぐにはピンとこないかもしれない。これは，比例ハザードモデルが，ハザード関数と呼ばれる関数を用

11）正確にはこれまで再犯をしなかった釈放受刑者が次の瞬間に再犯をする確率の単位時間あたりの密度であるが，さらに理解しにくくなるのでここでは上記の表現を使用している。詳細はAppendix A.2.3を参照願いたい。

いてモデリングしていることによる。ハザード関数は，それまで再犯をしなかったある対象者が次の瞬間に再犯をする確率を示す関数である。これだけの説明では，十分に納得はできないであろうが，ここでは瞬間の再犯確率が1.40倍になる，とのみ感覚的に理解してもらえればよい。

一方，受講の有無については，-0.22という負の係数がついているが，これに対するオッズ比は0.80となっている。これも，処遇プログラムを受けた受刑者は，受けなかった受刑者と比べて，瞬間の再犯確率が0.80倍になるという意味になる。瞬間の再犯確率とは，先ほど説明したように，ある時点まで再犯をしなかった釈放受刑者が次の瞬間に再犯をする確率である。それが0.80倍になっているということは，処遇プログラムを受講すると再犯が減るということを示していることになる。

Coxの比例ハザードモデルは，ハザード関数を用いたモデリングを行っており，瞬間の再犯確率という直感的にわかりにくい概念が用いられているので，一般には馴染みにくい分析手法という印象を与えているかもしれない。しかし，重要な点は，先に述べたような2つの要因の影響を考慮しているということであり，その要因の効果が統計的な検定によって検出されたことである。統計的に有意であるかどうか，つまりは，処遇プログラムの受講が再犯を有意に減らしているかどうかに着目すればよい。

6.4　効果検証において注意すべき施策上の観点

6.4.1　具体的な効果検証の枠組み

この第6章では，処遇プログラムの評価と効果検証について述べてきた。しばしば，筆者は犯罪者のアセスメントや処遇，教育に携わる実務家から，「処遇の効果を検証したいのですが，どうやったらよいのですか？」と聞かれることがある。昨今の社会情勢では，何らかの事業を行った際に，その効果がきちんとあったか否かを問われることが当たり前になってきている事情があるのだろう。

本節では，仮想的ではあるが処遇効果の検証をどのように行うか具体的な例を考えてみる。なお，ここでは話をほぼアウトカム／インパクトのアセスメン

トに限って進めていく。この前段階にあるニーズのアセスメントやプログラムのデザインと理論のアセスメント，プロセスのアセスメントを着実に行うことは必須であるが，それらはおおむね満たされていると仮定する。すなわち，どのようなニーズがあるかは特定され，そこに変化を生じさせるような理論やエビデンスのあるプログラムが考案され，そのプログラムが計画されたとおりに進行したとする。

さて，それでは非行少年に対し社会内でプログラムを実施して教育することを考えてみよう。こうした働きかけは保護観察所が保護観察の枠組みの中で実施していることであり，また，家庭裁判所に係属したいわゆる在宅事件の非行少年に対してもこのような教育的な措置が行われているので，話題としては現実に沿ったものと思われる。ここでは教育的な働きかけを行ったことで非行少年の内面に生じる変化を短期的アウトカム，その後の再犯率を長期的アウトカムとして検証することを考えてみよう。以下は考えられる手順である。

①教育プログラムの対象となる非行少年を選定する。

②選定された非行少年を，その教育プログラムを受ける群と受けない群にランダムに振り分ける。これは処遇・教育を受けた群と受けなかった群の等質性を担保するために行うものである。選択バイアスを排除するための措置である。そして群分けを行った後は，再犯リスクに影響を与える交絡要因が本当に2つの群で均一になっているかどうか，念のため確認しておくとよい（年齢やリスクアセスメントツールの得点，過去の逮捕歴等を表にして比較するとよい）。

③受けた群と受けなかった群のどちらの群においても，実施前と実施後に測定したいと考えている効果を測定するため，質問紙尺度等を実施して，内面の変化を測定する（短期的アウトカム評価）。分析は2要因の分散分析を実施して交互作用効果の有無を確認するといった方法で行うことができる。

④両群の再犯率に差が出るかどうか，成り行きを追跡して検証する（長期的アウトカム評価）。その際，教育プログラムを行った群に中途で離脱した者がいた場合には，その者は処遇・教育を行った群に含めて取り扱う。ドロップアウト・バイアスを回避するためである。この取り扱いについては，

③の短期的アウトカムの評価においても可能であればそうするべきである（途中で処遇・教育を離脱してしまった者に質問紙尺度を実施するといった措置は困難かもしれないが）。

ここで手順の②で，処遇・教育を受ける群と受けない群にランダムに振り分けるというところに抵抗感を持つ方がいるかもしれない。しかし，この教育プログラムを実施することにより，再犯率を増やしてしまう可能性も考慮する必要がある。良かれと思って実施した教育的な方向づけが，対象者に悪影響を及ぼす可能性もあるのだから。

なお，①の対象者の選定の際に，できるだけ再犯リスクの均質な非行少年を予め選んでおくことが実務上は重要であろう。ランダムに実施群と，非実施群に振り分ける場合には，検証そのものには，こうした措置は必要がない。しかし，先に説明したリスク原則の観点からは再犯リスクに応じて処遇の密度を変える必要があり，実務上は再犯リスクの高い非行少年と再犯リスクの低い非行少年を同じ処遇に参加させると悪風感染が発生する可能性もあるため，処遇群に含まれる非行少年は再犯リスクが同じような者たちで構成しておく必要がある。

さて，①〜④までの手順をご覧になってどういった感想をお持ちになるだろうか。煩雑であると思われるかもしれない。ただ，それでもこの手順は，図6-1に示したプログラム評価階層の一部を示したものに過ぎない。実際にやらなければならないことは，これ以上のものがある。本書をここまで読まれた方にはおわかりと思うが，処遇効果を検証しようとすると，それは実に大変な作業になる。平素，犯罪者更生のために実際に現場で犯罪者と対峙している実務家は，それだけでも大変な仕事をしていると思うが，さらに効果検証に至るまでこれまでと同じ人員や予算，時間枠の中で行うとなれば，それは困難であろう。

今の世の中が実証的な効果の検証を求める方向に進んでいるとすれば，それは好ましい変化ではある。ただ，そうした中で，実務家はどういった点に注意を払って活動していくべきか。それには，まず犯罪者に対する処遇の効果を検証するということは大変な作業であると，職場の組織，さらには社会全体に対して理解を求めていく必要があろう。少なくとも効果検証は日頃の忙しい業務

の中で片手間にできることではないという認識を一般的なものにできればと思う。現在，法務省では少年担当と成人担当のそれぞれのセクションに処遇効果検証班と呼ばれる独自の専門組織を作り，予算と人員を配置している。このような特別の専門家チームを組織的に作るくらいのことをしなければプログラムの評価は難しいものとなる。

また，本当に処遇効果を検証しようとした場合には，その処遇が再犯を減らしたか否かまで追跡して調べる体制を構築しなければならないことを組織として認識することが必要である。例えば，処遇を実施した犯罪者に感想文を書かせて提出してもらい，その感想文に「今回の教育プログラムは大変ためになりました」と書かれたので，処遇効果があったとするようなやり方では社会的に意義のある効果は検証できない。さらに，効果検証では，処遇を受けた群と処遇群を受けなかった群を作って比較することへの理解も求められる。こうしたことができない場合には分析のための労力がさらに必要となってくるという認識も持たなければならない。

6.4.2　効果検証の結果が示す意味

先の例に引き続き，社会内で非行少年に教育的な働きかけを行うプログラムの例を考えてみよう。万引きをした非行少年に，万引き被害について考えさせ，被害者の心情に目を向けさせ，内省を促す，といった働きかけを行うプログラムを考える。この時，効果を検証するとすれば，そのような教育的な働きかけを行ったことで，

　①被害者の心情に目を向け，自身の行った万引きという犯罪についての内省を深めることができるようになったか否か（短期的アウトカム）

　②事後に再犯率が低下したか否か（長期的アウトカム）

を調べることが考えられよう。この時に，①も②も期待された効果が確認されれば，この施策を行った意義に疑問は生じないであろう。非行への内省も深まり，再犯率も減ったということであるから。それでは，①は達成されたが，②の効果が認められなかったという場合はどうだろうか。処遇によって，被害者のことを考えるなどして内省を深めることはできるようになったが，特にその後の再犯率には変化がなかった場合である。こういった結果が得られた時に，

それをどう評価するかは政策的には難しい面もあろう。しかし，原則的にはその評価は当該プログラムに関して立てられた当初の目的によることになる。すなわち，そのプログラムの目標が「再犯率を減らすこと」とされていたのであれば，残念ながら期待された効果は得られなかったという結論になる。一方，被害者に対する内省を深めさせるということが当初からの目的になっていたのであれば，期待された効果が得られたという結論になる。こうした場合に，しばしば「そのプログラム（を実施したこと）に意味はあったのか？」といったことを巡っての議論が生じることがあるが，意味がある，意味がないといった議論は検証不可能な側面を含んでおり，議論が拠り所のない空中戦に陥る危険がある。そうしたことを防ぐためには，図6-1にあるプログラム評価の各段階を意識し，少なくともプログラムを実施する前の段階で，処遇の目標を明確に設定しておくことが必要となろう。

　さて，プログラム実施後の再犯を調べて効果検証をしたとして，例えば，それを受けると100%再犯をしなくなるような処遇プログラムは存在しない。そのことを犯罪者処遇の現場においても，広く社会全般の人々にも知っておいてもらう必要があるだろう。そのような魔法のような効果は現在の処遇技術では決して得られない。処遇群と統制群（非処遇群・対照群）を比べて処遇群の再犯率が数%でも下がったとしたらそれは成功といってよい。逆に言うと処遇プログラムを受けても再犯をする犯罪者は相当にいるのである。実際に，再犯率を基準に効果検証を行うと処遇効果が見られないという結果が得られる場合も少なくない。犯罪者の再犯防止とはそれくらい困難であるということを現場の組織及び社会一般で共通認識にできるとよいだろう。そうした認識がないと，処遇効果を実際に検証した時に，幾つかの検証例で効果がないという結果が生じた際に犯罪者処遇はやっても意味がない，といった方向に世論が傾く可能性がある。かつてアメリカでMartinson（1974）が矯正処遇の効果を検証した結果，「何も効いていない（nothing works）」と論じたことから，教育よりも厳罰政策が取られるようなったことは覚えておいてよい歴史である。実際には先に紹介したように，犯罪者処遇には効果を有するものと有さないものがある。再犯を防止することは困難な課題であり，一つ一つの処遇を検証していく過程ではもしかしたら効果を検出できない処遇があるかもしれない。そういった時に

は，試行錯誤を経て効果のある処遇プログラムを構成できるような体制を整えていく，そういった姿勢が必要になる。

近年の成果主義，結果主義は世知辛いものがある。短期間で効果が得られないとなると，すぐに施策が批判の対象とされたり，放棄されたりする世の中である。昨今，処遇プログラムの効果検証を実施する必要性が重要視されるようになってきているが，それがために効果検証を行ったという実績のみを追い求め，性急な成果を求めるようなことは控える必要がある。特に現状では不確定要素が強いと言える犯罪者処遇の効果について，特定の処遇プログラムを検証した結果，「効果がなかった」とは言えないような空気が現場や社会に広まるようであれば，本当の現象を汲み取って分析しようとする姿勢が消失してしまうだろう。

我が国の犯罪者処遇における効果検証は現在，始まったばかりの状態であるが，先進国のイギリスでは以下のような例があったという。

「3年というタイム・スパンで保護観察実施機関に犯罪者処遇プログラムの実施を求めることは非現実的であった。政府と財務省が早期に変化を導入せよとする圧力が，プログラム実施の非合理的な目標を生んだ。目標は犯罪者処遇プログラムの修了者を出すこととされたが，その結果，目標を達成するためにプログラムへの適合性や指導監督における犯罪者の性質を前もって系統的にアセスメントすることが一切ないまま処遇が行われていった（Astbury, 2012）」。

3年程度の短期間で処遇プログラムを一から立ち上げ，効果検証をし，結果を求め，単一の検証結果をもとにして処遇プログラムの良否を決めてしまうといったことは性急なことなのである。

効果検証の実施はもちろん重要であるが，犯罪者処遇についての効果検証はこれまで我が国ではほとんど行われてこなかった取り組みである。よって，実施の方法や効果に関する知見の積み重ねが少ない現状を踏まえ，作業が種々の困難を伴うという認識を持ちながら，時間をかけて充実させ，定着を図っていく必要があると思われる。特に再犯をアウトカムとした研究は，我が国では大変乏しい状態であるので，官民を挙げて欧米の先進国に追いつく努力が望まれる。実証研究の重要性についての認識が社会に広まり，我が国における犯罪学の研究が活性化されることを願ってやまない。

Appendix
生存時間分析の数理

　我が国でも近年になって，実証的な根拠に基づいた刑事政策が展開されるようになってきている。本書でも折に触れて話題に取り上げた法務省式ケースアセスメントツール（MJCA）の運用が平成 25 年度から始まっているが，この作成に当たっては，全国の少年鑑別所に入所した約 5,000 名のデータを統計分析にかけて再犯のリスクファクターを抽出する作業が行われた。エビデンスに基づいた教育・処遇を展開し，再犯を低減させるためには，このような統計的な分析がどうしても必要になってくる。

　こうした統計分析の中身がどのようなものであるか，そこについては踏み込まず，ブラックボックスのままにしておいたとしてもその結果を享受することはできる。しかし，車やバイクを運転する時に中の仕組みを簡単にではあっても知識として持つこと，例えば，エンジンがどういう構造になっているか，ギヤの仕組みがどうなっているかを知っていれば，より深く車やバイクについて理解をすることができるはずである。アクセルを踏んだらスピードが出て，ブレーキを踏めば減速する，それだけしかわからないままの状態で運転をしているよりは，運転技術や危機対応力が向上するかもしれないし，定期点検の意味といったものもより理解できるようになるかもしれない。これと同じで，ある程度の統計的な仕組みを理解しておくと，単なるユーザーとしてエビデンスの結果だけを享受するよりもそれらの意味を深く理解できるようになる。自分たちの行っている処遇について効果が検証された時には，その結果を自身で読み解いて理解することもできるし，進んだ海外の研究を理解して処遇プログラムの改善を提案することもできるだろう。また，自身で，行っている処遇の効果検証計画を立案したりすることもできるようになる。

　ここでは本書における統計解析の中で中心的な役割を果たしている生存時間分析の数理について若干の解説を試みた。再犯分析では生存時間分析が重要な

道具となるのでその理解に焦点を当てて解説を行ったが，理解を促すため A.6 には一般的な統計学の基礎的な内容を付してある。統計学の基本的な事項を確認したい方は先に A.6 に目を通されるとよいと思う。なお，生存時間分析については，大橋・浜田（1995）がバイブルといってよい書物である。日本語でこの分野のトピックスが網羅的に解説されているので，本格的に勉強をしたい読者はそちらを参照願いたい。また，我が国の犯罪研究分野における生存時間分析の紹介，解説は津富（1991）があるので併せて参照願いたい。

A.1 生存関数

A.1.1 生存関数の定義

生存時間分析において重要な生存関数（Survival Function）は次のように定義される。

「T を生存時間を表す非負の確率変数（Random Variable）とする。非負の実数値である時点 t が与えられた時に，生存関数 $S(t)$ は，

$$S(t) = P(T \geq t)$$

と定義される。」

この式の意味するところを，初見で容易に納得できる方というのは少ないのではないだろうか。数理統計学を基礎から学んだ経験があれば，こういった表現に抵抗がないかもしれないが，犯罪にかかわる実務家，臨床家にはそうしたバックグラウンドを持っている方はほとんどいないのではないかと思われる。以下では，理解をしやすくするため，厳密さを犠牲にして感覚的，直感的な説明を行っていくこととする。

まず，T が生存時間を表す確率変数とは，どういうことだろうか。初学者はこの時点から理解が行き詰まってしまう。実は確率変数を厳密に定義しようとすると数学的には大変に高度な知識が必要となる。よって，厳密な定義は参考程度に後で少しだけ触れるに留め，ここでは直感的な理解を優先させた説明を試みる。

定義にある「非負」は負でない，すなわちマイナスの値を取らないという意味である。0 は負の数ではないので 0 は取ることができる。さて，問題となる

のは，確率変数という言葉である。生存時間を表す確率変数とは一体，何を意味しているのだろうか。まず，確率変数であるが，これはある確率に従って値が変動している変数と考えていただきたい。いわばサイコロを振っているようなものである。だから，この T は一定の値を取らない。ある時は 1 かもしれないし，10 かもしれないし，15 かもしれないし，100 かもしれない。その値が確率的に変動するような変数のことを言う。

それでは，生存時間を表す確率変数とはどういうことか。犯罪に及んで少年鑑別所に収容され，社会に釈放された非行少年の再犯について考えてみよう。この非行少年が再犯をするまでの期間を考えると，様々な場合が考えられる。1 年後（365 日後）に再犯するかもしれず，あるいは半年後（183 日後）に再犯をするかもしれず，ことによると 1 か月後（30 日後）に再犯をするかもしれない。あるいは，2 年（730 日後）を超えても再犯しないかもしれない。ここで，再犯までの日数を示すことができるサイコロを考えてみよう。実際に，そういった目の出るサイコロを作るのは不可能かもしれないが（今日的にはエクセルで乱数を発生させれば簡単に作れるが），イメージとしては図 A-1 のような 1 から 100 までの目が出る 100 面体ダイス（サイコロ）を想像してもらうとよいだろう。こういったサイコロを振って，出た目の数が非行少年が社会に戻ってから再犯するまでの期間であると考えるのである。もちろん，再犯までの日数は 100 日以下に限られるということはないので，500 面体ダイス，1000 面体ダイスのようなものをイメージする必要があるが（そういったサイコロは実際には売っていないが），ともかく振って出た目の数を，再犯までの日数と考えるのである。このサイコロを振って出た目が確率変数 T の値であると考える。

図 A-1　100 面体ダイス

確率変数 T の取る値が，このサイコロの出た目の数である．生存時間を表す確率変数 T とはこういった意味になる．

次に，

$$S(t) = P(T \geq t)$$

の部分を考えてみよう．ここで $t=50$ という値を設定してみる．小文字の t は実数であれば，どんな値でもよいが，これは確率変数ではなく定数であるので，値が変動することはない．1つの値に固定して考える．その固定した値が，ここでは50ということである．そうすると先の式は，

$$S(50) = P(T \geq 50)$$

となる．P は厳密には確率測度と呼ばれる集合関数であるが，ここではその意味について深入りすることはせず，（ ）の中の値が生じる確率を示すと理解していただきたい．そのように理解すると，この式の値，$S(50)$ は，非行少年が少年鑑別所を退所してから，再犯に及ぶまでの期間が50日以上となる確率のことを示している．サイコロの出た目を T とすると，その T が50以上となる確率，というふうに考えればわかりやすいだろう．T は確率変数なので，常に値が変化しており，ある時は10だったり，100だったり，72だったりすることがあるが，それが50以上となる確率のことを表している．

T が50以上になる確率とは，別の言い方で表現すると非行少年が50日を超えて再犯しないでいる確率となる．つまり50日の時点で非行少年が再犯をしないで生き残っている確率である．ここから生存関数という呼び名がある．この再犯をしないで生き残っている確率は，累積生存率と呼ばれたり，あるいは単に生存率と呼ばれたりする．時点 t は，負にならなければ任意の値を取ってよいので，$t=10$ の場合，$t=100$ の場合，$t=250$ の場合など，好きなだけ時点 t を取ることができる．また，ここまでの話ではサイコロを例に取って話をしていたので，非負の整数しかとらなかったが（離散型確率変数と呼ばれる），これは話を簡単にするためにそうしたのであって，確率変数 T も，固定された定数 t の方も，どちらも非負の実数を取ることができる（連続型確率変数と呼ばれる）．例えば，$t=15.3$ ととれば，

$$S(15.3) = P(T \geq 15.3)$$

は，非行少年が15.3日を超えて生存する確率である．こうして任意に取った

時点 t での累積生存率，あるいは生存率をグラフとして繋いでいくと，1 つの例として，図 A-2 のような関数となる。これが生存関数と呼ばれる関数である。図 A-2 の生存関数は連続関数である。図 A-2 に示した生存関数（この生存関数は対数正規分布を用いて作成した）で，縦軸は生存率または累積生存率を示す $S(t)$，横軸は日数を示す t である。$S(t)$ は t の関数になっている。つまり，時点 t が与えられれば，累積生存率，または生存率が一意に決まる。累積生存率，あるいは生存率は，ある時点 t が与えられた時に，その時点まで対象者が再犯をしないでいる確率，言い換えれば，時点 t を超えて対象者が再犯をしないでいる確率のことであった。例えば，200 日のところで，数値は .34 を示しているので，200 日の時点で少年鑑別所を退所した非行少年が再犯をせずに残っている非行少年の割合が .34 ということである。これは，再犯率が .66 ということでもある。累積生存率が 34％，再犯率が 66％ と言い換えてもよい。34％の非行少年が 200 日を超えて再犯しなかったということである。式で表せば，

$$S(200) = P(T \geq 200) = .66$$

となる。

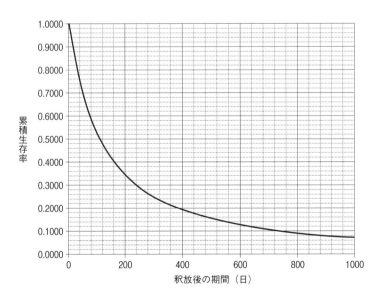

図 A-2　生存関数 $S(t)$ の例

再犯までの日数を示す確率変数 T は，いろいろな値を取り，値の出方が確率的に規定されている。そしてその値の出方がこの図 A-2 に示した生存関数によって規定されているのである。この図 A-2 の生存関数によって確率変数 T の値の出方が決められていることを，確率変数 T は「図 A-2 の生存関数に従う」と表現する。

　この「従う」という表現が示している内容がわかりくいかもしれない。もう少し説明すると，図 A-2 の生存関数に従う確率変数 T は，サイコロの目のようにいろいろな値を取り得るが，その出た値を記録しておく。そうすると，3, 8.95, 5, 65, 100.345, 78, 102……といった確率変数の実現値がたくさん得られることになる。ここで，その出た値が 1 以下になる確率，2 以下になる確率……100 以下になる確率，1200 以下になる確率などを次々と求めていく。幾つ以下になるという部分は，特に整数には限らないので 1.5 以下になる確率，124.543 以下になる確率なども細かく求めていく。T の実現値，すなわちサンプルは無限に採ってくることができるので，無限に採ってきて，ある値以下になる確率を無限に求め，それをグラフに起こすとそのグラフが図 A-2 に近づいていく（収束[1]と表現される）ということである。これが「確率変数 T は図 A-2 の生存関数に従う」の意味するところである。

　さて，生存関数は，得られたデータからカプランマイヤー推定法を用いて推定することができる。推定された生存関数を比べることで処遇効果などを検証できることはこれまでの章で見てきたとおりである。ここまでは，その生存関数の数理的な基礎づけを見たことになる。

A.1.2　測度論を用いた厳密な定義

　ここまでの説明である程度，生存関数について納得いただけたであろうか。先に，確率変数について数学的に厳密な定義を示すと述べたので，以下に書いてみよう。

　「確率空間 $(\Omega, \mathcal{F}, P)$ を考える。ここで，この確率空間における確率変数 $T(\omega)$ とは，$T: \Omega \to R, \omega \in \Omega$ で，R 上のボレル集合の元 B に対して，

---

[1] 確率変数の収束は一般の実関数の収束と異なり，幾つかの種類があるが，そうした説明は本書の範囲を超えるのでこれ以上深入りはしない。

$\{\omega : T(\omega) \in B\} \in \mathcal{F}$ となる関数のことである．ある時点として実数値 t が与えられた時，生存関数 $S(t)$ は，$S(t) = P(\{\omega : T(\omega) \geq t\})$ と定義される．」

これだけの説明で，内容を理解することは想定されていないので，雰囲気のみを感じ取っていただければと思う．測度論的確率論，公理論的確率論，確率解析などと呼ばれる数学の分野であり，20 世紀に入ってから考案された数学理論をもとに構築されている（集合論やルベーグ積分など．Topic 9 も参照願いたい）．

A.1.1 に示した生存関数の定義を見て，その解説をこれまでしてきたわけだが，その説明になんとなく腑に落ちないところがあると感じられた読者もいるのではないだろうか．そうした読者がいるとすればその感覚は正しい．確率解析と呼ばれる数学の分野を学んでいけば，腑に落ちないモヤモヤのようなものがすっきりしていくことにはなる（大学の理学部数学科でおおむね 3 年時に習うような事柄である）．ただし，こうした厳密な数学の議論を学ぼうとすると大変な労力がかかる．実際に統計ソフトを使って犯罪のデータを分析する時には，そこまで厳密な理論を理解していなくても問題はない．多少モヤモヤがあってもそれはやむを得ないことで，大体のところで納得したことにして先に進んで差し支えはないように思う．また，ここで示した確率変数の厳密な定義は，確率空間の 3 つ組，$(\Omega, \mathcal{F}, P)$ を用いた表現であるが，これらは普段は単なる参照系として用いられるのみで，実際のデータ分析を行っている場面では表に出てこないので，理解する上での実質的なご利益はほとんどないだろう．背後に何かしらそういったメカニズムが働いている程度の理解で十分と思われる．

A.1.3　生存関数の性質

さて，生存時間を表す確率変数 T について重要な性質を 2 つ記しておく．

1 つは負の値を取らないということである．生存時間であるから，再犯までの期間が -20 日などといった値を取ることはない．これは当然のことであるが，負の値を取らないということは統計学で用いられる変数としては，ある種，特殊な状況である．それは確率変数 T について正規分布を想定することが不適切であることを意味しているからである．正規分布の定義域は $-\infty$ から $+\infty$ ま

での値を取る。統計モデルでは確率変数に正規分布の仮定を置くことが頻繁に行われるが，生存時間分析ではそうした正規分布の仮定を置くことが望ましくないことになる。図 A-2 は対数正規分布であるが，これは生存時間に正規分布を適用することができないことから用いられた分布である。対数正規分布は定義域に負の値を取らない。確かに図 A-2 を見ると正の値の範囲にしかグラフが展開されていないことがわかる。

もう 1 つは，生存関数 $S(t)$ が非増加関数であることである。時間とともに再犯をしていない生き残りは減少していき，そして死んだ者は生き返らない。すなわち，一度再犯をした者は，再犯をしなかったという状態になることはないので，グラフは右肩下がりの形状となる。

なお，
$$S(t) = P(T \geq t)$$
が生存関数の定義であったが，統計学では，
$$F(t) = P(T \leq t)$$
で定義される分布関数（Distribution Function）もしくは累積分布関数（Cumulative Distribution Function: CDF）の方が一般によく目にする。この 2 つの関数は
$$S(t) = 1 - F(t)$$
という関係にある（離散型確率変数の場合には，どちらかの関数の定義で，＝を含まない不等号にする必要がある。例えば，$S(t) = P(T > t)$ などとする）。

A.2　ハザード関数

A.2.1　ハザード関数の定義

生存時間分析では，ハザード関数（Hazard Function）を用いたモデリングがしばしば行われる。ハザード関数は，生存時間分析以外で使われることはあまりなく，また，直感的な理解がしにくいこともあって，このハザード関数が出てくるところで生存時間分析はよくわからないという印象を持たれてしまうようである。ここではなるべくわかりやすい説明を心がけてハザード関数を解説する。ハザード関数の定義は以下のようになる。

A.2 ハザード関数

「T を生存時間を表す連続型確率変数とすると，非負の実数値 t が時点として与えられた時に，ハザード関数 $h(t)$ は，

$$h(t) = \lim_{\Delta t \to 0} \frac{P(t \leq T < t + \Delta t \mid T \geq t)}{\Delta t}$$

と定義される。」

A.2.2 条件付き確率

このように定義をいきなり示されても，何のことだかよくわからないのではないだろうか。まず，左辺に「｜」という縦棒が入っているが，この意味から説明する。この「｜」は条件付き確率を表している。

条件付き確率は $P(A \mid B)$ のように表記し，事象 B が起こった時に事象 A が起こる確率を意味する。厳密に解説するとすれば，もう少し正確な形で定義を書いていく必要があるが，ここでは高校の教科書を思い出して，

$$P(A \mid B) = \frac{P(A, B)}{P(B)}$$

といった公式で条件付き確率が計算できたことから話を始めていこう。なお，$P(A, B)$ は，A かつ B が起こる確率を意味している。$P(A \cap B)$ と書いた方が一般的な表記かもしれない。

さて，ここで事象 A，B の代わりに，確率変数 T をこの式に当てはめていくことを考えてみよう。確率変数はサイコロを振っているようなものと考えればよいと先に書いたことを思い出そう。そして，上の定義では，確率変数 T は連続した値を取ると書いたが，ここでは話を簡単にするため，まず，離散型確率変数で説明する。実は後で微分を使うという都合もあって，少し先の説明では再び連続型確率変数を考えることになるが，ここでは一旦，離散型で考える。

1から6までの目が出る六面体のサイコロを振って，出た目の数が施設を釈放されてから再犯までの年数と考える。確率変数 T の値は，サイコロを振った時の出た目である。サイコロを振る度に1から6まで，それぞれ確率6分の1でそれぞれの目が出ることになる。

確率変数 T は 1, 2, 3, 4, 5, 6 と離散値を取ることにしている。サイコロを振って1の目が出れば，ある受刑者が刑務所を釈放されて再犯するまでの期間は

1 年，2 の目が出れば，ある受刑者が刑務所を釈放されて再犯するまでの期間は 2 年であるということを意味する。ここで，この確率変数が $T=6$ という値を取る，つまり受刑者が釈放されて 6 年目に再犯をする確率はと問われれば，それは 6 分の 1 が答えになる。式で書けば

$$P(T=6) = \frac{1}{6}$$

となる。ここで条件付き確率の例を考えてみよう。

「もし，ある受刑者の再犯までの期間が 4 年以上であったことがわかっている時に，その受刑者が 6 年目で再犯した確率はいくらか。」

これが条件付き確率である。サイコロ 1 つをただ 1 回だけ振っているので，1 から 6 まで，何らかの値が 1 つだけ得られているが，それが何であるかはわからない。しかし，その値が 4 以上であることだけがわかっているとしたら，その値が 6 である確率はいくらだろうか？という問いである。直感的には，4 以上というからには，出た数の目は 4,5,6 のどれかであるのだから，それが 6 である確率は 3 分の 1 ではないかということになるが，これが条件付き確率として正しい答えになっている。式で書くと，

$$P(T=6 \mid T \geq 4) = \frac{1}{3}$$

である。

この計算を先の高校で習った条件付き確率の公式に当てはめて計算することを考える。以下のやり方は本当は数学的には厳密さを欠いているが，あまりそこにはこだわらないで，上の条件付き確率の式に形式的に当てはめてみると，

$$P(T=6 \mid T \geq 4) = \frac{P(T=6, T \geq 4)}{P(T \geq 4)} = \frac{\frac{1}{6}}{\frac{1}{2}} = \frac{1}{3}$$

---

2) 第 2 項は

$$\frac{P(\{\omega : T(\omega)=6\} \cap \{\omega : T(\omega) \geq 4\})}{P(\{\omega : T(\omega) \geq 4\})}$$

といった書き方をすれば見通しがよくなるがこうした標記は本書の範囲を超えてしまう。

という計算になる[2]。式の第2項の分子の部分がわかりにくいだろうか。この部分，$P(T=6, T\geq 4)$ は，$P(T=6 \cap T\geq 4)$ とも書くことができ，$T=6$ かつ $T\geq 4$ となる確率を示している。これはサイコロを1回振って出た目の値が6であり，かつ4以上になる確率，ということを示している。6であり，かつ4以上といっても，そもそも6は4以上なのだから単に6の目が出る確率と同じである。よって，この第2項の分子は6分の1になる。第2項の分母 $P(T\geq 4)$ はサイコロが4以上になる確率であるから，4, 5, 6のいずれの目が出てもよいので2分の1となる。条件付き確率の式に当てはめると，このように計算できるということを理解していただければと思う。

A.2.3 ハザード関数の導出

ここまでは確率変数 T に6面体ダイスという離散型確率変数を想定して説明を進めていたのだが，これはあくまで条件付き確率の話を簡単に説明するための方便である。先の条件付き確率の計算例を頭に入れながら，ここから先は T を連続型確率変数とし，その生存関数 $S(t)=P(T\geq t)$ は連続関数で微分可能という条件の下で話を進めていく。わざわざ微分可能と書いたのは後で微分を使いたいからである。

さて，A.2.1に示したハザード関数の定義に戻って説明しよう。この定義を，

$$h(t) = \lim_{\Delta t \to 0} \frac{P(t\leq T<t+\Delta t \mid T\geq t)}{\Delta t} = \lim_{\Delta t \to 0} \frac{1}{\Delta t} P(t\leq T<t+\Delta t \mid T\geq t)$$

と書き換えて，$P(t\leq T<t+\Delta t \mid T\geq t)$ の部分を条件付き確率の公式を使って変形すると，

$$P(t\leq T<t+\Delta t \mid T\geq t) = \frac{P(t\leq T<t+\Delta t, T\geq t)}{P(T\geq t)}$$

となる。この変形は，A.2.2のところで見た条件付き確率の公式を形式的に当てはめている。先に挙げた条件付き確率の公式と見比べて確認してもらいたい。事象 A, 事象 B といった部分に形式的に当てはめているだけである[3]。

---

[3] 本当は，連続型確率変数を用いた条件付き確率を定義するところから始めないといけないのだが，そういった厳密な話は本書のレベルを超える。また，厳密に話を進めたとしても，式の形自体はここで見た形式的な当てはめと同じ結果になる。

ここで，右辺の分母にでてくる $P(T \geqq t)$ は生存関数 $S(t)$ であることに留意してほしい。また，右辺の分子に出てくる $P(t \leqq T < t + \Delta t, T \geqq t)$ は，$t \leqq T < t + \Delta t$ かつ $T \geqq t$ となる確率であるから，結局 $P(t \leqq T < t + \Delta t)$ と同じことである。ここで

$$P(t \leqq T < t + \Delta t) = S(t) - S(t + \Delta t)$$

と書ける。なぜなら，

$$S(t) - S(t + \Delta t) = P(T \geqq t) - P(T \geqq t + \Delta t)$$

であり，時点 t 以後に再犯する確率から，時点 $t + \Delta t$ 以後に再犯する確率を引いたものは，t から $t + \Delta t$ の間に再犯する確率になるからである。

　よって，

$$P(t \leqq T < t + \Delta t \mid T \geqq t) = \frac{P(t \leqq T < t + \Delta t, T \geqq t)}{P(T \geqq t)} = \frac{S(t) - S(t + \Delta t)}{S(t)}$$

となる。

　さて，もともとのハザード関数の定義にこの式を戻してやれば，

$$h(t) = \lim_{\Delta t \to 0} \frac{P(t \leqq T < t + \Delta t \mid T \geqq t)}{\Delta t} = \lim_{\Delta t \to 0} \frac{S(t) - S(t + \Delta t)}{\Delta t \cdot S(t)} = \frac{1}{S(t)} \lim_{\Delta t \to 0} \frac{S(t) - S(t + \Delta t)}{\Delta t}$$

となる。ここで，

$$\lim_{\Delta t \to 0} \frac{S(t) - S(t + \Delta t)}{\Delta t} = -\lim_{\Delta t \to 0} \frac{S(t + \Delta t) - S(t)}{\Delta t}$$

について，微分のもともとの定義を思い出すと，これは関数 $S(t)$ を t で微分してマイナスを付けたものになっていることに気づく。

$$\frac{dS(t)}{dt} = S'(t)$$

という標記を用いれば，ハザード関数 $h(t)$ は

$$h(t) = \lim_{\Delta t \to 0} \frac{P(t \leqq T < t + \Delta t \mid T \geqq t)}{\Delta t} = \frac{1}{S(t)} \lim_{\Delta t \to 0} \frac{S(t) - S(t + \Delta t)}{\Delta t} = -\frac{S'(t)}{S(t)}$$

となる（最右辺のマイナス符号に注意）。ハザード関数の定義から，ハザード関数を生存関数で表現することに帰着できたわけである。

A.2.4 ハザード関数の意味

このようにして，定義したハザード関数は，どういった意味を持っているのか。ハザード関数 $h(t)$ は，

「時点 t まで再犯をしなかった犯罪者が次の瞬間に再犯をする確率の単位時間当たりの密度」

を表している。この表現もイメージしづらいかもしれない。例えば，犯罪者が2年間再犯をしなかったとする。2年間再犯をしなかった犯罪者は，3年目に再犯をするかもしれないし，4年目に再犯をするかもしれないし，もっと先に再犯するかもしれない。この時に，2年間再犯をしなかったものが，次の3年目までに再犯する確率が幾らになるかを考えることができる。そして，2年間再犯をしなかったものが続く2年半以内に再犯する確率を考えることもできる。このようにして，2年と1か月以内に再犯する確率，2年と0.5か月以内に再犯する確率，2年と0.1か月以内に再犯する確率，といったように次々と計算する期間の間隔を縮めていく。その値を計算した期間の間隔で割ってやることで単位時間当たりの確率の密度を求め，その極限を求めたものがハザード関数の値となる。$t=2$ の時の $h(2)$ は2年まで再犯をしなかったものが次の瞬間に再犯をする確率の単位時間あたりの密度となる。

この説明を読んでから，再度ハザード関数の定義を見てみよう。

$$h(t) = \lim_{\Delta t \to 0} \frac{P(t \leq T < t + \Delta t \mid T \geq t)}{\Delta t}$$

条件付き確率の $T \geq t$ の部分が，「時点 t まで再犯をしなかった犯罪者が」に該当する部分である。$t \leq T < t + \Delta t$ の部分が，「時点 t から時点 $t + \Delta t$ までの間に再犯する」ことを意味する部分である。このまま Δt を0に近づけるだけだと，その確率は0になるだけなので（確率変数 T の実現値としての再犯期間が落ちる区間が限りなく0に近づくから），Δt で割ることで，単位時間当たりの確率の密度としておき，Δt を0に近づけて極限値を求めているのが lim の部分である。これによって，時点 t までに再犯をしなかった犯罪者が次の瞬間に再犯をする確率の単位時間当たりの密度を算出していることになる。

本書におけるこれまでの言及では，わかりやすく表現する目的で，「単位時間当たりの密度」という言葉を省いて記載してきたが，ハザード関数の定義が意

味するところを正確に言葉で表すとこのようになる．なお，単位時間当たりの密度という言葉もそもそもわかりにくい．これは，例えば単位を年で取るとして，再犯に及ぶまでの期間が2年間である確率を1/2とすれば，単位時間（この場合は1年）当たりの確率の密度は1/2÷2で1/4となる．

さて，生存関数 $S(t)$ があれば，以下のように $h(t)$ を求めることができた．

$$h(t) = -\frac{S'(t)}{S(t)}$$

逆に，$h(t)$ があれば，$S(t)$ を以下のように求めることができる．対数関数の微分の公式を用いると，

$$\frac{d}{dt}\log S(t) = \frac{S'(t)}{S(t)} = -h(t)$$

$$\log S(t) = -\int h(t)\,dt + C \quad （Cは積分定数）$$

であるが，$S(0)=1$ から $\log S(0)=0$ であるので，

$$-\int_0^t h(s)\,ds = \left[\log S(t)\right]_0^t = \log S(t) - \log S(0) = \log S(t)$$

$$S(t) = \exp\left(-\int_0^t h(s)\,ds\right)$$

となり，$h(t)$ があれば $S(t)$ を求めることができる．なお，$\exp(\ )$ は自然対数の底 e の何乗になっているかを示している．例えば，$\exp(a)$ と書いた時には，e^a である．ここで，

$$H(t) = \int_0^t h(s)\,ds$$

は累積ハザード関数（Cumulative Hazard Function）と呼ばれる．また，分布関数 $F(t)$ を t で微分した確率密度関数（Probability Density Function: PDF）を $f(t)$ と表記すれば

$$\frac{d}{dt}S(t) = \frac{d}{dt}(1-F(t)) = \frac{d}{dt}1 - \frac{d}{dt}F(t) = -f(t)$$

$$\frac{d}{dt}S(t) = \frac{d}{dt}\exp\left(-\int_0^t h(s)\,ds\right) = \exp\left(-\int_0^t h(s)\,ds\right)\cdot\frac{d}{dt}\left(-\int_0^t h(s)\,ds\right) = -S(t)\cdot h(t)$$

となるので，

$$f(t) = S(t) \cdot h(t)$$

となる。t 時点まで再犯をしない確率に，t 時点まで再犯をしなかった時に次の瞬間に再犯する確率の単位時間当たりの密度を掛けたものが，密度関数 $f(t)$ になる。

このように密度関数 $f(t)$，分布関数 $F(t)$，ハザード関数 $h(t)$，生存関数 $S(t)$ のいずれか 1 つが定まっていれば，そこを出発点として他のいずれの関数も求めることができる。これらは確率変数 T の分布を規定している。

A.3 カプランマイヤー推定法

A.3.1 カプランマイヤー推定法とは

図 A-3 を見ると 400 日のところで数値は 0.19 を示している。先に述べたように，これは釈放された犯罪者が 400 日の時点で再犯せずに残っている割合が 0.19 であることを示している。これは再犯率が 0.81 ということである。累積生存率が 19％，再犯率が 81％と言い換えても同じことである。この図を見て

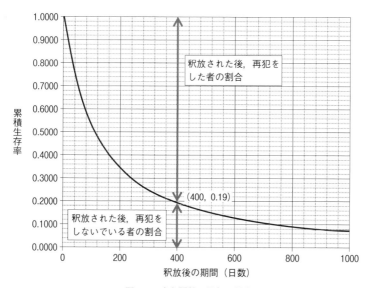

図 A-3　生存関数の解釈の仕方

わかるように生存関数は非増加関数である。時間とともに釈放された犯罪者が次第に再犯してゆき，再犯をしないで生き残っている割合が減少していく様子がグラフに示されており直感的にもわかりやすい。

生存関数の推定

生存関数を見ることで，釈放された犯罪者が再犯していく過程を評価することができるが，実際に得られる釈放後の再犯の推移に関するデータは，図 A-3 のように滑らかな連続関数として得られるわけではない。図 A-4 を見ていただきたい。これは生存時間分析で解析の対象となるデータを図示したものである。実際に得られるのは，このようなある犯罪者について釈放後ある時間を経過して再犯をした，あるいはその追跡期間の内には再犯をしなかったという有限個のデータの集合である。また，犯罪者が刑務所や少年鑑別所などの収容施設から釈放される時点は様々であり，個別に施設から社会へと戻っていく。そのため有限の追跡期間において，長い時間，再犯の有無を観察される犯罪者もいれば，ほんの短期間だけ再犯の有無を観察される犯罪者もいることになる。

仮にある釈放受刑者が一定の期間，追跡調査を受けて再犯をしていないことが確認されたとしても，それはあくまでその時点までに再犯がなかったことを

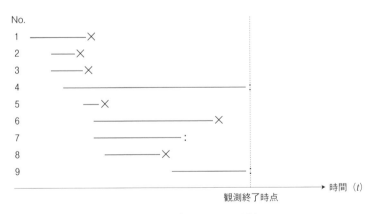

図 A-4　生存時間データを図示した例

(時間は左から右へと経過していく。No.1 から No.9 は 9 人の個々の犯罪者を意味している。「×」は再犯を示す。「：」は死亡など何らかの事情で観測からドロップアウトするか (No.7)，追跡期間が終了して (No.4，No.9)，再犯が観測されないまま追跡が中途打ち切りになったことを示す。棒の長さが個々人の観測期間を示している。)

意味しているのみであり、その後に再犯するかどうかについてはその時点では不明である。こうしたデータは中途打ち切りデータ（censored data）と呼ばれ、再犯分析のような生存時間を取り扱う分析を行う際に頻繁に発生する。

　このように追跡期間の長さや中途打ち切りを含んだ有限個のデータから、生存関数を推定する方法の一つが、カプランマイヤー推定法である。カプランマイヤー推定法では、追跡期間の長短や中途打ち切りを考慮して生存関数を推定することができる。具体的には得られた受刑者の再犯データから、そのようなデータが発生する確率が最も高くなるような生存関数を推定するという方法で生存関数を求めている。このような推定の仕方は最尤推定と呼ばれる。なお、実際に得られたデータからカプランマイヤー推定をどのように計算するかについては大橋・浜田（1995）を参照願いたい。また、最尤推定という観点からカプランマイヤー推定量の計算を導出する過程はかなり煩雑であるが、興味のある読者は Kalbfleisch & Prentice（2002）を見られるとよい。

　図 A-5 はカプランマイヤー推定法によって推定された生存関数の例である。図 A-3 と比べると、滑らかでない、階段型の形状をしていることがわかる。不

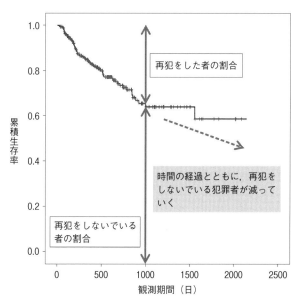

図 A-5　カプランマイヤー推定法によって推定された生存関数の例

連続になる下方に線が落ちている時点で，釈放された犯罪者が再犯をしたことを示している。図 A-5 はカプランマイヤー推定された生存関数の形状としては一般的なもので，見た目は若干，図 A-3 の連続関数で表現された生存関数と異なって見えるが，同じ生存関数なのでグラフの見方は変わらない。時間の経過に沿って再犯をしないで生き残っている犯罪者の割合が減少していく様子が見て取れる。

推定の持つ意味

ところで，生存関数を推定するとはどういう意味であろう。得られたデータからカプランマイヤー推定量を算出する計算式に従えば，一本の生存関数が求まる。この求まった生存関数が推定された関数，推定値となるわけであるが，推定値であるとはどういう意味だろうか。

実は，頻度論[4]と呼ばれる統計学の考え方のもとでは，我々は決して知ることができない真の生存関数というものが存在していると仮定する。真の生存関数がこの世界にただ 1 つ存在しており，その生存関数に従う確率変数 T を非行少年が再犯するまでの期間とする。我々が知ることができるのは，確率変数 T の幾つかの実現値である。非行少年の再犯期間は真の生存関数に従って，次々と作られている。その中で 10 人の非行少年が再犯するまでの期間が得られたとすると，その各人の再犯期間は，あくまで真の生存関数のもとでたまたま得られた 10 個のサンプルである。同じ生存関数のもとで，再度 10 人の非行少年の再犯期間についてのデータをサンプルとして得ることができるとしたら，その 10 個の再犯期間は先に得られたものとは異なっているであろう。サイコロは振る度に出る目が異なるのである。

さて，真の生存関数のもとで何回でも繰り返しこのようなサンプル（10 人の非行少年の個々人の再犯期間）を得ることができる，というセッティング（ボタンを 1 回押すと，真の生存関数に従う再犯期間が 10 個産出され，そのボタンを何回でも押すことができる）のもとで，我々が現在手にすることができているのは，その内の 1 セット，10 人分の非行少年の再犯期間である，というのが我々が置かれている状況である。そのただ 1 回の得られたサンプルを手掛か

---

4) 頻度論と対をなす考え方がベイズ統計学である。ベイズ統計学では真の推定値がただ一つあるとは考えず，推定値は確率的に分布していると仮定している。

りにして真の生存関数がどういった形をしているか，それを推定しにいこうとしているわけである。その時の推定の仕方の一つがカプランマイヤー推定法ということになる。そして，ここで求まる推定値は，あくまで推定の結果であり，真の生存関数は決して我々にはわからない。

　カプランマイヤー推定法を使って生存関数を推定することにはメリットがある。それは，真の生存関数のもとで得られたサンプルについてカプランマイヤー推定を行って推定した生存関数を得る，そして，また別のサンプルについて同様にカプランマイヤー推定を行って生存関数を得る，といったことを繰り返してカプランマイヤー推定された生存関数をたくさん得ることができるとして，そのたくさん推定された生存関数の期待値（平均値）が真の生存関数に等しくなることがわかっているのである（不偏推定量と呼ばれる推定量として好ましい性質である）。この性質は，カプランマイヤー推定法を使って生存関数を推定する1つの理由となっている。

A.3.2　カプランマイヤー推定法による生存関数の比較

　図 A-6 は，カプランマイヤー推定法によって推定された2つの生存関数を表

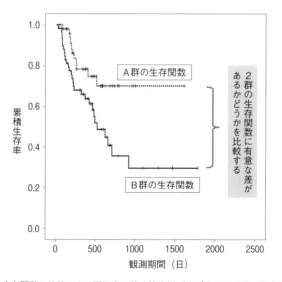

図 A-6　生存関数の比較による再犯率の差の検出例（カプランマイヤー推定法による）

したものである。2つの生存関数を比べることで，犯罪者の再犯率の差を比較することができる。グラフを見ればわかるように，A群の生存関数の方がB群の生存関数と比べて，縦軸に沿って上方に位置している。これは，A群に属する犯罪者に比べてB群に属する犯罪者の再犯率が高いことを意味している。B群の犯罪者の方がA群の犯罪者と比べて早く再犯をしていき，追跡が終了した時点で，B群の犯罪者の再犯率はA群の犯罪者の再犯率と比べて高いものになっていることが見て取れる。

さて，このように2本の生存関数は見た目に異なっているが，その差異が偶然に生じたものではなく，有意に異なっているか否かについて統計的な検定を実施することができる。もしも，この2つの生存関数が同一の生存関数から得られたサンプルによって描かれたのだと仮定して（帰無仮説と呼ばれる），そのもとでこのように異なる生存関数が得られる確率を計算する。その確率が小さければ小さいほど今回得られた2本の生存関数が同一の一本の生存関数から得られたものとは考えにくいということになる。この検定でしばしば用いられるのが，ログランク検定[5]と呼ばれる方法である。ログランク検定を実施したところ，この2本の生存関数は有意に異なっていることが確認された（$\chi^2(1)=6.11, p<.05$）。統計的にもB群の犯罪者はA群の犯罪者と比べて再犯率が高いことが確認できたわけである。

以上がカプランマイヤー推定法を用いた生存関数によって犯罪者の再犯を評価する方法の概要である。

A.4 Coxの比例ハザードモデル

A.4.1 比例ハザードモデル

生存時間分析における多変量線形回帰モデルでよく用いられるモデルがCox (1972) の考案による比例ハザードモデル (Proportional Hazard Model) である。回帰モデルであることから，Cox回帰分析などと呼ばれたりもする。一

---

[5] 検定法は他にもあり，統計パッケージのSPSSではログランク検定の他に，Breslow検定（一般化ウィルコクソン検定），Tarone-Ware検定が実装されている。個々の検定にはそれぞれ特徴があるが，それについては大橋・浜田（1995）等の成書を参照願いたい。

般的な線形回帰モデル，すなわち，心理学分野では重回帰分析と呼ばれるモデルは，y を従属変数，x を独立変数，$\beta_1, \beta_2, \cdots, \beta_n$ をパラメータ，e を正規分布に従う誤差項とすると，

$$y = \beta_0 + \beta_1 x_1 + \beta_2 x_2 + \cdots + \beta_n x_n + e$$

であった。Cox 回帰分析はこれを生存時間分析に拡張したものと言えるが，生存時間データに特有の中途打ち切りを取り扱う必要性もあって，独特なモデリングとなっている。

比例ハザードモデルは以下のモデリングである。

$$h(t, x_1, x_2, \cdots, x_n) = h_0(t) \cdot \exp(\beta_1 x_1 + \beta_2 x_2 + \cdots + \beta_n x_n)$$

先にも出てきたが，exp( ) は自然対数の底 e の何乗になっているかを示している。例えば，$\exp(a)$ と書いた時には，e^a である。ここで，t はある時点を表している。x は独立変数であるが，この生存時間分析の分野では伝統的に共変量と呼ばれることが多い。$\beta_1, \beta_2, \cdots, \beta_n$ は推定すべきパラメータである。$h(t, x_1, x_2, \cdots, x_n)$ は，共変量 $x_1, x_2, \cdots, x_n$ が与えられた時のハザード関数を示している。共変量と時点 t が与えられれば，その時点におけるハザード関数の値が決まる。これは共変量が $x_1, x_2, \cdots, x_n$ である犯罪者が，時点 t の時点まで再犯をしなかった時に，次の瞬間に再犯をする確率の単位時間当たりの密度である。$h_0(t)$ は基準ハザード関数（Baseline Hazard Function）と呼ばれる。共変量 $x_1, x_2, \cdots, x_n$ がハザード関数に与える影響をその共変量とパラメータ $\beta_1, \beta_2, \cdots, \beta_n$ との線形結合（掛け算をして足し込む）を e の乗数にして，そ

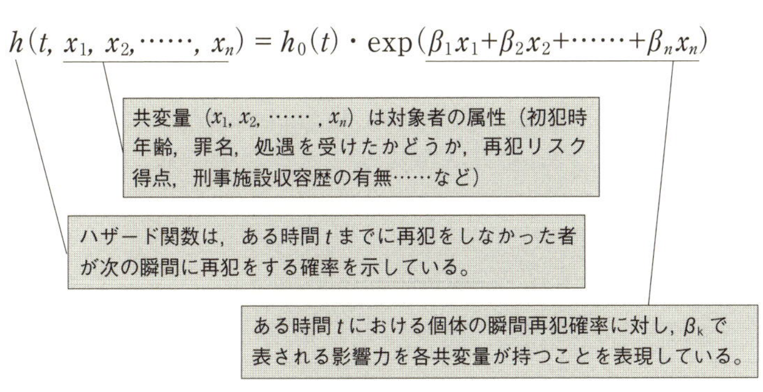

$$h(t, \underline{x_1, x_2, \cdots, x_n}) = h_0(t) \cdot \exp(\underline{\beta_1 x_1 + \beta_2 x_2 + \cdots + \beta_n x_n})$$

共変量 $(x_1, x_2, \cdots, x_n)$ は対象者の属性（初犯時年齢，罪名，処遇を受けたかどうか，再犯リスク得点，刑事施設収容歴の有無……など）

ハザード関数は，ある時間 t までに再犯をしなかった者が次の瞬間に再犯をする確率を示している。

ある時間 t における個体の瞬間再犯確率に対し，β_k で表される影響力を各共変量が持つことを表現している。

図 A-7　Cox の比例ハザードモデルの説明

れに基準ハザード関数 $h_0(t)$ を掛けたもので表現したものが Cox の比例ハザードモデルである。

共変量が異なっても基準ハザード関数は共通しており，左辺のハザード関数が基準ハザード関数の定数倍で表現されることから，「比例ハザード」の名前がある[6]。図 A-7 はここまでの説明を図解したものである。式の意味するところを厳密に数学的な意味で理解しなくても，イメージとして把握できれば，分析結果を読み解いたり，自分自身でデータ解析を行ったりする分にはそれほど支障がないであろう。

A.4.2　実際の数値を用いた説明

具体的な例を上げて説明する。第 4 章で行った分析について，再度見てみよう。表 4-4（再掲）の内で，モデル 3 のところを見ると，入所時年齢の係数 β が -0.246，合計得点の係数 β が 0.149 となっている。これが推定されたパラメータであり，$\beta_1 = -0.246$, $\beta_2 = 0.149$ となる。また，入所時年齢が共変量 x_1, 合計得点が共変量 x_2 となる。モデル式は以下のようになる。

$$h(t, x_1, x_2) = h_0(t) \cdot \exp(-0.246 x_1 + 0.149 x_2)$$

この式で，入所時年齢が 14 歳の対象者と 15 歳の対象者のハザード関数を計算

表 4-4　入所時年齢と合計得点を独立変数とした Cox 回帰分析（再掲）

共変量	モデル 1		モデル 2		モデル 3	
	β	$(\exp(\beta))$	β	$(\exp(\beta))$	β	$(\exp(\beta))$
入所時年齢	-0.330**	(0.719)	—		-0.246**	(0.782)
合計得点	—		0.153**	(1.165)	0.149**	(1.161)
$-2 \times$ 対数尤度	776.071		736.404		729.274	
AIC	777.071		737.404		731.274	

**$p < .01$

---

6) 異なる変量に対応するハザード関数が基準ハザード関数の定数倍（グラフで見ると縦軸に平行移動した形になる）になっていることが Cox の比例ハザードモデルの前提であり，これを比例ハザード性 (proportionality) と呼ぶ。分析では比例ハザード性が満たされているかどうかを本来は確認する必要がある。比例ハザード性の確認には①生存関数の 2 重対数プロットを書いて確認する，②時間依存性共変量を用いた検定を行う，③ schoenfeld 残差を用いた検定を行う等の方法がある。これらの方法はいずれもフリーの統計パッケージである R で実行可能である。①と②は SPSS で実行できる（③は SPSS ではシンタックスを書かないと実施できない）。

A.4 Coxの比例ハザードモデル

してみよう。14歳のハザード関数は，

$$h(t, 14, x_2) = h_0(t) \cdot \exp(-0.246 \cdot 14 + 0.149\, x_2)$$

15歳のハザード関数は，

$$h(t, 15, x_2) = h_0(t) \cdot \exp(-0.246 \cdot 15 + 0.149\, x_2)$$

となる。ここで，14歳のハザード関数を分母に，15歳のハザード関数を分子に持ってきたハザード比と呼ばれる数値を算出する。

$$\frac{h(t, 15, x_2)}{h(t, 14, x_2)} = \frac{h_0(t) \cdot \exp(-0.246 \cdot 15 + 0.149\, x_2)}{h_0(t) \cdot \exp(-0.246 \cdot 14 + 0.149\, x_2)}$$

分子と分母の基準ハザード関数 $h_0(t)$ がキャンセルされるので

$$\frac{h(t, 15, x_2)}{h(t, 14, x_2)} = \frac{\cancel{h_0(t)} \cdot \exp(-0.246 \cdot 15 + \cancel{0.149\, x_2})}{\cancel{h_0(t)} \cdot \exp(-0.246 \cdot 14 + \cancel{0.149\, x_2})}$$

$$= \frac{\exp(-0.246)^{15}}{\exp(-0.246)^{14}}$$

$$= \exp(-0.246)$$

$$= 0.782$$

となる。

この結果から，14歳の対象者に比べて15歳の対象者は，ある時点 t までに再犯しなかった対象者が次の瞬間に再犯する確率の単位時間当たりの密度が0.782倍になることがわかる。15歳の対象者の方が14歳の対象者よりも再犯をしにくいことになる。このように再犯しにくさの程度は $\exp(\beta)$ で算出できることがわかる。この $\exp(\beta)$ はオッズ比と呼ばれる。同じように17歳の対象者と14歳の対象者について考えると，

$$\frac{h(t, 17, x_2)}{h(t, 14, x_2)} = \frac{\cancel{h_0(t)} \cdot \exp(-0.246 \cdot 17 + \cancel{0.149\, x_2})}{\cancel{h_0(t)} \cdot \exp(-0.246 \cdot 14 + \cancel{0.149\, x_2})}$$

$$= \frac{\exp(-0.246)^{17}}{\exp(-0.246)^{14}}$$

$$= \exp(-0.246)^3$$

$$= (0.782)^3$$

$$= 0.478211768$$

となる。オッズ比の乗数倍でハザード関数に効いてくるのである。

なお，ここで打ち消し線で示したように基準ハザード関数 $h_0(t)$ はパラメータの解釈をする際にキャンセルされてしまう。実は，Cox の比例ハザードモデルでは，この基準ハザード関数 $h_0(t)$ を具体的に特定するような推定は行われない。推定が行われるのは係数 β のみである。このようにモデルとしては表現されていても，明示的にモデルの示す確率分布を求めないモデリングをセミパラメトリックモデルと呼ぶ。Cox の比例ハザードモデルは典型的なセミパラメトリックモデリングである。この場合，パラメータの推定は尤度ではなく偏尤度（部分尤度）を構成し，最尤法ではなく偏尤法（部分尤度法）と呼ばれる方法で推定が行われる。

A.4.3　パラメータの推定（偏尤法，部分尤度法）

ここでは Cox の比例ハザードモデルを構成するパラメータである β をどのように推定するのか解説する。以下のようなデータがあったとしよう。

非行少年 A　————×　（釈放後 40 日で再犯）
（年齢 17 歳，合計リスク得点 20 点）

非行少年 B　——————：（釈放後 80 日で中途打ち切り）
（年齢 14 歳，合計リスク得点 10 点）

非行少年 C　————————×　（釈放後 120 日で再犯）
（年齢 18 歳，合計リスク得点 40 点）

非行少年 D　—————————×　（釈放後 140 日で再犯）
（年齢 19 歳，合計リスク得点 12 点）

共変量として年齢を x_1，合計リスク得点を x_2 とする比例ハザードモデルは，
$$h(t, x_1, x_2) = h_0(t) \cdot \exp(\beta_1 x_1 + \beta_2 x_2)$$
と表せる。

さて，通常，最尤法によってパラメータを求めようとすると，尤度関数は，上に示したような日数で A, B, C, D が再犯する確率を掛け合わせて構成することになる。しかし，そうしたやり方をすると基準ハザード関数に明示的な関数を導入しなければ計算ができない。Cox の偏尤法（部分尤度法）は生存時間の確率変数に明示的な分布を当てはめずにパラメータを推定する方法である。それには，ある時点 t で A が再犯した確率ではなく，A, B, C, D の内の誰でもよいので再犯が発生したという条件のもとで再犯したのが A である確率を考えるのである。そのために以下のような手順を取る。

A, B, C, D の内，ある時点 t で誰かが再犯をするという事象を，発生個体の情報（A, B, C, D の内から誰かが選ばれる）と再犯発生の情報（再犯が発生する）に分けて考える。記法は以下のように定める。

・A, B, C, D の内から誰か一人を選ぶ時に，A が選ばれる事象を H_A, B が選ばれる事象を H_B, C が選ばれる事象を H_C, D が選ばれる事象を H_D とする。
・再犯が発生するという事象を Z（網かけ部分）とする。この状態を図示すると以下のようになる（A, B, C, D は同時に再犯しない）。

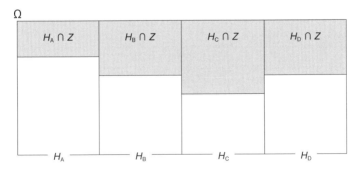

網掛けの部分が再犯の事象 Z であるから，A が再犯をする確率は，A が選ばれ，かつ，再犯が起こる確率であるから $P(H_A \cap Z) = P(Z|H_A)P(H_A)$ と表せる。同様に B が再犯する確率は $P(H_B \cap Z) = P(Z|H_B)P(H_B)$, C が再犯する確率は $P(H_C \cap Z) = P(Z|H_C)P(H_C)$, D が再犯する確率は $P(H_D \cap Z) = P(Z|H_D)P(H_D)$ となる。

また，再犯が起こる事象 Z は網掛けの部分全部であり，よって再犯が起こる確率は

$$P(Z) = P(H_A \cap Z) + P(H_B \cap Z) + P(H_C \cap Z) + P(H_D \cap Z)$$
$$= P(Z|H_A) P(H_A) + P(Z|H_B) P(H_B) + P(Z|H_C) P(H_C) + P(Z|H_D) P(H_D)$$

である.

ここで, $P(Z|H_A)$ は図では左上の網掛けのブロックの部分で, A が選ばれたという条件の下で再犯が発生する確率である. それでは, $P(H_A|Z)$ は何を意味しているのだろうか. これは, A, B, C, D の内で誰かに再犯が起こったという条件のもとで, その再犯をしたのが A である確率である. この $P(H_A|Z)$ はベイズの定理を用いて,

$$P(H_A|Z) = \frac{P(Z|H_A) P(H_A)}{P(Z)}$$

$$= \frac{P(Z|H_A) P(H_A)}{P(Z|H_A) P(H_A) + P(Z|H_B) P(H_B) + P(Z|H_C) P(H_C) + P(Z|H_D) P(H_D)}$$

と表される.

ここで, A, B, C, D が選ばれる確率(ベイズ統計では事前確率と呼ばれる)が等しい, すなわち,

$$P(H_A) = P(H_B) = P(H_C) = P(H_D)$$

とすれば,

$$P(H_A|Z) = \frac{P(H_A \cap Z)}{P(H_A \cap Z) + P(H_B \cap Z) + P(H_C \cap Z) + P(H_D \cap Z)}$$

となる.

この式を使って, 40 日時点で A, B, C, D の内の誰でもよいので再犯が発生したという条件のもとで再犯したのが A である確率を, ハザード関数を使って構成すると (A についてのハザード関数は h_A と表す. 他の個体も同様である. なお, もちろんハザード関数は確率を表しているわけではないが, 再犯の起こりやすさを示しており, 後で偏尤度(部分尤度)を最大化することで, 与えられたデータがモデルのもとで再現される確率を最大にするパラメータが得られる),

$$\frac{h_A(40, 17, 20)}{h_A(40, 17, 20) + h_B(40, 14, 10) + h_C(40, 18, 40) + h_D(40, 19, 12)}$$

となる.

さて B は 80 日で中途打ち切りとなっているので, 次に再犯しているのは C

で時点は 120 日である．上と同様に条件付確率を求めることを考えると，A は既に再犯し，B は中途打ち切りとなっているので，120 日時点では再犯できないことから，120 日時点で C, D の内で誰か一人が再犯したという条件で再犯したのが C である確率 ＝ 120 日時点で C が再犯する確率 / 120 日時点で C, D の内で誰か一人が再犯する確率となり，ハザード関数で構成すると，

$$\frac{h_C(120, 18, 40)}{h_C(120, 18, 40) + h_D(120, 19, 12)}$$

となる．B が中途打ち切りとなったことが，分母から外されることで表現されていることに注意されたい．

最後は D が 140 日時点で再犯しているので，140 日時点で D が再犯したという条件で再犯したのが D である確率 ＝ 140 日時点で D が再犯する確率 / 140 日時点で D が再犯する確率

$$\frac{h_D(140, 19, 12)}{h_D(140, 19, 12)}$$

である．これらを掛け合わせた

$$\frac{h_A(40, 17, 20)}{h_A(40, 17, 20) + h_B(40, 14, 10) + h_C(40, 18, 40) + h_D(40, 19, 12)}$$

$$\times \frac{h_C(120, 17, 20)}{h_C(120, 18, 40) + h_D(120, 19, 12)}$$

$$\times \frac{h_D(140, 19, 12)}{h_D(140, 19, 12)}$$

が偏尤度関数（部分尤度関数）（Partial Liklihood Function）と呼ばれる．これは与えられた非行少年 A, B, C, D の再犯情報がこの比例ハザードモデルのもとで得られる確率を表現している．

ここで，

$$h_A(40, 17, 20) = h_0(40) \cdot \exp(\beta_1 \cdot 17 + \beta_2 \cdot 20)$$
$$h_B(40, 14, 10) = h_0(40) \cdot \exp(\beta_1 \cdot 14 + \beta_2 \cdot 10)$$
$$h_C(40, 18, 40) = h_0(40) \cdot \exp(\beta_1 \cdot 18 + \beta_2 \cdot 40)$$
$$h_D(40, 19, 12) = h_0(40) \cdot \exp(\beta_1 \cdot 19 + \beta_2 \cdot 12)$$

であるから，これを部分尤度関数の最初の部分に代入すると，基準ハザード

関数 $h_0(40)$ がキャンセルされることがわかるだろう。同様にして偏尤度関数（部分尤度関数）の2つ目の部分に，

$h_C(120, 18, 40) = h_0(120) \cdot \exp(\beta_1 \cdot 18 + \beta_2 \cdot 40)$

$h_D(120, 19, 12) = h_0(120) \cdot \exp(\beta_1 \cdot 19 + \beta_2 \cdot 12)$

を代入すれば，基準ハザード関数 $h_0(120)$ がキャンセルされる。偏尤度関数（部分尤度関数）の3つ目の部分は当然1になるので，結局，偏尤度関数（部分尤度関数）は，

$$\frac{\exp(\beta_1 \cdot 17 + \beta_2 \cdot 20)}{\exp(\beta_1 \cdot 17 + \beta_2 \cdot 20) + \exp(\beta_1 \cdot 14 + \beta_2 \cdot 10) + \exp(\beta_1 \cdot 18 + \beta_2 \cdot 40) + \exp(\beta_1 \cdot 19 + \beta_2 \cdot 12)}$$
$$\times \frac{\exp(\beta_1 \cdot 18 + \beta_2 \cdot 40)}{\exp(\beta_1 \cdot 18 + \beta_2 \cdot 40) + \exp(\beta_1 \cdot 19 + \beta_2 \cdot 12)}$$

となる。偏尤度関数（部分尤度関数）はパラメータ β_1, β_2 の関数となっているので（$PL(\beta_1, \beta_2)$），この偏尤度関数（部分尤度関数）を最大化するような β_1, β_2 がパラメータの推定値となる[7]。

　ここで比例ハザードモデルに含まれている基準ハザード関数がキャンセルされ，消えてしまっていることが，この推定法の不思議というか巧妙なところである。モデルとして定式化されているのに，モデル全体は推定されず，推定されるのはハザード関数に対して共変量が与える影響である β_1, β_2 のみなのである。このようなモデルはセミパラメトリックモデルと呼ばれている。モデルの分布形が明示的に求められることがないので，比例ハザード性の仮定さえ満たしていれば，特定の分布形を導入しなくてもよいという点がこのモデルの長所となっている。

　ここまでで，生存関数，ハザード関数の説明と，多変量線形回帰モデルであるCoxの比例ハザードモデルについて概要を説明した。推定されたパラメータの有意性検定など，これ以上の詳細に興味がある方は中村（2001），大橋・浜田（1995）などを参考にされたい。

---

　7) このパラメータの推定法は，通常の最尤法ではなく，部分尤度法あるいは偏尤法と呼ばれる。この方法で推定されたパラメータが最尤法による推定値と同様に推定量としての望ましい性質を有しているかという問題が提起されるが，1980年代にそのことが証明され，現在では推定値としての正当性が保証されている。

A.5 決定木による分析

　第 4 章の再犯分析では決定木（Descision Tree），もしくは樹形モデル（tree based model）という方法を用いて，リスク群の抽出を行っている。決定木は生存時間分析の一手法というわけではなく，一般に様々な種類のデータに適用可能な分析手法である。第 4 章の分析では生存時間データ用に拡張された決定木（LeBlanc & Crowley, 1992; Therneau & Atkinson, 1997）を用いて分析している。ここでは，簡単に決定木について解説する。詳しくは大滝・堀江（1998）などの成書を参考にされたい。

　決定木は再犯分析で用いられる際には再犯率を指標として探索的に群分けを行う目的で実施される。第 4 章では犯罪者に関して測定された指標得点（YLS/CMI の合計得点）を用いて，再犯率に差のある群を構成できるような分岐ルールを抽出し，そのような分岐構造を積み重ねることで，再犯の可能性の高い群から低い群まで最適な予測を与えるような分割規則を構成している。この分岐構造が枝分かれに喩えられることから，決定木という名前がある。苗木を育成して，大きな，ぼさぼさで見栄えのしない木にしてから，弱い枝を剪定して強い枝を残し，見栄えのよい庭木に仕立てるやり方に類似している（大滝・堀江, 1998）。分岐構造の構成の仕方はいくつか提案されているが，本書で行った分析は CART（Classification And Regression Tree）と呼ばれるアルゴリズムによって行われている。

　図 A-8 は，再犯リスクを示す得点である合計得点を独立変数に，再犯を従属変数に投入した決定木の例である。

- 1 つめの分岐では，総合計得点が 15 点以上の者がノード 2 に分類され，そのノードに属する犯罪者の再犯率は 36.4% となっていることがわかる。この群は高リスク群と言うことができる。
- 14 点以下の者はノード 1 に分類され，その中でさらに 7 点以下のものがノード 3 に分類される。ノード 3 に分類された犯罪者は再犯率が 0% であり，低リスク群が抽出されていることがわかる。
- 8 点以上 14 点以下の者はノード 4 に分類され，再犯率は 17.6% であり，中リスク群と言うことができる。

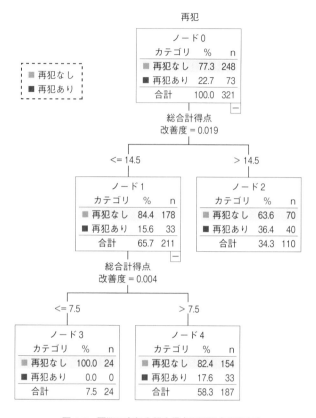

図 A-8　再犯の有無を総合得点で予測する決定木

　決定木分析ではこのように樹状の分岐構造により，層を作り，各層の再犯率を予測できるモデルが構成される。

　なお，図A-8は，統計ソフトのSPSSを用いて分析した結果を例として出力したものであるが，実際にはSPSSの決定木分析は生存時間データに対応した手法が実装されていない。観測期間がすべての対象者について3年，5年などと同一の期間が確保されているデータについては，SPSSの決定木分析を使用してもよいが，通常の生存時間データに対応した決定木分析を行う場合には，Therneau & Atkinson（1997）を参照して分析することが推奨される。この場合使用する統計ソフトはRである。

A.6　確率関数・確率密度関数・分布関数

確率変数は特定の値を持たず，サイコロを振っているようなものとして理解すればよいと先に書いたが，ここでは理解を促すために，数理統計学の基礎的な事項を確認しておく。サイコロの出る目を表す確率変数を X としよう。サイコロの目は $1, 2, 3, 4, 5, 6$ という飛び飛びの値しか取らないので，このような確率変数は離散型確率変数と呼ばれる。さて，サイコロは振るたびに目がランダムに決まる。全ての出る目の確率は等しいとすると，その目の出方は次の表に従うことになる。このような表は確率分布表と呼ばれる。

確率変数 X （サイコロの出る目）	1	2	3	4	5	6
確率	$\dfrac{1}{6}$	$\dfrac{1}{6}$	$\dfrac{1}{6}$	$\dfrac{1}{6}$	$\dfrac{1}{6}$	$\dfrac{1}{6}$

この時，確率を P という記号を使って表すと，サイコロの目が 1 になる，すなわち離散型確率変数 $X=1$ になる確率は，$P(X=1)=1/6$ と表すことができる。同様に $P(X=2)=1/6$, $P(X=3)=1/6$, $P(X=4)=1/6$, $P(X=5)=1/6$, $P(X=6)=1/6$ である。

さて，ここで確率関数（Probability Function）を定義しよう。離散型確率変数 X の確率関数を

$$f_X(x) = P(X=x)$$

で定める[8]。数値を代入すると，例えば，$f_X(1)=P(X=1)=1/6$ となる。

次に，ある数，x が与えられた時に（この x は確率変数ではなく，定数であることに注意が必要である。固定された値 x が与えられたということである），サイコロの出る目を表す確率変数 X が x 以下になる確率を考えてみよう。例えば，$x=2$ の時，すなわち，サイコロの目が 2 以下になる確率を考えると，排反な事象である 1 と 2 の目がでる確率を足したものであるから，$P(X=1)+P(X=2)$

---

8) ここでは $f_X(x)$ のように f の右隣下に X を小さく付した表記にしてある。これは，関数 f が確率変数 X についてのものであることを明示する意味で付けられている。誤解が生じにくい場合には，単に $f(x)$ と書かれる場合も多い。$F_X(x)$ も同様である。本書では生存関数を $S(t)$ と表記しているが，確率変数 T に関することを明示するのであれば，$S_T(t)$ と表記することになる。ただし，生存時間分析の分野ではあまりこのような表記は見かけないため，本書でも添え字の T は省いている。

= 1/6 + 1/6 = 1/3 となる．このように確率変数 X が与えられた数 x 以下になる確率について，分布関数と呼ばれる関数を以下のように定義する．確率変数 X の分布関数を，

$$F_X(x) = P(X \leq x)$$

で定める．先程の例で確率変数 X が 2 以下になる場合は，$F_X(2) = P(X \leq 2)$ $= P(X=1) + P(X=2) = 1/6 + 1/6 = 1/3$ となる．ここでのサイコロの例では，和の記号を使えば分布関数は $F_X(x) = P(X \leq x) = \sum_{k=1}^{x} P(X=k)$ と表せる．ここで，分布関数 $F_X(x) = P(X \leq x)$ のグラフを書いてみよう．横軸に x を縦軸に $F_X(x)$ を取れば，図 A-9 のようなグラフになる．横軸の x がサイコロの出目で，1, 2, 3……と増える毎に縦軸の確率は 1/6 刻みでジャンプして増えていく不連続な非減少関数となる．確率関数とは違って横軸 x は整数以外でも定義されおり，その定義域は $-\infty$ から $+\infty$ まで値を取る．

ここまでが，1, 2, 3 など飛び飛びの値を取る離散型確率変数の話である[9]．次に連続した値を取る連続型確率変数の説明をする．連続型確率変数では，確率関数は確率密度関数と呼ばれるものになる．分布関数は離散型と同じで，定義も同じになる[10]．ただし，連続型の場合は，やや定義の仕方がテクニカルで

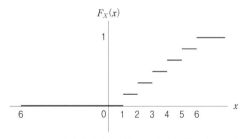

図 A-9 サイコロの目を表す確率変数 X の分布関数 $F_X(x)$ のグラフ

---

9) なお，本章で定義されている生存関数は，$S(t) = P(T \geq t)$ であった．分布関数とは不等号の向きが逆になっていることを見ていただきたい．確率変数 X を使って表せば，分布関数は $F_X(x) = P(X \leq x)$，生存関数は $S(x) = P(X > x)$ となり（離散型では $\geq$ を $>$ に変える必要がある），$F_X(x) = 1 - S(x)$ という関係になる．分布関数は値が増加していくが，生存関数は逆に値が減少していくことになる．

10) 確率密度関数は英語で Probability Density Function であり，頭文字を取って PDF と呼ばれる．一方の分布関数は Distribution Function である．分布関数は累積分布関数とも呼ばれ，この場合英語は Cumulative Distribution Function となり，CDF と呼ばれる．

いきなり定義から入るとわかりにくいので，身近な例を先に示してから定義を説明する。連続型確率変数の確率密度関数で最もポピュラーなものは正規分布の確率密度関数であろう。平均が 0，標準偏差が 1 である標準正規分布に従う連続型確率変数 X の確率密度関数 $f_X(x)$ は，

$$f_X(x) = \frac{1}{\sqrt{2\pi}} e^{-\frac{x^2}{2}}$$

である。グラフを書くと図 A-10 のようになる。

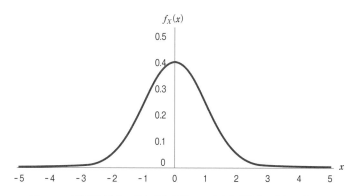

図 A-10　標準正規分布に従う確率変数 X の確率密度関数 $f_X(x)$ のグラフ

さて，この連続型確率変数 X が 0 から 1 の間の値を取る確率は，下のグラフの斜線部の面積で表される。これは何故そうなるのか，ということではなく，そうなるように定められているのが確率密度関数なのである。

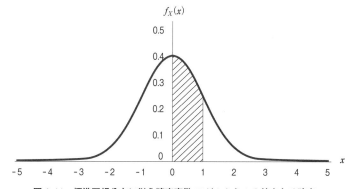

図 A-11　標準正規分布に従う確率変数 X が 0 から 1 の値をとる確率

この斜線部の面積は積分を用いて下記のように求められる。

$$P(0 \leq X \leq 1) = \int_0^1 f_X(x)\,dx = \int_0^1 \frac{1}{\sqrt{2\pi}} e^{-\frac{x^2}{2}}\,dx$$

一般に a から b の間の値を取る確率を求めるのであれば，

$$P(a \leq X \leq b) = \int_a^b f_X(x)\,dx = \int_a^b \frac{1}{\sqrt{2\pi}} e^{-\frac{x^2}{2}}\,dx$$

ここで，標準正規分布に従う連続型確率変数 X が正規分布に従うとは，具体的に何を意味しているのだろうか。それは，この確率変数 X はサイコロを振るのと同じで，次々1.5, 3, 2.1, 0.8,……のように値を発生していく。この値が1と2の間になる確率が先に示した面積に等しくなるように発生しているということである。もちろん，1と2の間だけでなく，任意に選んだ a と b の間に発生した値が出てくる確率が，確率密度関数の a から b までの面積と等しいということである。発生した値の度数分布表を作り，発生させた値の個数で割って確率にしたものをヒストグラムにすれば，値が発生した個数が増えるにしたがって，その形状は先の標準正規分布に近づいていくことになる。

標準正規分布の分布関数は $F_X(x) = P(X \leq x)$ で定義されるので，X が x 以下になる確率は，確率密度関数を $-\infty$ から x まで積分したものになる。つまり，

$$F_X(x) = P(X \leq x) = \int_{-\infty}^x f_X(s)\,ds = \int_{-\infty}^x \frac{1}{\sqrt{2\pi}} e^{-\frac{s^2}{2}}\,ds$$

となる（正規分布の原始関数は初等関数では示せないので，これ以上は式を展開できない。実際に数値が必要になる場合には，正規分布表と呼ばれる数表を

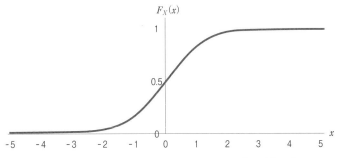

図 A-12　標準正規分布に従う確率変数 X の分布関数 $F_X(x)$ のグラフ

参照することになる)。分布関数のグラフは図 A-12 のようになる。離散型確率変数ではジャンプするところがあったが,連続型確率変数の分布関数は連続関数である(というよりも,連続関数になるものを連続型確率変数であると定義する)。

さて,ここまで標準正規分布を例にとって説明してきたが,連続型確率変数の確率密度関数の定義を与えることにする。確率密度関数は分布関数を使って定義される。分布関数の定義は,連続型でも離散型でも同じで,確率変数 X の分布関数は $F_X(x) = P(X \leq x)$ である。ここで,

$$F_X(x) = \int_{-\infty}^{x} f_X(s)\,ds$$

を満たすような $f_X(s)$ が存在する時に,$f_X(x)$ を X の確率密度関数という。もし,$F_X(x)$ が微分可能であれば,

$$f_X(x) = \frac{d}{dx} F_X(x)$$

となる。分布関数を微分したものが確率密度関数になるのである。このように分布関数を先に定義しておき,それを使って確率密度関数の定義をするという順番で行うのである。

Topic 9 統計学に必要な数学知識

　エビデンスの生成には統計的な分析がどうしても必要になってくる。ここで，実務家がこうした統計分析の中身がどのようなものであるか，そこには踏み込まないでも，その結果を享受することはできる。再犯率を低下させることが検証された処遇があるのであれば，それをどのようにして検証したかはともかく，適切に実施すればその効果は発揮されるだろう。リスクアセスメントツールも手引きに記載された手続きを守って得点を算出すれば，そのツールが作成された統計分析の仕組みを理解しなくても犯罪者の予測された再犯率を求めることができる。

　しかし，それだけではしっくりこない思いを抱く方もいるかもしれない。やはり背景で行われている統計分析がブラックボックスというのは腑に落ちない。それなら統計学の勉強を始めてみよう，そう考えた際にネックの一つとなるのは，統計学の理論を構築している数学のレベルが高いことである。統計学の分析手法の多くは20世紀になって発展してきたもので，その構成には，その間に発展した数学知識がふんだんに使われている。一方，筆者を含めたいわゆる文化系出身者が学んだ数学は18世紀に成立した微分積分学の基本定理あたりまででおおむね停止している。このギャップが一から統計学を勉強して，きちんと理解しようとする試みを阻む要因になる。統計学はよくわからないとしばしば言われる所以である。わからないのは，わかるために必要な基礎的な知識がないからわからないのであり，それは何ら不思議なことではない。基礎がわからなければ，応用がわからないというのは数学では全くそのとおりである。

　しかし，だからと言って20世紀数学に辿り着く程度の基礎知識を得ようとすれば，膨大な時間と労力がかかってしまう。微積分学を厳密に構成するための解析学を学び，集合論，位相空間論に触れ，ルベーグ積分まで勉強を進めていく必要がある。確率を厳密に定義したコルモゴロフの公理論的確率論はルベーグ積分による測度論の知識が必要になるからである。こうして確率解析と呼ばれる分野に踏み込んで学べば，これまで何処か腑に落ちなかった確率や統計の話がクリアにはなってくる。もちろん，数学知識としては線形代数や複素解析も知っておかないといけない。

　こうした勉強を本気でしたいのであれば大学の理学部数学科に入学した方が効率がよいのではないかとも思えてしまう。そこまで労力をかけて得られるメリットはどこにあるのだろうか。筆者がある高名な心理統計学者の講義を聴いた時に，その先生が「自分の使っている統計手法の全てを完全に理解

することはもはや不可能です」と仰られていたのは印象的であった。ある別の統計学の大家はこうも述べていた。「テレビを見ていて，時々どういう仕組でテレビが映るのだろうかと不思議に思う。テレビの映る仕組みを全て理解してテレビを見ている人はいないのでないか。統計もこれと同じで専門家でないユーザーが基礎から勉強を積み上げて行っても，統計分析を厳密に理解するのに必要なレベルまでまずたどり着けない」。科学技術が相当に発展した現代においては理解の程度の差こそあれ，我々は誰しもがそれを利用する一人のユーザーなのかもしれない。本書の Appendix での説明は厳密な数学理論を展開して統計分析を記述することは避け，わかりやすい記述を試みたつもりである。車に喩えれば，車の構造を大雑把に把握して，こういう仕組みがあるから運転の時にはこういうことが生じるのだとわかればよいのである。専門のエンジニアがコンピュータでエンジンを設計するために必要とするような知識は一般のユーザーには必要ではない。なるべく直感的，感覚的な理解を促すといったことを重視して解説を進めた。

　そうは言っても，数学は統計学において，それを正確に表現できる言語の役割を担っている。数式という言語を，日本語という言語に翻訳するとどうしても意味が曖昧になる。さらにもう少し詳しい，数理的な意味を理解したいという読者がいれば，本格的な統計学の書籍を手にされることをお勧めする。

引用文献

安倍淳吉 (1978). 犯罪の社会心理学　新曜社
Andrews, D. A. & Bonta, J. (1995). *Level of service inventory-revised: LSI-R*. Multi Health Systems.
Andrews, D. A. & Bonta, J. (2006). *The psychology of criminal counduct* (4th ed.). New Province, NJ: Matthew Bender & Company.
Andrews, D. A. & Bonta, J. (2010). *The psychology of criminal counduct* (5th ed.). New Province, NJ: Matthew Bender & Company.
Andrews, D. A., Bonta, J., & Wormith, J. S. (2004). *Level of service/case management inventory: LS/CMI*. Multi Health Systems.
Andrews, D. A., Bonta, J., & Wormith, J. S. (2006). The recent past and near future of risk and/need assessment. *Crime and Delinquency, 52*, 7-22.
Andrews, D. A., Bonta, J., & Wormith, J. S. (2011). The risk-need-responsivity (RNR) model: Does adding the good lives model contribute to effective crime prevention? *Criminal Justice and Behavior, 38* (7), 735-755.
Andrews, D. A. & Kiessling, J. J. (1980). Program structure and effective correctional practices: A summary of the CaVIC research. In R. R. Ross & P. Gendreau (Eds.), *Effective correctional treatment* (pp.439-463). Toronto: Butterworth.
Astbury, B. (2012). Using theory in criminal justice evaluation. In E. Bowen & S. Brown (Eds.), *Perspectives on evaluating criminal justice and corrections* (pp.3-27). Bingley: Emerald Group Publishing.
Baird, S. C., Heinz, R. C., & Bemus, B. J. (1979). Project report #14: A two-year follow-up. Madison, WI: Department of Health and Social Services, Case Classification Staff Deployment Project, Beureau of Community Corrections.
Bonta, J. (2012). The RNR model of offender treatment: Is there value for community corrections in Japan? *Japanese Journal of Offender Rehabilitation, 1*, 29-42. (ボンタ, J. 染田 惠 (監訳) (2012). 日本の犯罪者の社会内処遇制度におけるRNRモデルの有効性　更生保護学研究, *1*, 43-56.)
Bonta, J., Harman, W. G., Hann, R. G., & Cormier, R. B. (1996). The prediction of recidivism among federally sentenced offenders: A re-validation of SIR scale. *Canadian Journal of Criminology, 38*, 61-79.

Bonta, J., Wallace-Capretta, S., & Rooney, J. (2000). A quasi-experimental evaluation of an intensive rehabilitation supervision program. *Criminal Justice and Behavior, 27*, 312-329.

Borum, R., Bartel, P., & Forth, A. (2006). *Structured assessment of violence risk in youth (SAVRY)*. Florida: Psychological Assessment Resources (PAR).

Brennan, T., Dieterich, W., & Ehret, B. (2009). Evaluating the predictive validity of the compass risk and needs assessment system. *Criminal Justice and Behavior, 36* (1), 21-40.

Burgess, E. W. (1928). Factors determining success or failure on parole. In A. A. Bruce, A. J. Harno, E. W. Burgess, & J. Landesco (Eds.), *The workings of the indeterminate-sentence law and the parole system in illinois* (pp.221-234). Springfield, IL: State Board of Parole.

Clements, C. B. (1996). Offender classification two decades of progress. *Criminal Justice and Behavior, 23* (1), 121-143.

Copas, J. & Marshall, P. (1997). The offender group reconviction scale: A statistical reconviction score for use by probation officers. *Journal of Applied Atatistics, 47* (1), 159-171.

Correctional Service Canada. (1989). *The statistical information for recidivism scale*. Research Brief.

Cottle, C. C., Lee, R. L., & Heilbrun, K. (2001). The prediction of criminal recidivism in juveniles. A Meta-Analysis. *Criminal Justice and Behavior, 28* (3), 367-394.

Cox, D. R. (1972). Regression models and life-tables. *Journal of the Royal Statistical Society, B34*, 187-220.

Gottfredson, M. R. & Hirschi, T. (1990). *A general theory of crime*. Stanford: Stanford University Press.（ゴットフレドソン, M. & ハーシー, T. 松本 忠久（訳）(1996). 犯罪の基礎理論　文憲堂）

Gottfredson, S. D. & Moriarty, L. J. (2006). Statistical risk assessment: Old problems and new applications. *Crime & Delinquency, 52*, 197-200.

Gottfredson, D. M. & Snyder, H. N. (2005). *The mathematics of risk classification: Changing data into valid instruments for juvenile courts*. OJJDP (NCJ209158).

Grove, W. M., Zald, D. H., Lebow, B. S., Snitz, B. E., & Nelson, C. (2000). Clinical versus mechanical prediction: A meta-analysis. *Psychological Assessment, 12* (1), 19-30.

Hakeem, M. (1948). The validity of the Burgess method of parole prediction. *The American Journal of Sociology, 53* (5), 376-386.

浜井 浩一（2013). 犯罪統計入門　第2版　日本評論社

原田 豊（1989). 非行経歴研究へのイベント・ヒストリー・アナリシスの適用に関する諸問題　科学警察研究所報告, *30*（1), 57-68.

平山 真理 (2007). わが国における子どもを対象とした性犯罪の現状とその再犯防止対策について　法と政治, 58 (1), 139-163.

Hirschi, T. (1969). *Causes of delinquency.* Berkeley, CA: University of California Press. (ハーシー, T. 森田洋司・清水新二 (監訳) (1995). 犯罪の原因　文化書房)

廣瀬 健二 (2002). 少年法の意義と問題　臨床心理学, 2 (2), 146-153.

Hoffman, P. (1994). Twenty years of operation use of a risk prediction instrument: The United States parole commission's salient factor score. *Journal of Criminal Justice*, 22, 477-494.

Hoge, R. D. (2001). *The juvenile offender: Theory, research and applications.* Norwell, MA: Kluwer Academic Publishers.

Hoge, R. D. & Andrews, D. A. (2002). *Youth level of service/case management inventory: YLS/CMI.* Multi Health Systems.

Holland, T. R., Holt, N., Levi, M., & Beckett, G. E. (1983). Comparison and combination of clinical and statistical predictions of recidivism among adult offenders. *Journal of Applied Psychology*, 68 (2), 203-211.

星野 崇宏 (2009). 調査観察データの統計科学―因果推論・選択バイアス・データ融合―　岩波書店

法務総合研究所 (2014). 平成26年版犯罪白書　日経印刷

法務総合研究所 (2015). 平成27年版犯罪白書　日経印刷

法務総合研究所 (2016). 平成28年版犯罪白書　日経印刷

法務省 (2012). 刑事施設における性犯罪者処遇プログラム受講者の再犯等に関する分析研究報告書 (http://www.moj.go.jp/content/000105286.pdf)

市野 剛志 (2007). 犯罪被害者の法的地位―被害者の訴訟参加と無罪推定原則―　龍谷大学大学院法学研究, 9, 51-72.

Kalbfleisch, J. D. & Prentice, R. L. (2002). *The statistical analysis of failure time data* (2nd ed.). Hoboken, NJ: Wiley-Interscience & Sons.

勝田 聡・羽間 京子 (2014). 覚せい剤事犯者の処遇効果に関する研究の現状と課題　千葉大学教育学部研究紀要, 62, 23-29.

茅場 薫・武田 良二・横越 愛子・並木 洋行・安森 幹彦・澤田 直子・吉田 秀司 (1986). 少年院出院者の成行きに関する研究 (第1報告)　法務総合研究所研究部紀要, 29, 23-55.

茅場 薫・武田 良二・横越 愛子・安森 幹彦・市川 守・吉田 秀司 (1987). 少年院出院者の成行きに関する研究 (第2報告)　法務総合研究所研究部紀要, 30, 25-57.

小林 英義 (2010). 児童福祉の現場から　伊藤 冨士江 (編)　司法福祉入門 (pp.132-148)　上智大学出版

蔵 慎之介 (2010). 少年事件における家庭裁判所の役割と家庭裁判所調査官の活動　伊藤 冨士江 (編)　司法福祉入門 (pp.39-67)　上智大学出版

Latessa, E. J. (2012). Evaluating correctional programs. *Programs Resource Material Series, 88,* 64-76. Retrieved from http://www.unafei.or.jp/english/pdf/RS_No88/No88_11VE_Latessa_Evaluating.pdf (March 28, 2016.)

Laws, D. R. & Ward, T. (2011). *Desistance from sex offending: Alternatives to throwing away the keys.* New York: The Guilford Publications. (ローズ, D. T. & ウォード, T. 津富 宏・山本 麻奈（監訳）(2014). 性犯罪からの離脱―「良き人生モデル」が開く可能性― 日本評論社)

LeBlanc, M. & Crowley, J. (1992). Relative risk trees for censored survival data. *Biometrics, 48,* 411-425.

Lipsey, M. W. (2009). The primary factors that characterize effective interventions with juvenile offenders: A meta-analytic overview. *Victims & Offenders, 4* (2), 124-147.

Lovins, L. B., Lowenkamp, C. T., Latessa, E. J., & Smith, P. (2007). Application of the risk principle to female offenders. *Journal of Contemporary Criminal Justice, 23* (4), 383-298.

Lowenkamp, C. T. & Latessa, E. J. (2004). Understanding the risk principle: How and why correctional interventions can harm low-risk offenders. In *Topics in community corrections 2004* (pp.3-8). U.S. Department of Justice.

Lowenkamp, C. T. & Latessa, E. J. (2004). Understanding the risk principle: How and why correctional interventions can harm low-risk offenders. *Topics in Community Corrections, 2004,* 3-8.

Lowenkamp, C. T., Latessa, E. J., & Smith, P. (2007). Does correctional program quality really matter? The impact of adhering to the principles of effective intervention. *Effective Correctional Interventions, 5* (3), 575-594.

MacKenzie, D. L. (2000). Evidence-based corrections: Identifying what works. *Crime and Delinquency, 46,* 457-471.

Makarios, M., Sperber, K. G., & Latessa, E. J. (2014). Treatment dosage and the risk principle: A refinement and extension. *Journal of Offender Rehabilitation, 53,* 334-350.

Marlatt, G. A. & Witkiewitz, K. (2005). Relapse prevention for alcohol and drug problems. In G. A. Marlatt & D. M. Donovan (Eds.), *Relapse prevention: Maintenance strategies in the treatment of addictive behaviors* (2nd ed., pp.1-44). New York: The Guilford Press. (マーラット, G. A. ウィッキービッツ, K. (2011). アルコールと薬物問題のリラプス・プリベンション マーラット, G. A. ドノバン, D. M.（編）原田 隆之（訳）リラプス・プリベンション―依存症の新しい治療―(pp.1-52) 日本評論社)

Marshall, W. L., Fernandez, Y., Marshall, L., & Serran, G. (2006). *Sexual offender treatment: Controversial issues.* Chichester, John Wiley & Sons. (マーシャル, W. L., フェルナンデス, Y. M., マーシャル, L., & セラン, G. 小林 万洋・門本 泉（監訳）(2010). 性犯罪者の治療と処遇 日本評論社)

Marshall, W. L. & Marshall, L. E. (2007). The utility of the random controlled trial for evaluating sexual offender treatment: The gold standard or an inappropriate strategy? *Sex Abuse, 19*, 175-191.

Martinson, R. (1974). What works?―Questions and answers about prison reform. *The Public Interest, 35*, 22-54.

McGuire, J. (2004). *Understanding psychology and crime.* Berkshire, UK: Open University Press.

森 丈弓 (2010). 犯罪・非行のリスクアセスメントについて　青少年問題, *640*, 8-13.

森 丈弓 (2015a). 司法・矯正分野での犯罪研究に必要な統計的手法について（前）　刑政, *126*（11）, 90-103.

森 丈弓 (2015b). 司法・矯正分野での犯罪研究に必要な統計的手法について（後）　刑政, *126*（12）, 78-87.

森 丈弓・濱口 佳和・黒田 治 (2004). 精神障害を有する受刑者の再犯予測に関する研究　犯罪心理学研究, *42*（2）, 43-58.

森 丈弓・花田 百造 (2007). 少年鑑別所に入所した非行少年の再犯リスクに関する研究―split population model による分析―　犯罪心理学研究, *44*（2）, 1-14.

森 丈弓・東山 哲也・西田 篤史 (2014). 法務省式ケースアセスメントツール（MJCA）に係る基礎的研究Ⅰ―MJCAの開発及び信頼性・妥当性の検証―　犯罪心理学研究, *52*（特別号）, 54-55.

Mori, T., Takahashi, M., & Kroner, D. (2017). Can unstructured clinical risk judgment have incremental validity in the prediction of recidivism in a non-western juvenile context? *Psychological Service, 14*（1）, 77-86.

森 丈弓・高橋 哲・大渕 憲一 (2016). 再犯防止に効果的な矯正処遇の条件―リスク原則に焦点を当てて―　心理学研究, *87*（4）, 325-333.

森本 志摩子 (2007). 犯罪者・非行少年の処遇システム　藤岡 順子（編）　犯罪・非行の心理学（pp.161-190）　有斐閣

宗像 恒次・稲岡 文昭・高橋 徹・川野 雅資 (1988). 燃え尽き症候群―医師，看護婦，教師のメンタルヘルス―　金剛出版

中村 剛 (2001). Cox 比例ハザードモデル　朝倉書店

那須 昭洋・高橋 哲・二ノ宮 勇気・前田 関羽 (2012). 矯正施設における処遇プログラムの効果検証をめぐる諸問題（1）　犯罪心理学研究, *50*（特別号）, 2-3.

二ノ宮 勇気・高橋 哲・那須 明洋・前田 関羽 (2012). 矯正施設における処遇プログラムの効果検証を巡る諸問題（4）　犯罪心理学研究, *50*（特別号）, 8-9.

西岡 潔子 (2013). 法務省式ケースアセスメントツール（MJCA）の開発について　刑政, *124*（10）, 58-69.

長岡 弘頴・安形 静男・高池 俊子・寺戸 亮二・永井 文昭・平尾 博司（1988）．釈放受刑者の再犯予測と仮釈放に関する研究 1—再犯要因の分析と再犯予測—　法務総合研究所研究部紀要, *31*, 189-216.

Nuffield, J. (1982). *Parole decision-making in Canada*. Ottawa: Communication Division Solicitor General Canada.

Nuffield, J. (1989). The 'SIR Scale': Some reflections on its application. *Forum on Corrections Research, 1*, 19-22.

O'Donnell, C. R., Lydgate, T., & Fo, W. S. O. (1971). The buddy system: Review and follow-up. *Child Behavior Therapy, 1*, 161-169.

Office of the Surgeon General (2001). *Youth violence: A report of the surgeon general*. Washington, DC: U.S. Department of Health and Human Services, Office of Public Health and Science, Office of the Surgeon General.

大橋 靖雄・浜田 知久馬（1995）．生存時間解析 SAS による生物統計　東京大学出版会

岡本 英生（2002）．非行少年が成人犯罪者となるリスク要因に関する研究　犯罪社会学研究, *27*, 102-111.

Olver, M. E., Stockdale, K. C., & Wormith, J. S. (2009). Risk assessment with young offenders a meta-analysis of three assessment measures. *Criminal Justice and Behavior, 36*, 329-353.

大滝 厚・堀江 宥治（1998）．応用 2 進木解析法　日科技連

Prendergast, M. L., Pearson, F. S., Podus, D., Hamilton, Z. K., & Greenwell, L. (2013). The Andrews' principles of risk, need, and responsivity as applied in drug abuse treatment programs: Meta-analysis of crime and drug use outcomes. *Journal of Experimental Criminology, 9* (3), 275-300.

Rossi, P. H., Lipsey, M. W., & Freeman, H. E. (2004). *Evaluation: A systematic approach* (7th ed.). Thousand Oaks, CA: Sage Publications.（ロッシ, P. H., リプセイ, M. W., フリーマン, H. E. 大島 巌・平岡 公一・森 俊夫・元永 拓郎（監訳）（2005）．プログラム評価の理論と方法　日本評論社）

裁判所職員総合研修所（2012）．少年法実務講義案　司法協会

澤登 俊雄（2011）．少年法入門　第 5 版　有斐閣

Schmidt, F., Hoge, R. D., & Gomes, L. (2005). Reliability and validity analyses of the youth level of service/case management inventory. *Criminal Justice and Behavior, 32* (3), 329-344.

Scriven, M. (1991). *Evaluation thesaurus*. Newbury Park, CA: Sage Publications.

Shadish, W. R., Cook, T. D., & Campbell, D. T. (2002). *Experimental and quasi-experimental designs for generalized causual inference*. Bellmont, CA: Wardsworth Cengage Learning.

下山 晴彦（2000）．心理臨床の発想と実践　岩波書店

生島 浩（2011）.非行臨床モデルの意義と課題　生島 浩・岡本 吉生・廣井 亮一（編）　非行臨床の新潮流（pp.135-147）　金剛出版

生島 浩・森 丈弓（2009）.Ⅲ介入・治療・予防 少年司法の対応　齊藤 万比古・本間 博彰・小野 善郎（編）子どもの心の診療シリーズ 7　子どもの攻撃性と破壊的行動障害（pp.242-257）　中山書店

Singh, J. P., Grann, M., & Fazel, S.（2011）. A comparative study of violence risk assessment tools: A systematic review and metaregression analysis of 68 studies involving 25,980 participants. *Clinical Psychology Review, 31*（3）, 499-513.

Smith, M. J.（1990）. *Program evaluation in the human services*. New York: Springer Publishing Company.（スミス, M. J. 藤江 昌嗣（監訳）矢代 隆嗣（訳）（2009）.プログラム評価入門　梓出版）

副島 和穂（1997）.矯正教育序説　未知谷

菅野 哲也（2012）.非行・犯罪少年のアセスメント　金剛出版

高木 俊彦（2010）.更生保護とは　伊藤 冨士江（編）　司法福祉入門　上智大学出版

高橋 哲（2011）.球団経営と矯正運営―科学的根拠を無視することの代償―　刑政, *122*, 58-71.

高橋 哲・森 丈弓・角田 亮・岡部 梨奈子（2012）.矯正施設における処遇プログラムの効果検証をめぐる諸問題（3）　犯罪心理学研究, *50*（特別号）, 6-7.

高橋 哲・只野 智弘・星野 崇宏（2016）.効果的な効果検証？―非無作為化デザインによる刑事政策の因果効果の推定―　更生保護学研究, *9*, 35-57.

寺村 堅志（2007）.犯罪者・犯罪少年のアセスメント　藤岡 淳子（編）　犯罪・非行の心理学（pp.193-211）　有斐閣

Therneau, T. M. & Atkinson, E. J.（1997）. An introduction to recursive partitioning using the RPART routines. *Technical Report in Mayo Clinic Divsion of Biostatistics, 61*.

Torgerson, D. J. & Torgerson C. J.（2008）. *Designing randomised trials in health, education and the social sciences: An introduction*. New York: Palgrave Macmillan.（トーガーソン, D. J. トーガーソン, C. J. 原田 隆之・大島 巌・津富 宏・上別府 圭子（監訳）（2010）.ランダム化比較試験（RCT）の設計―ヒューマンサービス，社会科学領域における活用のために―　日本評論社）

坪内 宏介（1987）.再犯要因について　矯正医学, *35*（2-4）, 35-56.

角田 亮（2007）.カナダ連邦における成人犯罪者の処遇　犯罪と非行, *152*, 130-148.

角田 亮・森 丈弓・高橋 哲・岡部 梨奈子（2012）矯正施設における処遇プログラムの効果検証をめぐる諸問題（2）　犯罪心理学研究, *50*（特別号）, 4-5.

津富 宏（1991）.イベント・ヒストリー・アナリシスの成行き調査分析への応用―比例ハザードモデルを用いて―　中央研究所紀要, *1*, 55-63.

津富 宏（1999a）.犯罪者処遇の評価研究（1）　刑政, *110*（7）, 58-67.

津富 宏（1999b）.犯罪者処遇の評価研究（2）　刑政, *110*（8）, 50-60.

津富 宏(1999c). 犯罪者処遇の評価研究（3）　刑政, 110（9）, 46-55.
津富 宏(2008). 少年非行対策におけるエビデンスの活用　小林寿一（編）　少年非行の行動科学（pp.226-238）　北大路書房
津富 宏(2010).「エビデンス」の利用に関する検討―技術移転と追試過程を中心に―　日本評価研究, 10（1）, 43-51.
Vitopoulos, N. A., Peterson-Badali, M., & Skilling, T. A. (2012). The relationship between matching service to criminogenic need and recidivism in male and female youth. Examining the RNR principles in practice. *Criminal Justice and Behavior, 39*, 1025-1041.
Vogel, V., Ruiter, C., Bouman, Y., & Robbé, M. V. (2014). SAPROF (structured assessment of protective factors for violence risk). Van Der Hoeven Kliniek.
Vose, B., Smith, P., & Cullen, F. T. (2013). Predictive validity and the impact of change in total LSI-R score on recidivism. *Criminal Justice and Behaiviour, 40* (12), 1383-1396.
Ward, T. & Maruna, S. (2007). *Rehabilitation*. New York: Routledge.
Weisburd, D. (2010). Justifying the use of non-experimental methods and disqualifying the use of randomized controlled trials: Challenging folklore in evaluation research in crime and justice. *Journal of Experimental Criminolgy, 6*, 209-227.
Weiss, C. H. (1997). *Methods for studying programs and policies* (2nd ed.). Upper Saddle River, NJ: Prentice Hall.（ワイス, C. H. 佐々木 亮（監修）前川 美湖・池田 満（監訳）(2014). 入門評価学―政策・プログラム研究の方法―　日本評論社）
山本 麻奈(2012). 性犯罪者処遇プログラムの概要について―最近の取り組みを中心に―　刑政, 123（9）, 56-64.
山本 麻奈・森 丈弓(2015). 薬物プログラムによる薬物事犯受刑者の対処スキルの変化と再犯との関連について　心理臨床学研究, 32（6）, 716-721.
山本 麻奈・森 丈弓・牛木 潤子(2013). 薬物事犯受刑者の自己効力感と再犯との関連について　日本アルコール・薬物医学会雑誌, 48（6）, 445-453.
山本 麻奈・森 丈弓・牛木 潤子(2014). 薬物事犯受刑者の回復に対する動機づけと再犯との関連について　日本アルコール・薬物医学会雑誌, 49（6）, 356-368.
安田 節之・渡辺 直登(2008). プログラム評価研究の方法　新曜社
Youth Justice Board (2006). *Asset* (*Introduction*). London, UK: Youth Justice Board.
遊間 義一(2000). 薬物乱用少年に対する矯正処遇の効果―全国の少年鑑別所に入所した少年の追跡調査から―　日本社会精神医学会雑誌, 8（3）, 219-227.
遊間 義一・金澤 雄一郎(2001). 非行少年に対する矯正教育の効果―少年鑑別所入所少年の再犯に対する保護観察と少年院処遇の効果―　研究助成論文集（明治安田こころの健康財団編）, 37, 115-122.

あとがき

　本書は我が国で初めて再犯防止とリスクアセスメントの理論および統計分析を総合的に取り扱った書物になります。諸外国にはこの領域に良書も少なくないですが，我が国の事情を考慮しながら書かれている点で，我が国の実務家，研究者がこの分野に取り組んでいこうとした際に，第一に参考にできる内容になっていると思います。

　執筆にあたっては，筆者の矯正現場での経験を踏まえ，実務家への示唆に留意しながら論を進めました。これは理論と実証分析のみを中心に内容を構成した場合に，ややもすると無味乾燥な印象を与える内容になりやすいと考えた故です。エビデンスを明示して記述してある部分については，現時点で一定の学問的な支えが得られた内容と捉えていただいて差し支えありませんが，筆者の経験を記載している部分は，どちらかと言えば読み物的な趣があることをご承知おきください。

　なお，第3章で邦訳したYLS/CMIは著作権の都合上，項目の全てを掲載することができませんでした。各項目に詳細な評定の基準を記したスコアリングガイドと項目得点によって非行少年の再犯確率を計算するエクセルのシートを開発しているので，特に関心のある読者は筆者まで連絡いただければと思います。

　改めまして，本書を執筆するにあたり，東北大学（現放送大学）の大渕憲一先生には，筆者が学部生の時代から長きにわたってご指導いただきましたことを感謝いたします。法務総合研究所の高橋哲氏，福島少年鑑別所の菅藤健一氏の両氏は，筆者が法務省を退職後も共同研究者としてデータの収集にご協力いただき，また，本書の執筆で幾度も貴重な示唆をいただきました。

　筆者が再犯研究を始めるきっかけとなったのは，法務省の研修で当時は国連アジア極東犯罪防止研修所にいらっしゃった津富宏先生（現静岡県立大学）から先進的な欧米の再犯研究動向をうかがったことでした。修士時代には筑波大学の濱口佳和先生に再犯を研究テーマとしてご指導いただきました。また，さ

いたま少年鑑別所長の石黒裕子先生には筆者が法務省時代から再犯研究にご理解いただき，研究遂行上で有益なご助言をいただきました。奈良女子大学の岡本英生先生には筆者と同じ現場経験のある研究者という立場から研究を遂行する上で多くの示唆をいただきました。

　第4章の再犯調査にあたってはその他，松田芳政氏，梶間幹男氏，三谷厚氏，丸山もゆる氏，相澤優氏，関谷益実氏，内山八重氏，小野広明氏（現埼玉工業大学），吉澤淳氏など法務省の方々から御支援をいただきました。

　国連アジア極東犯罪防止研修センターの山本麻奈氏とは処遇効果検証の研究で度々ご一緒させていただきました。また，東京保護観察所の角田亮氏とは成人向けリスクアセスメントツールで研究をご一緒させていただきました。法務省保護局の堤美香氏からはCambridge大学を始めとした英国の研究事情についておうかがいすることができました。これらの知見が本書の支えになっています。

　また，神戸家庭裁判所の上尾太郎氏には筆者を度々自庁研修会の講師として呼んでいただきました。そこで行われた実務家の方々とのディスカッションが本書を執筆する上で大変参考になりました。また，東京家庭裁判所の嶋田美和氏には家庭裁判所におけるリスクアセスメントツールを用いた査定という観点から共同研究をさせていただき，同じく本書を作成する上で多くの示唆を得ることができました。

　最後になりますが，ナカニシヤ出版の面髙悠さんには大変お世話になりました。出版の話を持ちかけていただいたことから，この本が世に出ることになりました。同じくナカニシヤ出版の山本あかねさんには，事情に疎い筆者に出版までの道のりを大変丁寧に教えていただきました。

　この他，本書の出版にあたっては多くの方々からご支援をいただきました。この場をお借りして御礼申し上げます。

平成29年3月
神戸御影の自宅にて

事項索引

あ
アウトカム（outcome） 153
　──／インパクトのアセスメント　156
アセット（Asett） 68
　── puls 68
威嚇抑止（deterrence） 34
一般反応性原則（General Responsivity Principle） 33
インプット（input） 153
エビデンスのレベル 18
オッズ比 209

か
カウンセリング及びその応用的技法（counseling and its variants） 35
確率関数（Probability Function） 217
確率変数（Random Variable）
確率密度関数（Probability Density Function） 200
学校・職場 24
家庭環境・婚姻状況 23
カプランマイヤー推定（Kaplan Meier Estimation） 105
　──法 201
監護措置 94
監視（surveillance） 34
鑑別 42
記述研究 18
基準ハザード関数（Baseline Hazard Function） 207
矯正
　──可能性 128
　──教育 97
　──処遇におけるプログラム評価 151
　──プログラムチェックリスト（Correctional Program Checklist: CPC） 159
偶発コーホート 164
訓練（discipline） 34

形成的評価（formative evaluation） 156
系統的レビュー 20
決定木（Descision Tree） 112, 215
顕在要因尺度（Salient Factor Scale: SFS） 47
交絡要因 19, 162
コックス（Cox）回帰分析 206
コホート研究 18
コンパス・リスク・ニーズ・アセスメント（COMPAS risk and needs assessment） 69

さ
サービス水準／ケースマネジメント目録（Level of Service／Case Management Inventory: LS/CMI） 68
再犯
　──研究 4
　──の難しさ 12
　──に関する統計的情報尺度（SIR） 53
　──に焦点を当てることの是非 14
　──防止処遇 4
　──及び教育 11
　──リスク 4
　　──に着目することの意義 9
　　──の実例 5
　──率 5
　罪種別の── 7
試験観察 98
児童自立支援施設 98
司法判断と再犯リスク評価 37
縦断的調査（longitudinal survey） 12
修復的処遇（restorative programs） 34
準実験（Quasi-Experimental Designs） 163
少年院 97
　──送致 97
少年鑑別所 42, 94
少年用サービス水準／ケースマネジメント目録（Youth Level of Service／Case

Manegement Inventory: YLS/CMI） 76
処遇の密度　25
事例研究　18
スキル形成処遇（skill building programs）　35
スケアード・ストレート（scared straight）　17
成熟効果（Maturation）　167
生存関数（Survival Function）　6, 188
生存率（Survival Rate）　5
静的リスク要因（static risk factor）　20
性犯罪者処遇プログラム　173
セイブリー（Structured Assessment of Violence Risk in Youth: SAVRY）　74
説明責任（アカウンタビリティ）　150
選択バイアス（Selection）　165
総括的評価（summative evaluation）　156
遡及的研究（retrospective study）　12
素再入所率　104

た
短期的（即時的）アウトカム　156
知識生成　150
忠実度（fidelity）　155
中途打ち切りデータ（censored data）　203
長期的アウトカム　156
追跡調査（follow-up survey）　12
低リスク犯罪者への高密度処遇の悪影響　29
動的リスク要因（dynamic risk factor）　20
特殊反応性原則（Specific Responsivity Principle）　36
ドロップアウト・バイアス（Attrition）　166

な
内観療法　168
ニーズのアセスメント　152
ニード原則（The Need Principle）　31
　　――と我が国の犯罪者処遇　31
認知行動的アプローチ　33

は
バージェス（Burgess）型　52
バイアス（bias）　165

ハザード関数（Hazard Function）　194
犯因論的リスク要因（criminogenic risk factor）　20
判決前報告（Pre-Sentence Report: PSR）　55
犯罪経歴　22
犯罪者集団再犯尺度（OGRS）　55
犯罪的危険性　128
反社会的人格パターン　23
反社会的認知　23
反応性原則（The Responsivity Principle）　33
非行事実　128
非無作為化比較対照実験　19
評価者（evaluator）　170
費用と効率のアセスメント　157
比例ハザード性（proportionality）　208
比例ハザードモデル（Proportional Hazard Model）　206
複合処遇（multiple coordinated survices）　35
物質乱用　24
ブラックボックス化　155
不良交友　23
プログラム
　　――の改良　150
　　――のデザインと理論のアセスメント　152
　　――評価　149
　　――の階層　151
プロセスと実施のアセスメント　154
分析疫学的研究　18
分布関数（Distribution Function）　194
偏尤度関数（部分尤度関数）（Partial Liklihood Function）　213
偏尤法（部分尤度法）　210
法務技官　43
保険統計学的（actuarial）手法　46
保護観察　97
保護処分　97
保護相当性　128

ま
前向き調査（prospective survey）　12
マッチング　163
無作為化比較対照試験（Randomized Control Trial: RCT）　13, 19, 161

メタアナリシス　20, 34

や
要保護性　128
余暇・娯楽　24
良き人生モデル（Good Lives Model: GLM）　73
予測的妥当性（predictive validity）　46
　——による第1世代と第2世代の比較　46
予測の正確さ　49

ら
リスクアセスメント　1
　第1世代——（first generation: 1G）　42
　第2世代——（second generation: 2G）　46
　第3世代——（third generation: 3G）　63
　第4世代——（fourth generation: 4G）　68
　——ツール　52
リスク原則（The Risk Principle）　25
　——と我が国の非行少年処遇　30
リスク・ニード・反応性モデル（The Risk-Need-Responsivity（RNR）Model）　24
リラプス・プリベンション　171
臨床的判断の制度が劣る理由　48
累積生存率（Cumulative Survival Rate）　5
累積ハザード関数（Cumulative Hazard Function）　200
累積分布関数（Cumulative Distribution Function: CDF）　194, 218
累非行性　128
歴史効果（History）　168
ログランク検定　206
ロジックモデル　153

人名索引

A
Andrews, D. A.　9, 24-26, 31, 33, 42, 44, 49, 63, 68, 69, 71, 73, 75, 76, 92, 93, 109, 112, 126, 135-137, 140, 141, 143, 158
Astbury, B.　186
Atkinson, E. J.　112, 215, 216

B
Baird, S. C.　26
Bartel, P.　74
Beckett, G. E.　47, 48
Bemus, B. J.　26
Bonta, J.　2, 9, 24-27, 31, 33, 42, 49, 63, 68, 69, 71, 73, 126, 136, 140, 141, 143, 158
Borum, R.　74
Bouman, Y.　74
Brennan, T.　69, 70
Burgess, E. W.　50-52

C
Campbell, D. T.　139, 165, 167
Clements, C. B.　70
Cook, T. D.　139, 165, 167
Copas, J.　55-57, 71
Cormier, R. G.　2
Cottle, C. C.　111
Cox, D. R.　206
Crowley, J.　112, 215
Cullen, F. T.　63, 65-67

D
Dieterich, W.　69, 70

E
Ehret, B.　69, 70

F
Fazel, S.　49
Farrington, D.　145
Fernandez, Y.　63
Fo, W. S. O.　26
Forth, A.　74
Freeman, H. E.　150

G
Gomes, L.　86, 87
Gottfredson, D. M.　42, 52, 141, 167
Grann, M.　49
Greenwell, L.　25
Grove, W. M.　46, 48, 71, 135

H
Hakeem, M.　52
Hamilton, Z. K.　25
Hann, R. G.　2
Harman, W. G.　2
Heilbrun, K.　111
Heinz, R. C.　26
Hirschi, T.　24, 141, 168
Hoffman, P.　28
Hoge, R. D.　67, 75, 76, 86, 87, 92, 93, 109, 112, 137, 145
Holland, T. R.　47, 48
Holt, N.　47, 48

K
Kalbfleish, J. D.　203
Kiessling, J. J.　26
Kroner, D.　48

L
Latessa, E. J.　28, 29, 136, 159
Laws, D. R.　73
LeBlanc, M.　112, 215
Lebow, B. S.　46, 71
Lee, R. I.　111
Levi, M.　47, 48
Lipsey, M. W.　17, 20, 33, 36, 150, 163
Lovins, L. B.　28
Lowenkamp, C. T.　28, 29, 136
Lydgate, T.　26

M
MacKenzie, D. L.　14
Makarios, M.　28
Marlatt, G. A.　171
Marshall, L. E.　63, 163
Marshall, P.　55-57, 71
Marshall, W. L.　63, 163
Martinson, R.　185
Maruna, S.　24, 31, 73
McGuire, J.　46

Mori, T.　48
Moriarty, L. J.　42

N
Nelson, C.　46, 71
Nuffield, J.　54

O
O'Donnell, C. R.　26
Olver, M. E.　79

P
Pearson, F. S.　25
Peterson-Badali, M.　28
Podus, D.　25
Prendergust, M. L.　25
Prentice, R. L.　203

R
Robbé, M. V.　74
Rooney, J.　26, 27
Rossi, P. H.　150-152, 156, 157, 170
Ruiter, C.　74

S
Schmidt, F.　86, 87
Scriven, M.　156
Serran, G.　63
Shadish, W. R.　139, 165, 167
Singh, J. P.　49
Skilling, T. A.　28
Smith, M. J.　149
Smith, P.　28, 63, 65-67
Snitz, B. E.　46, 71
Snyder, H. N.　52
Sperber, K. G.　28
Stockdale, K. C.　79

T
Takahashi, M.　48
Therneau, T. M.　112, 215, 216
Torgerson, C. J.　162, 165

Torgerson, D. J.　162, 165

V
Vitopoulos, N. A.　28
Vogel, V.　74
Vose, B.　63, 65-67

W
Wallace-Capretta, S.　26, 27
Ward, T.　24, 31, 73
Weisburd, D.　20, 163, 164
Weiss, C. H.　151, 154, 156, 170
Witkiewitz, K.　171
Wormith, J. S.　42, 68, 73, 79

Z
Zald, D. H.　46, 71

あ
安倍淳吉　51
市川　守　58
市野剛志　32
稲岡文昭　171
牛木潤子　173
大橋晴雄　177, 188, 203, 206
大渕憲一　29
岡部梨奈子　159, 163
岡本英生　60

か
勝田　聡　32
金澤雄一郎　60
茅場　薫　58
川野雅資　171
蔵　慎之介　99
黒田　治　60
小林英義　98

さ
澤田直子　58
澤登俊雄　133

人名索引

下山晴彦　43
生島　浩　39, 44, 71, 75
菅野哲也　37
副島和穂　14, 32

た
只野智弘　165
髙池俊子　58
髙木俊彦　97
髙橋　徹　171
髙橋　哲　29, 31, 151-153, 156, 159, 163, 165
武田良二　58
津冨　宏　32, 60, 149, 159, 168, 188
角田　亮　54, 159, 163
坪内　宏介　4
寺戸亮二　58
寺村堅志　9, 22, 25, 62, 68

な
永井文昭　58

長岡弘穎　58
中村　剛　214
那須昭洋　151-153, 156
並木洋行　58
西岡潔子　1, 91
西田鷹史　44, 88, 89
二ノ宮勇気　151-153, 156

は
花田百造　60, 111, 141
羽間京子　32
浜井浩一　18
濱口佳和　60
浜田知久馬　177, 188, 203, 206
原田　豊　60
東山哲也　44, 88, 89
平尾博司　58
平山真理　33
廣瀬健二　129
星野崇宏　161, 165

ま
前田関羽　151, 153, 156
宗像恒次　171
森　丈弓　29, 32, 41, 44, 60, 88, 89, 111, 141, 159, 163, 171-173
森本志摩子　37

や
安形静男　58
安田節之　153, 154, 156
安森幹彦　58
山本麻奈　7, 171, 173
遊間義一　60
横越愛子　58
吉田秀司　58

わ
渡辺直登　153, 154, 156

著者紹介

森　丈弓（もり　たけみ）
甲南女子大学人間科学部心理学科教授
法務省仙台少年鑑別所法務技官，八王子医療刑務所法務技官，
山形少年鑑別所法務技官統括専門官，盛岡少年鑑別所法務技官統括専門官，
いわき明星大学人文学部心理学科准教授を経て現職。
東北大学文学部社会学科心理学専攻卒業
筑波大学大学院教育学研究科修士課程修了
博士（文学）　東北大学

主要論文に，

Mori, T., Takahashi, M., &, Kroner, D. (2016). Can unstructured clinical risk judgment have incremental validity in the prediction of recidivism in a non-Western juvenile context? *Psychological Service*, *14* (1), 77-86.

森 丈弓・高橋 哲・大渕 憲一 (2016). 再犯防止に効果的な矯正処遇の条件—リスク原則に焦点を当てて—　心理学研究, *87* (4), 325-333.

森 丈弓・花田 百造 (2007). 少年鑑別所に入所した非行少年の再犯リスクに関する研究—split population model による分析—　犯罪心理学研究, *44* (2), 1-14.

など。

犯罪心理学
再犯防止とリスクアセスメントの科学
2017 年 3 月 15 日　初版第 1 刷発行
2017 年 10 月 20 日　初版第 2 刷発行

（定価はカヴァーに表示してあります）

　　著　者　森　丈弓
　　発行者　中西健夫
　　発行所　株式会社ナカニシヤ出版
　　〒606-8161　京都市左京区一乗寺木ノ本町 15 番地
　　　　　　　　　　Telephone　075-723-0111
　　　　　　　　　　Facsimile　075-723-0095
　　　　　　　Website　http://www.nakanishiya.co.jp/
　　　　　　　E-mail　iihon-ippai@nakanishiya.co.jp
　　　　　　　　　　郵便振替　01030-0-13128

装幀＝白沢　正／印刷・製本＝創栄図書印刷
Copyright © 2017 by T. Mori
Printed in Japan.
ISBN978-4-7795-1151-6

◎本書のコピー，スキャン，デジタル化等の無断複製は著作権法上での例外を除き禁じられています。本書を代行業者等の第三者に依頼してスキャンやデジタル化することはたとえ個人や家庭内の利用であっても著作権法上認められておりません。